MENTOR
PYTHON

멘토시리즈 파이썬

초 판 발 행	2024년 8월 12일
발 행 처	코리아교육그룹 교육연구소
발 행 인	김영우
주 소	서울특별시 강남구 강남대로 286 3, 4층
전 화	02-525-5237
I S B N	979-11-89028-40-4
홈 페 이 지	http://www.koreaedugroup.com
이 메 일	kegbook@koreaedugroup.com

멘토시리즈 파이썬
MENTOR PYTHON

20

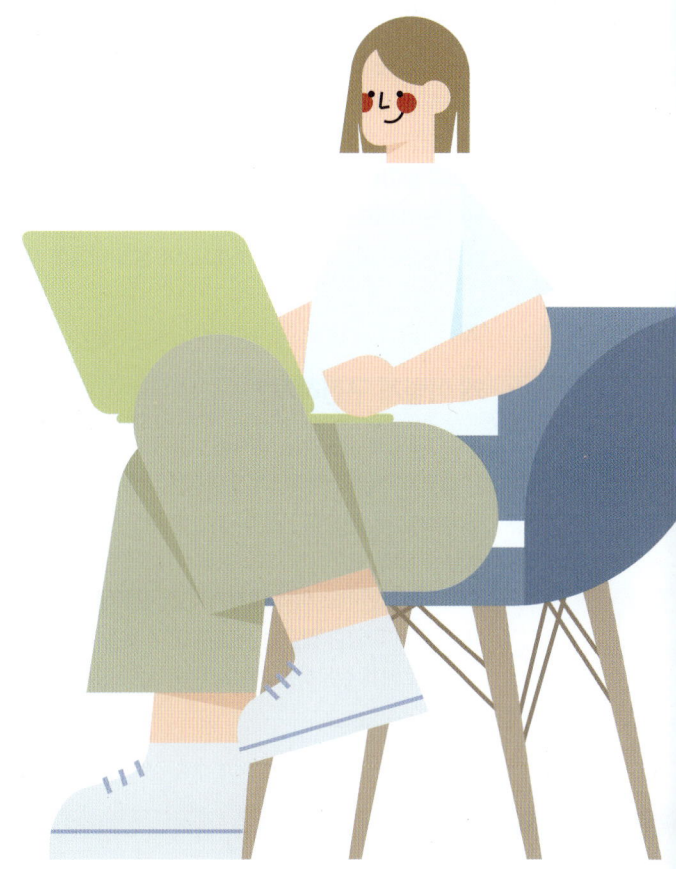

이 책의 집필진 대표   **김송아**

파이썬, 새로운 세계로의 첫 걸음!

환영합니다! 여러분은 지금 파이썬이라는 놀라운 세계로의 첫 걸음을 내딛고 있습니다. 이 책을 집어든 순간부터, 여러분은 단순히 코드를 배우는 것을 넘어, 문제를 해결하는 새로운 도구를 손에 쥐게 되었습니다. 파이썬은 그 시작점이자, 무한한 가능성의 출발점입니다.

이 책을 통해 여러분이 얻고자 하는 것은 단지 코드 작성법에 그치지 않습니다. 우리는 문제를 바라보는 새로운 시각, 복잡한 개념을 단순하게 풀어내는 능력, 그리고 무엇보다도 여러분만의 창의성을 발휘할 수 있는 방법을 함께 탐구할 것입니다. 프로그래밍은 단순한 기술이 아니라, 사고의 확장을 의미합니다. 여러분이 이 책의 마지막 장을 넘길 때쯤, 코드라는 새로운 언어를 통해 세상을 바라보는 방법이 조금은 달라져 있을 것입니다.

따라하는 코드는 의미 없다

이 교재를 구매하셨다면, 아마 프로그래밍이 처음이실 가능성이 높습니다. 프로그래밍 입문자라면 처음에는 코드를 따라 하는 것이 가장 좋은 방법일 수 있습니다. 예제 코드를 직접 입력하고, 결과를 눈으로 확인하는 것만큼 효과적인 학습 방법은 없으니까요.
그러나 파이썬에 어느 정도 익숙해지면, 따라 하는 코드만으로는 한계가 있습니다. 예제 코드는 단지 예시일 뿐, 여러분의 창의적이고 다양한 아이디어를 펼치기 위한 출발점에 불과합니다. 프로그래밍 실력은 여러분의 호기심과 도전에서 비롯된다는 것을 기억하세요. 이 점을 마음에 새기고, 함께 공부해볼까요?

왜 이렇게 구현하지?

프로그래밍에서는 항상 '왜?'라는 질문을 던지는 것이 중요합니다. 이 세상의 모든 개념, 문법, 그리고 다양한 기술들은 결국 여러분이 컴퓨터에게 명령을 내릴 때 사용할 수 있는 방법 중 하나일 뿐입니다. 예를 들어, 친구에게 물 한 컵을 부탁할 때, 단순히 "물!"이라고 할 수도 있지만, "물 좀 갖다줘" 또는 "물 한 잔만 부탁해" 등 여러 가지 방식으로 요청할 수 있죠.
프로그래밍 언어도 이와 마찬가지로, 컴퓨터에게 같은 작업을 지시하기 위해 여러 가지 방법으로 구현할 수 있습니다. 그래서 다양한 접근법 중에서 어떤 것을 선택할지 고민하는 것이 중요합니다. 내가 왜 이 방법을 선택했는지, 항상 스스로에게 질문하는 개발자가 되세요. 여러분의 코드 한 줄 한 줄이 이유 있는 구현이 되길 바랍니다.

파이썬은 정말 쉬울까요?

파이썬은 다른 프로그래밍 언어들에 비해 배우기 쉽습니다. 진입 장벽이 낮아 많은 분들이 프로그래밍을 처음 시작할 때 선택하는 언어이기도 하죠. 파이썬은 다른 언어들보다 훨씬 간결하고 함축적인 언어라고 할 수 있습니다. 다른 언어에서는 10줄씩 작성해야 할 코드를, 파이썬은 미리 준비된 기능을 통해 간단하게 해결할 수 있기 때문입니다. 여러분은 그 기능을 불러와 사용하기만 하면 됩니다.

이런 파이썬의 간편함은 장점이 될 수도, 단점이 될 수도 있습니다. 빠르고 쉽게 구현할 수 있다는 장점이 있지만, 구체적인 원리를 알고 싶을 때는 답답함을 느낄 수도 있기 때문입니다.

처음부터 끝까지 순서대로 읽지 마세요

다른 공부와 마찬가지로, 프로그래밍 공부에도 중요한 규칙이 있습니다. 바로 책을 처음부터 끝까지 순서대로 읽지 말라는 것입니다. 만약 프로그래밍이 처음이라면, 기본 개념과 문법을 차근차근 익히는 것이 중요하니 순서대로 학습하는 것도 괜찮습니다. 처음이신 분들은 양이 많다고 느껴진다면 학원이나 온라인 강의를 참고해, 중요하고 필요한 내용 위주로 공부하는 것을 추천합니다.

하지만 한 권의 책을 이미 학습했거나, 파이썬에 어느 정도 익숙한 분이라면, 처음부터 끝까지 순서대로 읽기보다는 여러분이 만들고 싶은 프로그램을 직접 만들어보세요. 필요할 때마다 필요한 내용을 찾아가며 학습하는 방식이 훨씬 빠르게 실력을 향상시킬 수 있습니다. 순서대로 공부하는 것보다 더 빠른 속도로 스킬업을 경험하게 될 것입니다.

에러는 착한 길잡이

에러라는 단어는 처음 들으면 무서운 느낌이 들 수 있습니다. 뭔가 잘못된 것 같고, 특히 빨간 글씨로 'ERROR'라고 적혀 있으면 더 압도될 것 같습니다. 용어가 주는 압박감도 크지만, 사실 프로그래밍에서 에러만큼 친절한 존재는 없습니다. 프로그램이 에러 없이 잘 실행되는데도 원하는 결과가 나오지 않는다면, 오히려 더 답답할 것입니다.

에러는 여러분의 코드가 잘못된 방향으로 가고 있지 않은지 확인해주는 좋은 친구입니다. 에러가 발생하면 놀라지 말고, 코드의 길잡이라고 생각하세요. 그리고 그 에러 메시지를 잘 읽어보세요. 그러면 여러분의 코드를 올바른 방향으로 이끌어줄 것입니다.

이 책의 구성

멘토시리즈 파이썬으로 시작하는 첫 번째 프로그래밍 여정

파이썬은 현대 프로그래밍 언어 중에서도 특히 그 유연성과 직관성으로 널리 사랑받고 있습니다. 데이터 분석, 웹 개발, 인공지능, 과학 계산 등 다양한 용도로 사용 가능한 파이썬은 초보자와 전문가 모두에게 매력적인 도구가 되었습니다. 이 책은 파이썬의 기본 개념부터 심화 내용까지 체계적으로 다루며, 풍부한 실습 예제를 통해 빠르게 실력을 향상시킬 수 있도록 돕습니다. 실생활 문제 해결에 파이썬을 활용하는 다양한 사례를 통해 실무 감각을 키우고, 파이썬의 무한한 가능성을 경험해 보세요. 지금 바로 파이썬 여정을 시작하세요!

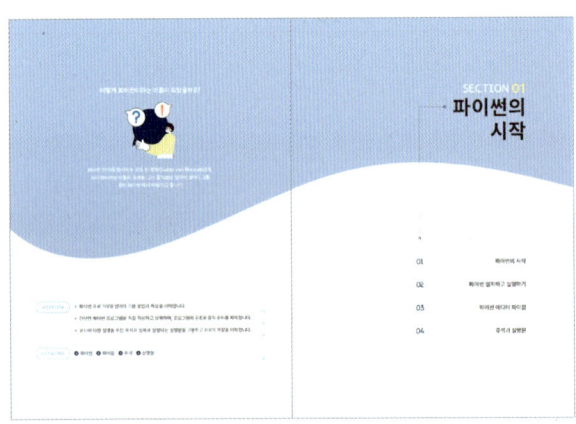

섹션 초입부

해당 섹션에서 배울 내용과 핵심 키워드를 한눈에 살펴볼 수 있습니다. 또한, 다루는 문법의 유래나 기본 상식을 간략하게 소개하여 학습에 대한 기대감을 높이고, 학습 방향을 명확하게 제시합니다.

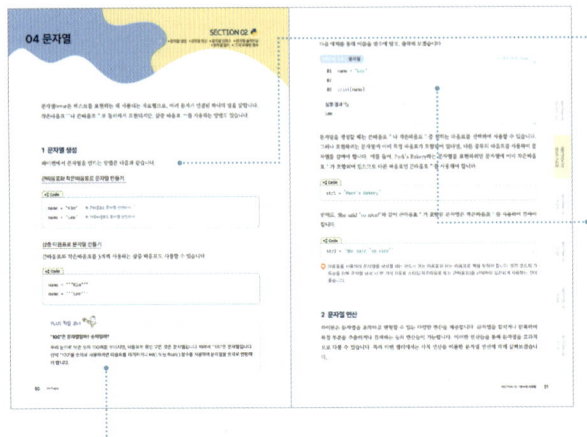

기본 이론

파이썬 문법의 기초를 다지고, 실제 사용법을 익혀 문법에 대한 이해도를 높일 수 있습니다.

기본 예제

배운 내용을 바로 적용해 볼 수 있는 간단한 예제를 통해 학습 내용을 복습하고, 코드 작성 연습을 할 수 있습니다. 친절한 해설을 통해 궁금증을 해소하고, 코드 작성에 대한 자신감을 키울 수 있습니다.

PLUS 학습 코너

더 깊이 있는 내용을 원하는 학습자를 위한 추가 학습 자료를 제공합니다.

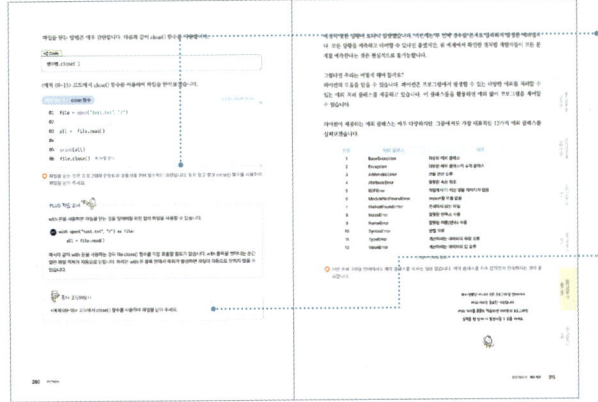

TIP

학습 중 놓치기 쉬운 부분이나 헷갈릴 수 있는 내용을 간략하게 정리하여 학습 효율을 높입니다.

혼자 코딩해 보기

기본 예제와 비슷한 유형의 문제들을 혼자서도 충분히 해결할 수 있도록 제시합니다.

말풍선

지나치기 쉬운 내용들을 가볍게 언급하여 다시 한 번 생각해 보는 시간을 갖습니다.

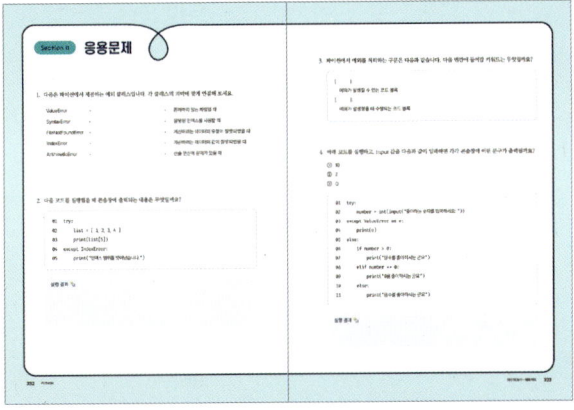

응용문제

학습한 내용을 얼마나 잘 이해했는지 확인하고, 응용 능력을 키울 수 있도록 다양한 문제를 제공합니다. 정답은 별도의 PDF로 제공합니다.

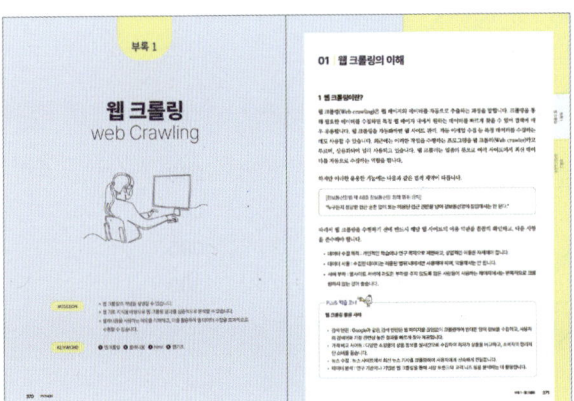

부록

본문에서 다루지 못한 웹 크롤링과 주피터 노트북에 대한 내용을 수록했으며, 지금까지 학습한 내용을 종합적으로 활용하는 예제는 별도의 PDF 파일로 제공됩니다.

CONTENTS

CONTENTS

예제 & 완성 파일 다운로드 방법 및 경로 안내

1. 교재몰

- **방법** : 예제와 정답 파일은 교재몰 사이트(https://www.kedustore.com)에서 교재 구매 완료 후, 예제 파일 메뉴에서 이메일 주소를 입력하면 다운로드할 수 있는 웹하드 정보(웹하드 주소, 아이디, 비밀번호)가 전송됩니다.
- **경로** : 교재몰 접속 > 로그인 > 교재 구매 완료 후 > 예제 파일 탭 선택 > 해당 교재 선택 > 이메일 주소 입력 후 전달

2. 웹하드

- **방법** : 좀 더 빠르게 다운로드하고 싶다면 아래 웹하드에서 다운로드 하시기 바랍니다 .
  웹하드(http://www.webhard.co.kr) > 아이디 : koreastore1(번호 1~4중에 택1) / 비밀번호 : 각 수강 지점 멘토에게 문의
- **경로** : 웹하드 접속 > 로그인 > 게스트 폴더 선택 > 해당 교재 폴더 선택 > 해당 파일 선택 후 내리기

어떻게 파이썬이라는 이름이 되었을까요?

파이썬 언어의 창시자는 귀도 반 로썸(Guido van Rossum)으로,
파이썬이라는 이름의 유래는 그가 즐겨보던 영국의 코미디 그룹
몬티 파이썬에서 따왔다고 합니다.

MISSION
- 파이썬 프로그래밍 언어의 기본 문법과 특징을 이해합니다.
- 간단한 파이썬 프로그램을 직접 작성하고 실행하며, 프로그램의 구조와 동작 원리를 파악합니다.
- 코드에 대한 설명을 위한 주석과 실제로 실행되는 실행문을 구분하고 각각의 역할을 이해합니다.

KEYWORD
\# 파이썬 \# 파이참 \# 주석 \# 실행문

SECTION 01

파이썬의
시작

01 파이썬의 시작

 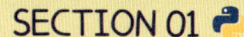
1 프로그래밍 언어, 파이썬의 탄생

네덜란드 출신의 프로그래머 귀도 반 로썸은 1989년에 교육 목적으로 간결한 문법을 가진 ABC 언어를 개발했습니다. 그러나 ABC 언어는 제한된 기능으로 인해 널리 사용되지 못했습니다. 이에 귀도 반 로썸은 1991년에 ABC 언어의 장점을 살리면서 실무용으로도 충분한 기능을 갖춘 파이썬 0.9.0을 발표했습니다.

'파이썬'이라는 이름은 귀도가 좋아하는 코미디 쇼인 'Monty Python's Flying Circus'에서 유래되었습니다. 귀도는 이 코미디 쇼처럼 자신이 만든 언어로 즐겁고 재미있게 프로그래밍할 수 있기를 바랐기 때문에 이 이름을 선택했다고 합니다. 또한, 파이썬의 로고는 본래 비단뱀이라는 뜻을 가진 그리스어 '피톤(python)'에서 유래하여, 비단뱀 두 마리가 꼬여있는 모습을 형상화하고 있습니다.

[그림1-1] 파이썬의 로고

2 파이썬의 활용 분야

초기의 파이썬은 주로 컴퓨터 그래픽이나 게임 개발 분야에서 사용되었으나, IT 기술의 빠른 발전과 함께 현재는 웹 개발, 데이터 분석, 인공지능, 자동화 등 다양한 분야에서 활용되고 있습니다.

• **게임 개발** : 파이썬은 초창기에 2D 게임 개발에 사용되었던 만큼, 여전히 게임 개발에서도 많이 활용되고 있습니다. Pygame과 같은 라이브러리를 사용하면 간편하게 게임을 만들 수 있습니다.

• **웹 개발** : 장고(Django), 플라스크(Flask) 등의 웹 개발 프레임워크를 통해 웹 개발에 사용되고 있습니다. 이를 통해 크고 작은 웹 사이트를 손쉽게 만들 수 있습니다.

• **데이터 분석과 인공지능** : 파이썬이 최근 들어 가장 활발하게 활용되는 분야라고 해도 과언이 아닙니다. 데이터 분석뿐만 아니라 넘파이(NumPy), 판다스(Pandas), 파이토치(PyTorch) 등과 같은 다양한 라이브러리를 활용하여 머신 러닝, 딥 러닝 분야까지 폭넓게 활용되고 있습니다.

- **자동화** : 일상적이고 반복되는 작업을 자동화하는 분야에서도 파이썬을 사용합니다. 단순한 버튼 클릭이나 입력뿐만 아니라 웹 스크래핑 등 다양한 용도로 사용할 수 있습니다.

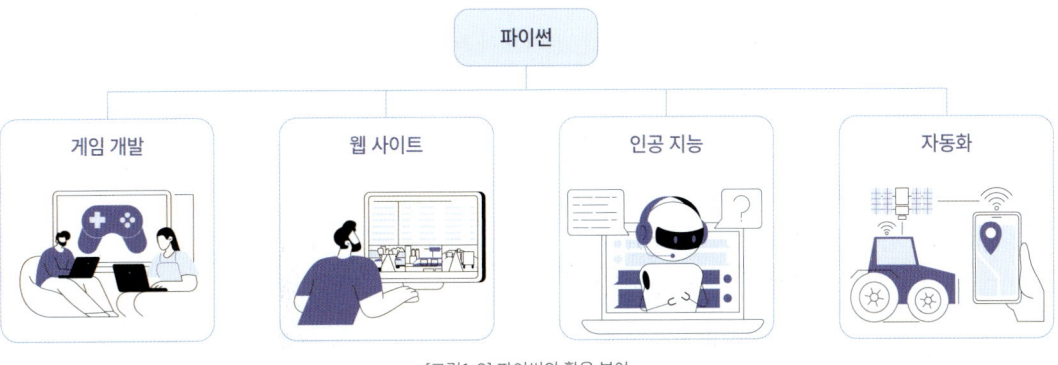

[그림1-2] 파이썬의 활용 분야

 PLUS 학습 코너

파이썬 활용 사례

- 구글Google : 구글의 백엔드는 C++과 파이썬을 결합하여 작성되었습니다.
- 유튜브YouTube와 인스타그램Instagram : 이들 플랫폼은 장고Django를 기본 서버 측 언어로 사용하고 있습니다.

이 외에도 넷플릭스Netflix, 아마존Amazon, 스포티파이Spotify 등 우리가 잘 알고 있는 수많은 IT 기업들이 파이썬을 활용하고 있습니다.

3 파이썬 버전

파이썬은 현재 'Python 3' 버전이 계속해서 발전하고 있으며, 다양한 분야에서 활용되고 있습니다. 이전 버전인 'Python 2'의 경우 2018년 1월 1일 공식 지원이 종료되어, 이후에는 'Python 3' 버전만 개발 및 업데이트되고 있습니다.

앞으로도 새로운 기능과 개선 사항들이 지속적으로 업데이트될 예정이지만, 현재는 'Python 3' 버전을 유지 및 발전시키고 있기 때문에 이 책에서는 'Python 3'을 중심으로 학습하겠습니다.

SECTION 01
파이썬의 시작

SECTION 02
변수와 자료형

SECTION 03
연산자

SECTION 04
조건문

SECTION 05
반복문

SECTION 06
리스트

버전	발표일	업데이트 내용
0.9.0	1991. 02	첫 번째 공개 버전
1.0	1994. 01	공식 출시
2.0	2000. 10	다양한 기능과 개선 사항 추가
3.0	2008. 12	버전 2.0과의 호환성을 고려하지 않은 새로운 기능과 개선 사항 적용
-	2010	버전 2.0과 3.0의 호환성 문제로 인해 2.0 코드를 3.0으로 이식하여 사용하는 등 버전을 혼합하여 사용
-	2018. 01	버전 2.0 공식 지원 종료, 이후 버전 3.0의 개발과 업데이트만 진행
-	~ 현재	버전 3.0 지속적으로 업데이트 중

[그림1-3] 파이썬의 버전 히스토리

PLUS 학습 코너

파이썬 2.x 버전과 3.x 버전의 차이점

- 변수값 변경 : 2.x 버전에서는 변수값은 절대 변경되지 않지만, 3.x 버전에서는 for 루프 내에서 변수값이 변경될 수 있으며, 모든 변수가 객체로 처리됩니다.

- 나눗셈 결과 : 2.x 버전에서는 나눗셈의 결과가 int형으로 반환되었으나, 3.x 버전에서는 float형으로 반환됩니다.

- print() 함수 : 3.x 버전에서는 print() 함수를 사용할 때 소괄호 ( )를 반드시 사용해야 합니다.

- 유니코드 문자열 : 2.x 버전에서는 유니코드 문자열 값을 저장하려면 'u'로 정의했지만 3.x 버전에서는 모든 문자열이 기본적으로 유니코드로 인식됩니다.

4 파이썬의 특징

파이썬은 다음과 같은 특징을 가지고 있습니다.

쉬운 문법과 가독성

파이썬 문법은 간결하고 직관적입니다. 인간의 사고와 유사한 문법을 가지고 있어 입문자들도 쉽게 배울 수 있으며, 코드를 이해하고 작성하기 쉽습니다.

SECTION 01
파이썬의 시작

SECTION 02
변수와 자료형

SECTION 03
연산자

SECTION 04
조건문

SECTION 05
반복문

SECTION 06
리스트

ex Java와 Python 문법 비교

Java	Python

public class Hello {
    public static void main(String args[]) {
        System.out.println("Hello");
    }
}
	print("Hello")

[그림1-4] 자바와 파이썬의 문법

풍부한 라이브러리

파이썬은 다양한 라이브러리와 모듈을 보유하고 있어 여러 가지 작업을 빠르고 효율적으로 처리할 수 있습니다. 데이터 분석, 웹 개발, 인공지능 등 다양한 분야에서 사용되는 풍부한 생태계를 갖추고 있습니다.

빠른 개발 속도

쉬운 문법과 풍부한 라이브러리 덕분에 파이썬은 빠른 개발 속도를 제공합니다. 빠르게 프로토타입을 만들고 테스트할 수 있어 개발 생산성을 높여줍니다.

플랫폼 독립적

파이썬은 운영체제(OS)에 상관없이 하나의 파이썬 코드를 사용할 수 있습니다. 따라서 윈도우(Windows), 맥(Mac), 리눅스(Linux) 등 대부분의 운영체제에서 개발 및 사용할 수 있습니다. 운영체제별로 컴파일할 필요가 없기 때문에 한 번 코드를 작성하면 어떤 운영체제에서든 활용할 수 있습니다. 이는 PVM(Python Virtual Machine)이라는 파이썬 가상 머신 덕분입니다. 운영체제에 맞는 PVM 위에서 파이썬 코드가 동작합니다.

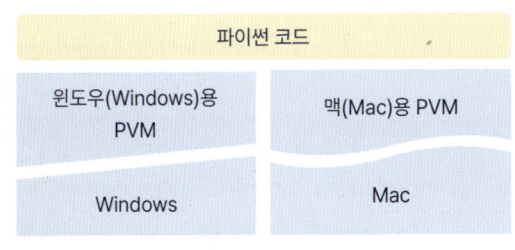

[그림1-5] 파이썬 PVM(가상 머신) 동작

이 책에서는 파이참(PyCharm)이라는 개발 툴을 사용할 거예요. 파이참은 PVM을 포함하여 설치하기 때문에, 우리는 별도로 고민할 필요가 없답니다.

객체 지향 언어

파이썬은 최근 프로그래밍 세상을 장악하고 있는 객체 지향 언어로, 클래스와 객체를 기반으로 정보 은닉, 상속 등의 개념을 지원합니다. 이러한 기능 덕분에 쉽게 코드를 작성하고 재사용할 수 있습니다.

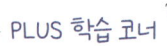
라이브러리와 프레임워크

프로그래밍을 하다 보면 라이브러리와 프레임워크라는 용어를 자주 만나게 됩니다. 앞으로 자주 사용하게 될 이 두 용어를 비교하여 학습해 보겠습니다.

라이브러리	프레임워크
프로그래밍을 더 쉽게 수행하기 위해 이전 개발자들이 미리 작성해 놓은 코드의 모음입니다. 프로그래머들이 필요한 기능을 간단하게 가져와서 사용할 수 있습니다.	애플리케이션 개발에 필요한 기본 구조, 즉 틀을 제공하는 도구입니다. 라이브러리와의 큰 차이점은, 라이브러리는 개발자가 필요한 기능을 선택적으로 사용할 수 있는 반면, 프레임워크는 개발자가 프레임워크의 규칙과 구조를 따라야 한다는 점입니다.
덕분에 개발자들은 특정 작업을 다시 구현하지 않고도 빠르게 개발할 수 있습니다. 예를 들어, 수학 함수를 제공하는 파이썬의 math 라이브러리를 사용하면 간단한 산술 연산은 물론 통계 계산 등 어려운 연산까지 간단하게 수행할 수 있습니다.	프레임워크는 프로젝트의 기반이 되는 구조뿐만 아니라 프로그램을 확장하고 고도화하기 위해 외부 프로그램들과 연결하는 등 다양한 기능을 제공하여, 개발자가 애플리케이션의 핵심 로직에 집중할 수 있도록 도와줍니다.
	프레임워크의 가장 큰 장점은 일관된 코드 구조를 유지할 수 있다는 것입니다. 예를 들어, Django나 Flask와 같은 웹 개발 프레임워크를 사용하면 웹 애플리케이션의 기본 구조를 제공하고, URL 라우팅, 데이터베이스 연결 등과 같은 외부 설정은 자동으로 처리해 줍니다. 이러한 장점 덕분에 개발자는 코드 구현에 더 집중할 수 있게 됩니다.

간단히 말해서, 라이브러리는 작업을 간편하게 하기 위한 코드 모음이며, 프레임워크는 애플리케이션 개발을 위한 구조와 규칙을 제공하는 도구입니다.

파이썬의 인기는 앞으로도 계속될 것으로 예상됩니다. 파이썬은 배우기 쉽고 사용하기 쉬우며, 다양한 분야에서 활용할 수 있는 범용성을 가지고 있어 앞으로도 개발자들의 많은 관심을 받을 것으로 보입니다.

파이썬은 2023년 10월 기준 TIOBE index에서
가장 선호하는 프로그래밍 언어 1위(14.82%)를 차지했습니다.
TIOBE index는 검색량을 기준으로 프로그래밍 언어 선호도를
조사하는 지표로 파이썬은 2021년 10월부터 1위를 차지하고 있습니다.
뒤를 이어 C언어, C++, Java가 선호하는 언어로 선정되었어요.
(출처: https://www.tiobe.com/tiobe-index/)

02 파이썬 설치하고 실행하기

지금부터 파이썬으로 프로그래밍하기 위해 필요한 준비를 해보겠습니다. 파이썬 코드를 입력할 수 있는 텍스트 에디터와 코드를 실행할 수 있는 파이썬 인터프리터가 필요합니다. 먼저, 파이썬 인터프리터를 설치해 보겠습니다.

1 파이썬 인터프리터 설치하기

① 파이썬 공식 웹사이트의 다운로드 페이지(http://www.python.org/downloads)에 접속합니다. 이어서 [Download Python 3.12.0]을 클릭해 파이썬 설치 프로그램을 다운로드합니다.

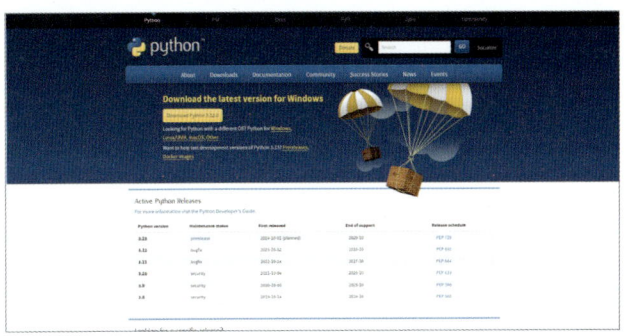

이 책을 집필하는 시점의 최신 버전은 3.12.0입니다. 사용 시점에 맞는 최신 버전을 다운로드해 주세요.

② 설치 파일을 실행한 후 화면 하단의 [Add python.exe to PATH]를 반드시 체크하고 [Install Now]를 클릭합니다.

SECTION 01
파이썬의 시작

SECTION 02
변수와 자료형

SECTION 03
연산자

SECTION 04
조건문

SECTION 05
반복문

SECTION 06
리스트

💡 [Add python.exe to PATH] 옵션은 프로그램의 실행 경로에 파이썬을 추가하는 기능입니다. 이 옵션을 선택하면 어느 폴더에서든 파이썬을 실행할 수 있습니다. 만약 파이썬 인터프리터 설치 시 이 옵션을 선택하지 않으면 다음과 같은 오류가 발생할 수 있습니다.

> 'python' is not recognized as an internal or external command, operable program or batch file.

설치 시 [Add python.exe to PATH] 옵션을 선택하지 않으면 실행 경로(Path)에 파이썬 인터프리터를 수동으로 등록해야 하는 불편이 따르므로 반드시 이 옵션을 선택하여 설치합니다.

③ 설치가 완료되면 [Close] 버튼을 클릭하여 설치 프로그램을 종료합니다.

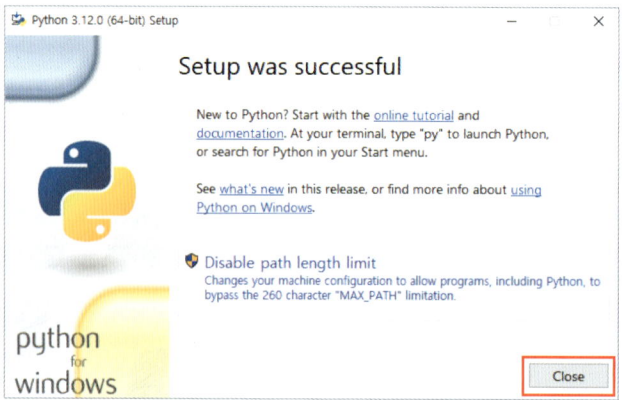

④ 파이썬이 정상적으로 설치되었다면 Windows [시작] 메뉴에서 다음과 같이 [Python 3.12]를 확인할 수 있습니다.

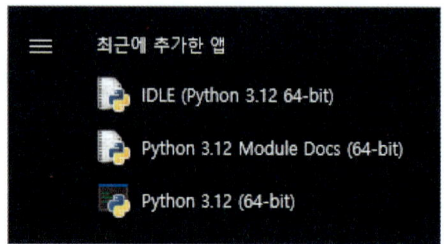

 PLUS 학습 코너

Mac 운영체제에서 파이썬 설치하기

대부분의 MacOS에는 기본적으로 Python 2가 설치되어 있습니다. 하지만 현재는 Python 3이 더욱 보편적으로 사용되고 있으며, 개발 및 업데이트 측면에서도 Python 3을 사용하는 것이 권장됩니다. Python 3을 설치하는 방법은 Windows 운영체제와 동일합니다. 다만, 컴퓨터에 Python 2와 Python 3이 동시에 설치된 상태가 되므로 Python 3으로 스크립트를 실행할 때는 python이 아닌 python3을 입력해야 합니다.

2 파이썬 실행하기

① [시작] 메뉴에서 [Python 3.12]를 선택하여 파이썬을 실행하면 다음과 같은 화면이 나타납니다.

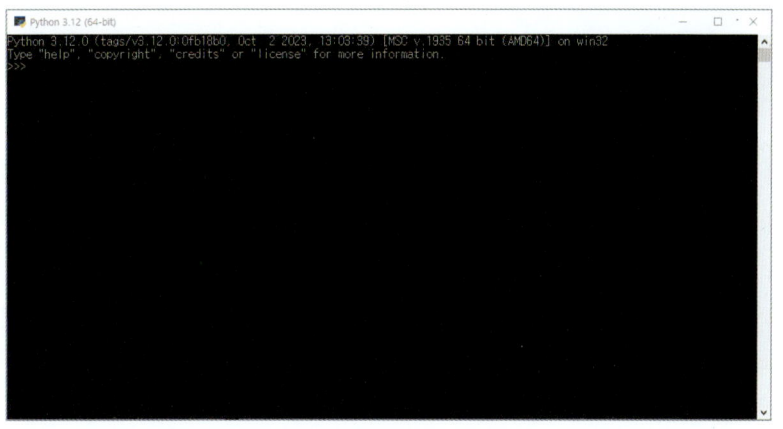

이 화면은 '파이썬 셀(Python Shell)'이라고 부르는 대화형 인터프리터입니다. 여기에는 파이썬 버전 등의 정보가 출력됩니다. 프롬프트 옆에 커서가 깜박이는데, 이곳에 파이썬 코드를 입력하면 그에 따른 결과값을 바로 확인할 수 있습니다.

💙 파이썬 셀은 파이썬 코드를 간단하게 테스트하거나, 특정 기능을 확인할 때 유용하게 사용할 수 있습니다.

파이썬 셀 창에서 >>>를 프롬프트라고 합니다.

② 다음과 같이 간단하게 수식을 입력한 후 결과값을 확인해 보겠습니다.

```
>>> 10 + 10    # 10+10을 입력하고 [Enter]키를 누르면
20             # 결과값 20이 출력됩니다.
>>> 4 * 5
20
```

③ 파이썬 셀을 종료하려면 창의 닫기 ⓧ 버튼을 클릭하거나 Ctrl + Z 키를 누른 후 Enter 키를 누릅니다.

SECTION 01
파이썬의 시작

SECTION 02
변수와 자료형

SECTION 03
연산자

SECTION 04
조건문

SECTION 05
반복문

SECTION 06
리스트

03 파이썬 에디터 파이참

대화형 파이썬 셸은 간단한 코드를 입력하고 결과를 확인하는 데 매우 편리하지만, 셸을 종료하면 작성한 프로그램을 다시 사용할 수 없고 여러 줄의 복잡한 코드를 입력하거나 저장하기가 어렵습니다. 따라서 실무에서 복잡한 프로그램을 작성하려면 코드 저장 기능과 함께 유용한 기능을 제공하는 프로그램이 필요합니다. 이러한 프로그램을 '파이썬 에디터(IDE)'라고 합니다. 파이썬 에디터는 다양한 종류가 있는데 그중에서도 파이참(pycharm)은 가장 인기 있는 파이썬 에디터 중 하나입니다.

1 JetBrains 웹 사이트 접속 및 파이참(PyCharm) 다운로드

① JetBrains 공식 웹사이트(https://www.jetbrains.com/ko-kr/pycharm/)에 접속한 후 [다운로드] 버튼을 클릭합니다.

② Community 버전의 [다운로드] 버튼을 클릭합니다. 파이참은 Professional과 Community 두 가지 버전을 제공합니다.

- Professional 버전 : Business용으로, 전문적인 개발 환경과 기능을 제공하는 유료 버전입니다.
- Community 버전 : 무료로 사용할 수 있으며, 대부분의 파이썬 개발에 필요한 기능을 제공합니다. 개인 및 소규모 프로젝트 개발과 학습용으로 충분히 사용할 수 있습니다.

따라서, 우리는 Community 버전을 다운로드하겠습니다.

다운로드받는 시점에 따라
PyCharm 최신 버전이 다를 수 있습니다.
가장 최신 버전으로 다운로드해 주세요.

③ 설치 파일을 실행하면 PyCharm 설치 마법사가 시작됩니다. [Next] 버튼을 클릭합니다.

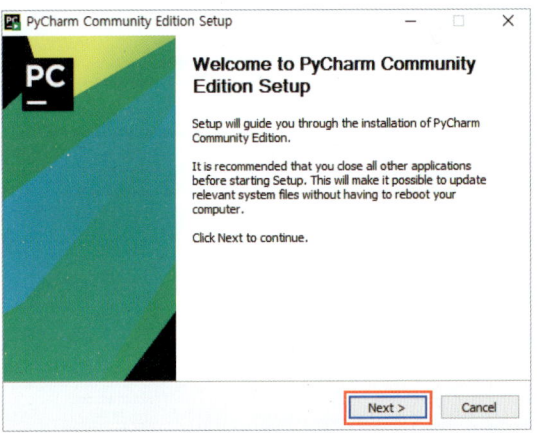

④ PyCharm을 설치할 경로를 선택합니다. 원하는 경로가 있다면 [Browse...] 버튼을 클릭하여 경로를 지정합니다. 기본으로 설정되어 있는 경로를 그대로 사용해도 됩니다. 이어서 [Next] 버튼을 클릭합니다.

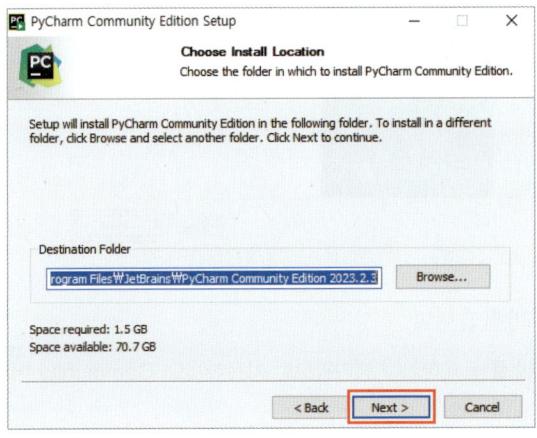

SECTION 01
파이썬의 시작

SECTION 02
변수와 자료형

SECTION 03
연산자

SECTION 04
조건문

SECTION 05
반복문

SECTION 06
리스트

⑤ 추가 설정이나 환경 변수 변경이 필요한
경우, 해당 옵션을 선택한 후 [Next] 버튼
을 클릭합니다. 특별히 원하는 설정이 없
다면, 별도로 설정하지 않아도 됩니다.

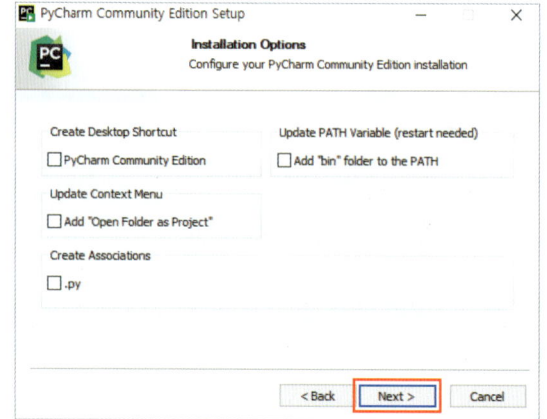

⑥ [Install] 버튼을 클릭하고 설치가 완료될
때까지 잠시 기다립니다.

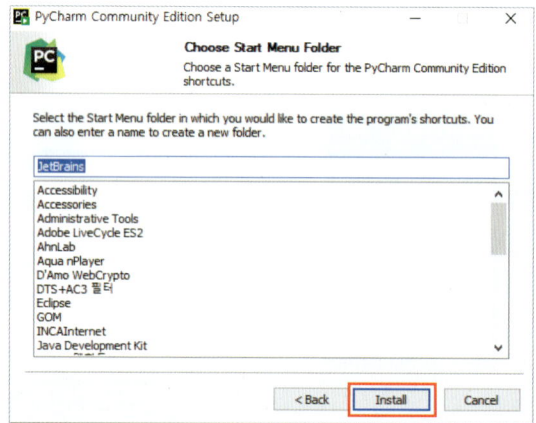

⑦ 설치가 완료되었습니다. [Finish] 버튼을
클릭합니다.

이제 파이썬을 이용한 프로그램 개발 준비를 모두 마쳤습니다.

♥ 만약 Professional 버전을 설치했다면, 구입한 라이선스를 등록하거나 평가판으로 시작하세요. Community 버전은
별도의 라이선스 등록이 필요하지 않습니다.

PLUS 학습 코너

다양한 파이썬 에디터

파이썬 에디터	설명
IDLE	파이썬을 설치하면 자동으로 함께 설치되는 무료 IDLE입니다. 간단한 프로젝트에 적합하지만 강력한 기능은 부족합니다.
비주얼 스튜디오 코드	Microsoft에서 개발한 무료 오픈 소스 코드 편집기입니다. 확장 프로그램을 통해 다양한 기능을 추가할 수 있으며, 사용자 정의가 용이합니다.
Vim	오래된 텍스트 기반 편집기이지만, 강력한 기능과 사용자 정의 가능성으로 많은 프로그래머들이 사용합니다.
Sublime Text	유료 코드 편집기이지만 무료 평가판을 제공합니다. 빠른 속도와 사용자 정의 가능성으로 인기가 많습니다.

2 파이썬 첫 프로그램 만들기

지금부터 파이썬으로 첫 프로그램을 만들어 보겠습니다.

① 파이참 실행하기

[시작] 메뉴에서 [JetBrains - PyCharm Community Edition]을 선택하거나 바탕 화면에 생성된 [바로 가기 아이콘]을 클릭하여 PyCharm을 실행합니다.

📍 PyCharm은 처음 실행할 때 버전에 따라 다양한 설정과 테마를 선택할 수 있습니다. 사용자의 환경에 맞게 설정한 후 [Next] 버튼을 클릭합니다. 이 설정은 나중에 변경할 수 있으므로, 이 단계를 건너뛰어도 무방합니다.

② 프로젝트 생성하기

PyCharm이 정상적으로 실행되면 다음과 같은 첫 화면이 나타납니다. 프로그램을 만들려면 먼저 [New Project]를 선택하여 프로젝트를 생성합니다.

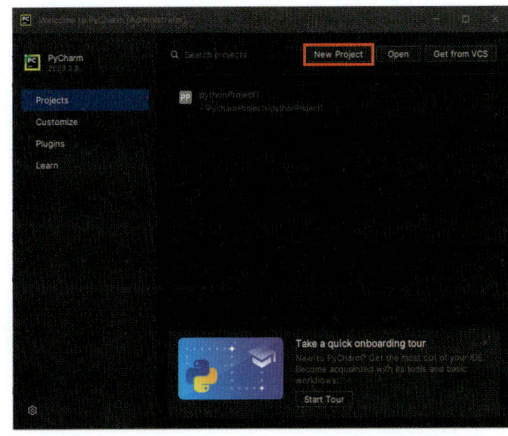

SECTION 01
파이썬의 시작

SECTION 02
변수와 자료형

SECTION 03
연산자

SECTION 04
조건문

SECTION 05
반복문

SECTION 06
리스트

③ 프로젝트 설정하기

프로젝트의 기본 설정을 지정하는 화면이 나타납니다.

[Location](프로젝트 위치)을 선택합니다. 기본으로 제안된 경로를 그대로 사용하거나, 원하는 경로를 지정할 수 있습니다.

프로젝트 위치의 마지막 부분에 '프로젝트 이름'을 입력합니다.

창 중앙에 있는 [Python Interpreter]에는 여러 가지 선택 항목이 있습니다. 인터프리터는 다양한 종류가 있어서 선택할 수 있지만, 이 책에서는 별도로 내용을 수정하지 않고 [Create] 버튼을 클릭합니다.

💡 Interpreter(인터프리터)는 파이썬으로 작성한 프로그램을 컴퓨터가 이해할 수 있도록 번역해 주는 도구입니다.

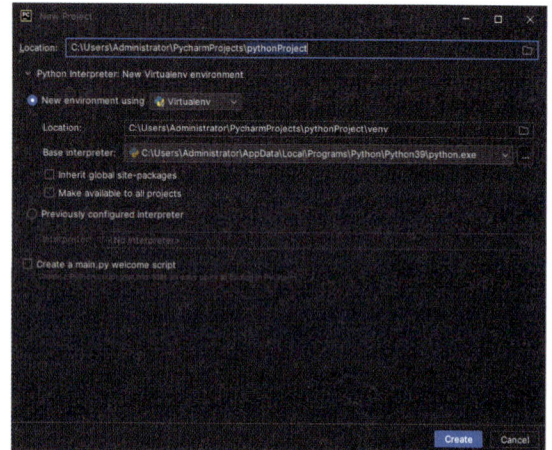

PyCharm을 사용하는 데 편리한 기능을 알려주는 'Tip of the Day(오늘의 팁)' 팝업 창이 나타납니다. PyCharm 실행 시 이 창이 나타나지 않게 하려면 왼쪽 하단의 'Don't show tips' 옵션을 선택하고 [Close] 버튼을 클릭합니다.

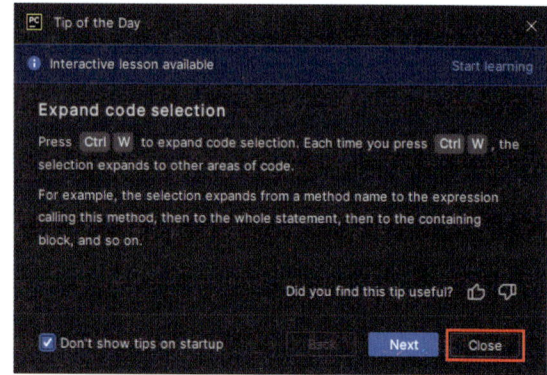

④ 프로젝트 생성하기

프로젝트가 성공적으로 생성되면 다음과 같이 PyCharm 작업 영역이 열립니다. 작업 영역은 크게 두 가지로 나눌 수 있습니다.

먼저, 왼쪽 창은 〈프로젝트 탐색기〉 또는 〈프로젝트 뷰〉라고 불리는 영역으로, 프로그램 개발에 필요한 파일과 폴더 등 프로젝트 구성을 확인할 수 있습니다. 오른쪽 창은 〈소스 코드 작업 공간〉으로, 코드를 작성하는 영역입니다.

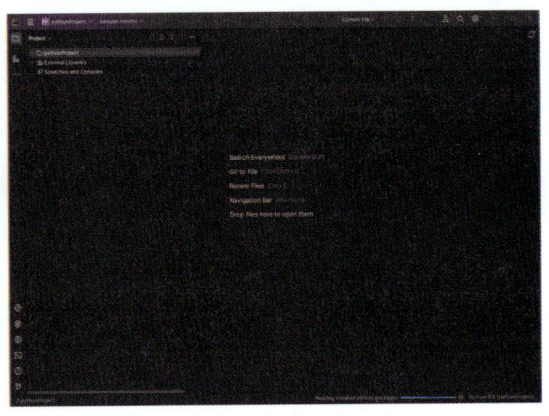

3 첫 소스 코드 파일 생성하기

이제 파이썬 파일을 만들어 개발을 시작할 수 있습니다. 간단한 첫 번째 소스 코드를 작성해 보겠습니다.

① 〈프로젝트 뷰〉에서 프로젝트 이름(프로젝트 폴더)을 마우스 오른쪽 버튼으로 클릭하여 [New] → [Python File]을 선택합니다.

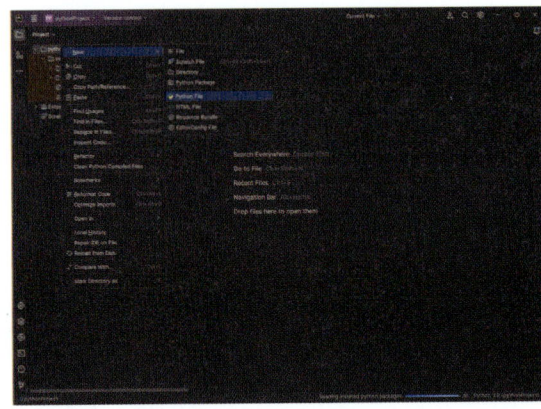

② 파일명을 입력한 후 [Enter] 키를 누릅니다.

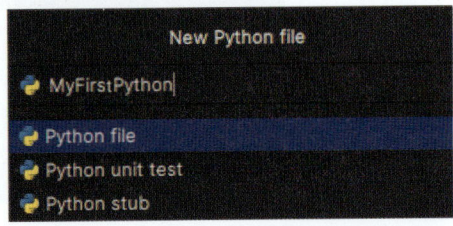

📍 이 책에서는 파일명을 'MyFirstPython' 으로 작성했습니다.

SECTION 01
파이썬의 시작

SECTION 02
변수와 자료형

SECTION 03
연산자

SECTION 04
조건문

SECTION 05
반복문

SECTION 06
리스트

③ 〈소스 코드 작업 공간〉에 다음과 같이 새로
   생성된 'MyFirstPython.py' 파일이 나타납
   니다.

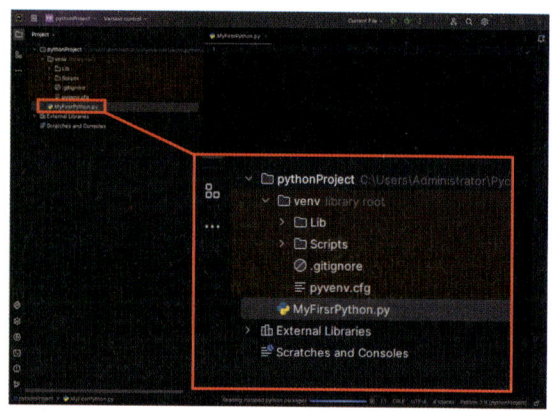

♥ 파이썬 소스 코드 파일의 확장자는 Python의 첫 두
  글자를 따서 '.py' 입니다.

4 첫 코드 작성하기

① 새로 생성한 파일에 다음 코드를 작성해 보겠습니다.

예제 1-1   파이참 첫 코드 작성하기   소스코드 EX01_01.py

```
01   print("Hello Python")
```

② PyCharm 상단 메뉴에서 [File] – [Save All]을 클릭하여 저장
   합니다. 단축키 Ctrl + S

작성한 코드를 저장하지 않으면
실행되지 않습니다.

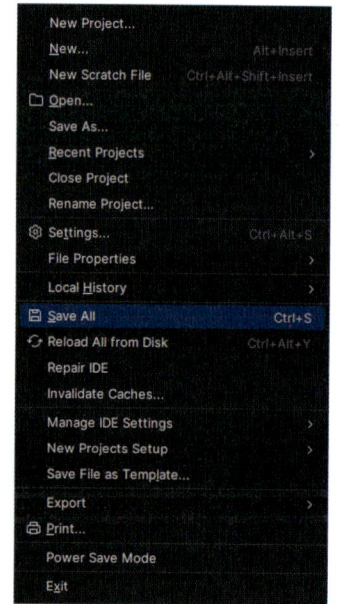

③ 작성한 프로그램을 실행합니다. PyCharm 화면 오른쪽 상단에 있는 ▶ 버튼을 클릭합니다.

단축키 `Ctrl` + `Shift` + `F10`

④ 다음과 같이 PyCharm 화면 하단에 [Console] 창이 나타나면서 "Hello Python" 문장이 출력되었습니다.

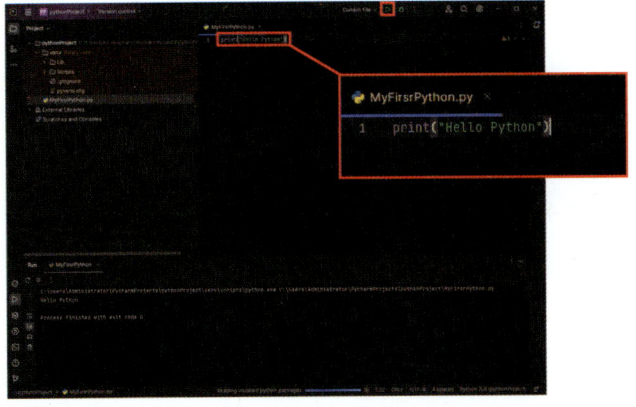

 PLUS 학습 코너

파이참과 같은 파이썬 에디터를 사용하면 다음과 같은 장점이 있습니다.

- 코드 작성 및 편집을 보다 편리하고 빠르게 할 수 있습니다.
- 코드 오류를 쉽게 찾고 수정할 수 있습니다.
- 자동 완성을 사용하여 코드작성을 더욱 간편하게 할 수 있습니다.
- 코드 정리를 통해 코드의 가독성과 유지보수성을 높일 수 있습니다.
- 단축키를 사용하여 작업을 효율적으로 수행할 수 있습니다.
- 다른 개발자와 협업할 수 있습니다.

SECTION 01
파이썬의 시작

SECTION 02
변수와 자료형

SECTION 03
연산자

SECTION 04
조건문

SECTION 05
반복문

SECTION 06
리스트

1 주석

주석은 코드에 설명이나 필요한 정보 등을 기록하여 사람이 이해하기 쉽게 도와주는 기능으로, 프로그램의 실행에는 전혀 영향을 미치지 않습니다. 주석은 오류를 찾거나 복잡한 코드를 이해하기 쉽게 하여 개발자들이 코드를 공유하거나 유지 보수할 때 유용하게 사용됩니다.

[주석 사용 방법]

파이썬은 한 줄 주석과 여러 줄 주석을 지원합니다.

① 한 줄 주석

- `#` 기호를 사용하여 한 줄 주석을 작성합니다.
- `#` 이후의 글자는 모두 주석 처리되어 프로그램의 실행에 영향을 주지 않습니다.

< Code

```
01   # 한 줄 주석
02   print("Hello Python")
```

② 여러 줄 주석

- 여러 줄에 걸친 주석은 작은따옴표 3개 `'''` 또는 큰따옴표 3개 `"""` 기호로 감싸서 작성합니다.

< Code

```
01   '''
02   여러 줄 주석은
03   작은따옴표로 감싸서 사용합니다.
04   '''
05
06   """
07   여러 줄 주석은
08   큰따옴표로 감싸서 사용합니다.
09   """
```

여러 줄 주석을 작성할 때는, 여는 따옴표와 닫는 따옴표의 쌍을 맞춰야 합니다. 다음과 같이 서로 다른 따옴표를 사용하면 오류가 발생합니다.

Code

```
01   '''
02   오류 발생!! 따옴표 쌍이
03   맞아야 합니다.
04   """
```

♥ 주석은 코드의 이해를 돕는 데 도움이 되지만, 너무 많이 사용하면 코드의 가독성을 떨어뜨릴 수 있습니다. 또한 너무 장황한 설명은 오히려 코드를 이해하기 어렵게 만들 수 있습니다. 따라서, 코드의 가독성을 위해 주석을 적절히 사용하는 것이 중요합니다.

2 실행문

실행문은 프로그램이 실제로 동작하면서 각종 작업을 수행하는 코드를 의미합니다. 즉, 개발자가 컴퓨터에 내리는 명령이라고 할 수 있습니다. 컴퓨터는 실행문을 이해하고, 개발자가 원하는 작업을 수행합니다.

앞으로 학습할 변수, 연산자, 조건문, 반복문 등과 같은 여러 가지 요소를 조합하여 원하는 실행문을 만들 수 있습니다. 프로그램은 개발자가 작성한 실행문을 이해하고 수행하므로, 개발자는 실행문을 잘 활용하여 프로그램을 만들어야 합니다.

파이썬에서 실행문은 한 문장으로 작성합니다.

다음 코드는 "Hello Python"을 출력하라고 컴퓨터에게 명령하는 실행문 한 줄과 주석 한 줄로 이루어져 있습니다.

Code

```
01   # 한 줄 주석
02   print("Hello Python")    # 실행문
```

파이썬 학습을 위한 기본적인 준비가 모두 끝났습니다. 이제부터 본격적인 학습을 시작해 보겠습니다.

SECTION 01
파이썬의 시작

SECTION 02
변수와 자료형

SECTION 03
연산자

SECTION 04
조건문

SECTION 05
반복문

SECTION 06
리스트

변수의 탄생이 궁금해요!

1940년대 초, 위대한 수학자 존 폰 노이만은 컴퓨터의 기본 작동 방식을 제시했습니다.
그의 아이디어는 컴퓨터가 메모리에 데이터와 명령어를 저장하고,
프로세서가 이를 처리하는 것이었습니다.
이때 등장한 개념이 바로 변수입니다.

MISSION

◦ 변수를 활용하여 데이터를 저장하고 관리하는 방법을 알고 있습니다.

◦ 정수, 실수, 문자열 등 다양한 자료형의 데이터를 변수에 저장하고, 필요에 따라 값을 변경하며

  프로그램을 작성할 수 있습니다.

KEYWORD # 데이터   # 변수   # 자료형

SECTION **02**

변수와
자료형

01 변수

1 변수(Variable)란?

컴퓨터는 프로그램 실행 과정에서 필요한 데이터를 메모리라는 임시 저장 공간에 저장합니다. 개발자는 프로그램을 만들고 실행하는 데 필요한 값들을 메모리에 미리 저장해 두었다가 필요할 때마다 꺼내어 사용할 수 있습니다. 그러나 개발자가 임의로 데이터를 저장할 수 있는 것은 아닙니다. 컴퓨터에게 "이 데이터를 메모리에 저장해 줘!"라고 요청해야 합니다. 이때 메모리에 데이터를 저장하기 위해 할당받는 특정 공간을 변수라고 부릅니다.

변수는 마치 데이터를 담을 수 있는 상자와 같습니다. 개발자는 변수를 선언하여 데이터를 저장할 공간을 확보하고, 변수 이름을 통해 원하는 데이터를 쉽게 찾아 사용할 수 있습니다.

🔸 변수는 컴퓨터 프로그래밍에서 가장 기본적이고 중요한 개념 중 하나입니다. 파이썬뿐만 아니라 대부분의 프로그래밍 언어에서 변수의 사용법이 유사하기 때문에, 이번 기회에 익혀두면 다른 프로그래밍 언어에서도 쉽게 활용할 수 있습니다.

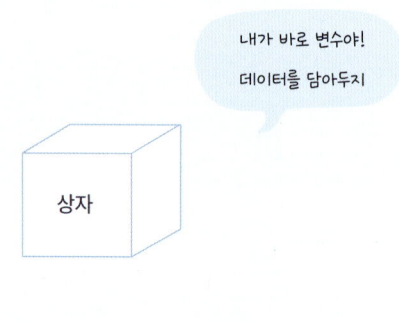

[그림2-1] 변수 예시

2 변수 선언하기

프로그램에서 변수를 사용하려면 먼저 변수를 저장할 메모리에 공간을 확보해야 합니다. 이를 '변수를 선언한다'라고 표현합니다. 변수를 선언하기 위해서는 변수의 이름과 저장할 값을 메모리에 알려주면 됩니다. 예를 들어, 나이가 20살이라는 정보를 저장할 변수를 선언하고 싶다면 다음과 같이 작성합니다.

SECTION 01
파이썬의 시작

SECTION 02
변수와 자료형

SECTION 03
연산자

SECTION 04
조건문

SECTION 05
반복문

SECTION 06
리스트

Code

```
age = 20
```

위 코드는 'age'라는 이름의 상자(변수)를 생성하고 그 상자에 20이라는 데이터를 담는 코드입니다.

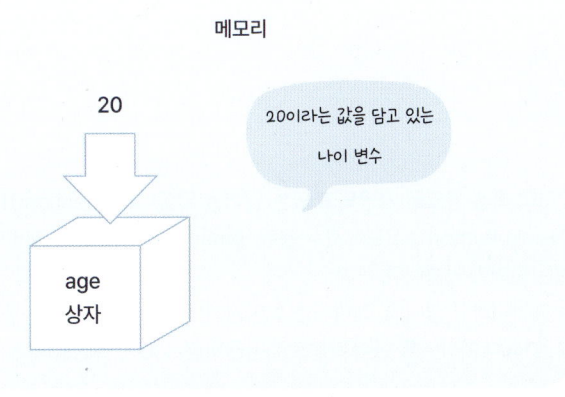

[그림2-2] 변수에 데이터 저장하기 예시

변수에 데이터를 저장할 때는 대입 연산자 = 을 사용합니다. 일상에서 '같다'라는 의미로 사용되는 = 은 프로그래밍에서는 변수에 값을 저장한다는 의미로 사용됩니다.
대입 연산자 = 을 기준으로 오른쪽에 있는 데이터(값)를 왼쪽 상자(변수)에 담는다는 의미입니다.

💡 '같음'을 나타내는 기호는 '=='입니다. 자세한 내용은 'Section03. 연산자'를 참조하세요.

3 변수명 정하기

변수는 메모리에 공간을 할당받아 데이터를 저장합니다. 개발자는 변수에 저장된 데이터를 사용할 때마다 변수 이름을 호출해야 합니다. 따라서 변수 이름은 사용 용도를 최대한 명확하게 보여줄 수 있도록 의미 있게 지어야 합니다. 그렇다면, 어떻게 변수 이름을 정해야 할까요?

변수 이름은 다음과 같은 규칙에 따라 만들어야 합니다.

- 영문, 한글, 숫자를 사용할 수 있습니다.
- 대소문자를 구분합니다.
- 변수명의 첫 글자는 숫자로 시작할 수 없습니다.
- 언더바 _ 를 제외한 특수문자(@, !, #, %, ^, &, ...)는 사용할 수 없습니다.
- 파이썬 예약어는 사용할 수 없습니다.

 변수명 사용

- age123은 변수명으로 사용할 수 있지만 123age는 사용할 수 없습니다.

- age@# : 특수문자를 사용할 수 없습니다.

- break : 파이썬 예약어는 사용할 수 없습니다.

- hello python : 띄어쓰기는 사용할 수 없습니다.

PLUS 학습 코너

예약어(Reserved Word)

예약어는 파이썬에서 이미 특정 용도로 사용되고 있는 단어를 말합니다. 'Section01. 파이썬의 시작'에서 첫 프로그램으로 만든 print("Hello Python") 코드에서 사용된 print 라는 단어처럼, 개발자가 만들지 않았지만 파이썬에서 이미 사용되고 있는 단어가 있습니다.

이러한 단어를 우리는 예약어라고 합니다. 예약어는 파이썬 인터프리터가 특별히 해석하기 때문에 개발자가 임의로 사용할 수 없습니다. 따라서 예약어를 변수 이름으로 사용하면 오류가 발생합니다.

대표적인 예약어로는 print   if   for   in   True   list   dict 등이 있습니다.

---

4 변수명 표기법

파이썬에서 변수명을 작성할 때는 보통 스네이크 케이스 표기법(Snake Case)을 사용합니다. 스네이크 케이스 표기법은 단어를 모두 소문자로 작성하고 단어 사이에 언더바 _ 를 사용하여 구분하는 방식입니다. 예를 들어, 'first name'과 같은 두 단어의 조합을 변수명으로 표현하고 싶을 때는 띄어쓰기 대신 'first_name'처럼 단어 사이에 언더바 _ 를 사용하여 연결합니다.

PLUS 학습 코너

카멜케이스 표기법(Camel Case Notation)

스네이크 케이스 표기법과 함께 많이 사용되는 변수명 작성법으로 카멜 표기법이 있습니다. 카멜 표기법은 두 단어가 합쳐질 때, 두 번째 단어의 첫 글자를 대문자로 작성하여 마치 낙타 등의 형태처럼 만드는 방식으로 변수명에 이를 적용하여 가독성을 높이는 데 도움이 됩니다.

 first name → fitstName
     last name → lastName

5 변수에 데이터 입력하고 사용해보기

이제 우리는 데이터를 변수에 담아두고, 데이터의 값이 필요할 때마다 직접 데이터를 사용하는 대신 변수의 이름을 불러서 그 값을 사용할 수 있습니다.

예를 들어, 다음과 같이 num 변수에 7을 저장하면 개발자는 7이 필요할 때마다 "7"을 부르는 것이 아니라, "num아~"라고 불러야 합니다.

❮ Code
```
num = 7
```

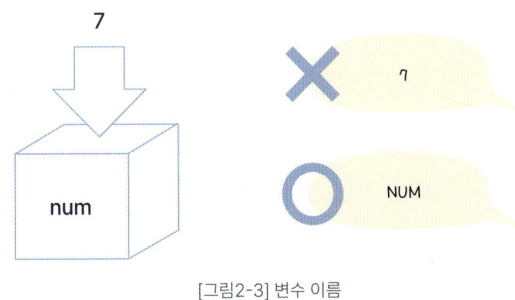

[그림2-3] 변수 이름

간단한 예제로, 좋아하는 숫자를 저장하는 변수를 만들고 결과를 출력해 보겠습니다.

예제 02-1   변수 만들기 ①   소스코드 EX02_01.py

```
01   # 좋아하는 숫자를 저장하는 변수
02   num = 1  # num 변수에 1을 저장
03
04   # 좋아하는 숫자 출력
05   print(num)  # num 안에 있는 데이터를 출력
```

실행 결과 🖱
```
1
```

우리는 'num'이라는 상자에 숫자 1을 저장한 후, num 변수의 이름을 불러서 1을 출력했습니다. 이번에는 'number'라는 상자에 숫자 7을 저장한 다음, number 변수의 이름을 불러서 7을 출력해 보겠습니다.

SECTION 01 파이썬의 시작

SECTION 02 변수와 자료형

SECTION 03 연산자

SECTION 04 조건문

SECTION 05 반복문

SECTION 06 리스트

```
01    number = 7  # num 변수에 7을 저장

02

03    print(number)  # num 안에 있는 데이터를 출력
```

실행 결과 🖱️

```
7
```

다음 예제는 이름, 나이, 주소 등과 같은 간단한 개인 정보를 변수에 저장하고 출력하는 프로그램입니다.

```
01    name = 'Alice'

02    age = 25

03    address = '''우편번호 12345

04    서울시 영등포구 여의도동

05    서울빌딩 501호 '''        # 변수에 대입하기 위한 문자열로 주석이 아닙니다.

06    boyfriend = None

07    height = 168.5

08

09    print(name)

10    print(age)

11    print(address)

12    print(boyfriend)

13    print(height)
```

실행 결과 🖱️

```
Alice
25
우편번호 12345
서울시 영등포구 여의도동
서울빌딩 501호
None
168.5
```

해설

01행 : single line 문자열을 저장하는 변수입니다.
02행 : 정수를 저장하는 변수입니다.
03~05행 : multiple line문자열을 저장하는 변수입니다.
06행 : 아무 값도 저장하지 않는 변수입니다.
07행 : 실수를 저장하는 변수입니다.
09~13행 : 각 변수들을 출력합니다.

변수는 단순히 숫자만 저장하는 것이 아니라 문자열이나 True/False와 같은 다양한 값도 저장할 수 있습니다. 이렇게 파이썬이 처리할 수 있는 데이터의 종류를 우리는 '자료형(type)'이라고 합니다.

다음 섹션에서는 파이썬이 기본으로 제공하는 다양한 자료형 중에서도 가장 기본적인 '기본 자료형'에 대해 알아보겠습니다.

SECTION 01
파이썬의 시작

SECTION 02
변수와 자료형

SECTION 03
연산자

SECTION 04
조건문

SECTION 05
반복문

SECTION 06
리스트

02 숫자형

파이썬의 기본 자료형 중에서 가장 먼저 숫자형에 대해 알아보겠습니다. 숫자형은 수를 나타내는 자료형으로, 파이썬은 정수, 실수, 복소수 등 다양한 숫자 자료형을 지원합니다.

1 정수형(int)

정수형은 소수점이 없는 숫자를 저장할 수 있는 자료형입니다. 즉, 양의 정수, 음의 정수, 그리고 0을 포함합니다. 영어로는 'Integer'라고 부르며, 프로그래밍에서는 'int'라는 약어를 사용하기도 합니다. 파이썬 2.x 버전에서는 정수의 크기에 따라 int와 long으로 구분하였으나, 파이썬 3.x 버전부터는 모든 정수를 int 자료형으로 통일했습니다. 따라서 기본적으로 원하는 값을 크기와 제한 없이 자유롭게 사용할 수 있습니다.

Code

```python
num1 = 10      # 양의 정수 대입
num2 = 22
num3 = -3      # 음의 정수 대입
num4 = 0       # 0대입
```

다음 예제를 통해 변수에 정수를 대입하고 출력해 보겠습니다.

예제 02-4 정수형 　　　　　　　　　　　　　　　　　　소스코드 EX02_04.py

```python
01   num1 = 100
02   num2 = 300
03
04   print(num1)
05   print(num2)
06   print(num1 + num2)
```

SECTION 01
파이썬의 시작

SECTION 02
변수와 자료형

SECTION 03
연산자

SECTION 04
조건문

SECTION 05
반복문

SECTION 06
리스트

실행 결과 ✨

100

300

400

변수는 우리가 직접 값을 대입할 수도 있지만, 이미 존재하는 변수의 데이터를 사용하여 값을 대입할 수도 있습니다.

다음 예제를 통해 num1과 num2의 데이터를 더한 결과를 num3에 대입해 보겠습니다.

예제 02-5   변수 데이터 사용하기   소스코드 EX02_05.py

```
01    num1 = 100      #num1에 100을 대입합니다.
02    num2 = 300      #num2에 300을 대입합니다.
03    num3 = num1 + num2      #num3에 num1과 num2의 데이터를 더한 결과를 대입합니다
04
05    print(num1)
06    print(num2)
07    print(num1 + num2)
08    print(num3)
```

실행 결과 ✨

100

300

400

400

위 예제에서 num3에 대입되는 값은 100 + 300 = 400입니다. 따라서 print(num3)의 출력 결과는 400이 됩니다.

이번에는 num1과 num2의 값을 서로 바꿔볼까요?

```python
01    num1 = 100
02    num2 = 300
03    print(num1)
04    print(num2)
05    print()      # 괄호 안에 값을 입력하지 않으면 빈 행이 출력됩니다.
06
07    temp = num1  # num1값을 temp 변수(상자)에 담아둡니다.
08    num1 = num2  # num2값을 num1 변수로 복사해둡니다.
09    num2 = temp  # 임시로 옮겨두었던 num1의 값이 들어있는 temp 변수의 값을 num2로 옮깁니다
10
11    print(num1)
12    print(num2)
```

실행 결과

```
100
300

300
100
```

int() 함수를 이용하면 다른 자료형의 값을 정수형 데이터로 변환할 수 있습니다.

Code

```
int(1.9)      # 1.9의 소수점(.9) 이하를 제거하여 정수 1로 변환합니다.
⇨ 1
int(True)     # True는 1로 변환합니다.
⇨ 1
int(False)    # False는 0으로 변환합니다.
⇨ 0
int('100')    # 문자열 '100'을 정수 100으로 변환합니다.
⇨ 100
```

2 실수형(float)

실수형은 소수와 지수로 구성된 수를 나타내는 자료형입니다. 영어로는 'floating point number'라고 불리며, 프로그래밍에서는 'float'라는 약어를 사용합니다. 정수형과 실수형의 가장 큰 차이점은 소수점의 유무입니다. 정수형 변수는 소수점이 없는 숫자만 저장할 수 있는 반면, 실수형 변수는 소수점이 포함된 숫자를 저장할 수 있습니다.

파이썬에서도 실수를 저장할 수 있는 자료형을 제공합니다. 다음은 파이썬에서 실수를 표현하는 몇 가지 예시입니다.

◁ Code

```
float1 = 1.1
float2 = 3.9
float3 = 1.999999999
```

다음 예제를 통해 변수에 실수를 대입하고 출력해 보겠습니다.

예제 02-7 실수형   소스코드 EX02_07.py

```
01  width = 30.5
02  height = 25.3
03
04  print(width)
05  print(height)
```

실행 결과
```
30.5
25.3
```

정수와 마찬가지로 사칙 연산을 수행할 수 있습니다.

예제 02-8 실수 사칙 연산   소스코드 EX02_08.py

```
01  x = 1.7
02  y = 2.3
03
04  print(x+y)
```

SECTION 01
파이썬의 시작

SECTION 02
변수와 자료형

SECTION 03
연산자

SECTION 04
조건문

SECTION 05
반복문

SECTION 06
리스트

4.0

수학적으로 1.7과 2.3을 더하면 4가 됩니다. 하지만 파이썬에서는 실수와 실수의 연산은 소수점 이하의 값까지 계산되기 때문에 결과는 4.0이라는 소수점이 있는 실수 형태로 나타납니다.

이번에는 실수와 정수의 곱셈 연산을 살펴보겠습니다.

예제 02-9   실수와 정수의 곱셈   소스코드 EX02_09.py

```
01  x = 3.9
02  y = 3
03
04  print(x*y)
```

실행 결과 👆

11.7

실수 x와 정수 3을 곱하면 결과는 11.7이 됩니다. 이는 정수 3이 실수 x에 곱해져 실수의 형태로 결과가 나타나기 때문입니다. 그럼 두 숫자가 모두 정수이지만 소수점 .0 을 포함하여 연산하면 어떤 결과가 나타날까요?

예제 02-10   소수점을 포함한 연산   소스코드 EX02_10.py

```
01  x = 7.0
02  y = 3.0
03
04  print(x*y)
```

실행 결과 👆

21.0

소수점 .0 을 포함한 숫자는 실수로 간주됩니다. 우리 눈에는 두 숫자가 모두 정수처럼 보이더라도 코드에서 실수로 나타낸 숫자들의 연산 결과는 역시 실수로 나타납니다. 이처럼 파이썬에서는 실수를 활용하여 소수점 이하의 값까지 정밀한 연산을 할 수 있습니다. 또한, 이미지의 픽셀 값을 표현하거나 도형의 크기와 위치를 계산하는 등 파이썬으로 그래픽 처리를 개발할 때 유용한 자료형이기도 합니다.

float() 함수를 이용하면 다른 자료형의 값을 실수형 데이터로 변환할 수 있습니다.

```
Code

float(1)    # 정수 1을 실수 1.0으로 변환합니다.
⇨ 1.0
float(True)    # True는 1.0으로 변환합니다.
⇨ 1.0
float(False)    # False는 0.0으로 변환합니다.
⇨ 0.0
float('3.14')    # 문자열 '3.14'를 실수 3.14로 변환합니다.
⇨ 3.14
float('100')    # 문자열 '100'을 실수 100.0으로 변환합니다.
⇨ 100.0
```

3 복소수형(complex)

실수와 달리, 복소수형은 실수와 허수(j)를 포함하는 숫자를 나타내는 자료형입니다. 실수와 허수는 각각 실수부와 허수부로 구성됩니다. 복소수형은 다음과 같이 표현할 수 있습니다.

```
Code

z = 3 + 4j    # 3은 실수부, 4는 허수부, j는 허수 단위
```

예제 02-11   복소수형   소스코드 EX02_11.py

```
01   z = 3 + 4j   #실수 3과 허수 4를 포함하는 복소수
02
03   print(z)
```

실행 결과 🖱

(3+4j)

복소수형은 파이썬이 제공하는 특별한 자료형으로 다른 프로그래밍 언어에서는 익숙하지 않은 자료형입니다. 주로 공학이나 물리학 분야에서 사용됩니다.

SECTION 01
파이썬의 시작

SECTION 02
변수와 자료형

SECTION 03
연산자

SECTION 04
조건문

SECTION 05
반복문

SECTION 06
리스트

03 불 자료형

1 논리형(bool)

논리형(bool)은 논리값을 저장할 수 있는 자료형으로 True(참) 또는 False(거짓)의 두 가지 값만 가질 수 있습니다. 예를 들어, 남녀 성별, 찬반 투표, 존재 여부, 포함 유무 등과 같이 오직 두 가지 선택 사항으로 판단되는 상황에 사용됩니다.

구분	의미	예시
True	참	bool1 = True
False	거짓	bool2 = False

[그림2-4] 논리형

Code

```
like_python = True
like_python = False
```

📍 True와 False는 반드시 첫 글자를 대문자로 작성해야 합니다. 또한, 문자열 "True"와 논리형 True는 다른 타입의 값이므로 유의해야 합니다.

개발자가 직접 True/False 값을 변수에 대입하는 방법도 있지만, 하나의 논리 연산의 결과를 변수에 대입할 수도 있습니다.

다음 예제를 통해 비교 연산의 결과를 불 자료형으로 변수에 저장하는 방법을 살펴보겠습니다.

예제 02-12 불 자료형 소스코드 EX02_12.py

```
01   x = 100
02   y = 99
03
04   result = x > y    # x와 y 값을 비교해 연산의 결과 값을 result 변수에 대입합니다.
05
06   print(result)
```

실행 결과 🖱

True

불 자료형의 기능을 효과적으로 사용하는 방법은 논리 연산을 수행하거나 조건문을 제어하는 데 있습니다. 'Section03. 연산자'와 'Section04. 조건문'에서 불 자료형을 본격적으로 활용하여 학습해 보겠습니다.

bool은 논리 자료형입니다. 참과 거짓을 의미하는 True와 False 값을 가질 수 있습니다.

구분	의미	예시	특징
False	거짓	n = False	0, '', [ ], ( ), { } 등
True	참	n = True	False 외 모든 값

[그림2-5] 불 자료형 예시와 특징

파이썬에서 False는 값이 없는 모든 경우를 의미합니다. 예를 들어, 숫자 0, 빈 문자열 ' ', 빈 리스트 [ ] 등은 모두 False로 인식됩니다.

< Code

```
bool(0)
⇨ False
bool('')
⇨ False
bool([])
⇨ False
```

SECTION 01
파이썬의 시작

SECTION 02
변수와 자료형

SECTION 03
연산자

SECTION 04
조건문

SECTION 05
반복문

SECTION 06
리스트

04 문자열

문자열(string)은 텍스트를 표현하는 데 사용되는 자료형으로, 여러 문자가 연결된 하나의 열을 말합니다. 작은따옴표`' '`나 큰따옴표`" "`로 둘러싸서 표현되지만, 삼중 따옴표`''' '''`를 사용하는 방법도 있습니다.

1 문자열 생성

파이썬에서 문자열을 만드는 방법은 다음과 같습니다.

큰따옴표와 작은따옴표로 문자열 만들기

Code

```
name = "Kim"    # 큰따옴표로 문자열 선언하기
name = 'Lee'    # 작은따옴표로 문자열 선언하기
```

삼중 따옴표로 문자열 만들기

큰따옴표와 작은따옴표를 3개씩 사용하는 삼중 따옴표도 사용할 수 있습니다.

Code

```
name = """Kim"""
name = '''Lee'''
```

PLUS 학습 코너

"100"은 문자열일까? 숫자일까?

우리 눈으로 보면 숫자 100처럼 보이지만, 따옴표로 묶인 모든 것은 문자열입니다. 따라서 "100"은 문자열입니다. 만약 "100"을 숫자로 사용하려면 따옴표를 제거하거나 int() 또는 float() 함수를 사용하여 문자열을 숫자로 변환해야 합니다.

다음 예제를 통해 이름을 변수에 담고, 출력해 보겠습니다.

예제 02-13 문자열

```
01  name = "Lee"
02
03  print(name)
```

실행 결과 🖱

```
Lee
```

문자열을 생성할 때는 큰따옴표 " 나 작은따옴표 ' 중 원하는 따옴표를 선택하여 사용할 수 있습니다. 그러나 표현하려는 문자열에 이미 특정 따옴표가 포함되어 있다면, 다른 종류의 따옴표를 사용하여 문자열을 감싸야 합니다. 예를 들어, Park's Bakery라는 문자열을 표현하려면 문자열에 이미 작은따옴표 ' 가 포함되어 있으므로 다른 따옴표인 큰따옴표 " 를 사용해야 합니다.

< Code

```
str1 = "Park's Bakery"
```

반대로, She said "so nice!"와 같이 큰따옴표 " 가 포함된 문자열은 작은따옴표 ' 를 사용하여 감싸야 합니다.

< Code

```
str2 = 'She said "so nice"'
```

💙 따옴표를 사용하여 문자열을 생성할 때는 반드시 여는 따옴표와 닫는 따옴표로 짝을 맞춰야 합니다. 또한 코드의 가독성을 위해 문자열 생성 시 한 가지 따옴표 스타일(작은따옴표 또는 큰따옴표)을 선택하여 일관되게 사용하는 것이 좋습니다.

2 문자열 연산

파이썬은 문자열을 조작하고 변형할 수 있는 다양한 연산을 제공합니다. 문자열을 합치거나 반복하며 특정 부분을 추출하거나 검색하는 등의 연산들이 가능합니다. 이러한 연산들을 통해 문자열을 효과적으로 다룰 수 있습니다. 특히 이번 챕터에서는 사칙 연산을 이용한 문자열 연산에 대해 살펴보겠습니다.

SECTION 01 파이썬의 시작
SECTION 02 변수와 자료형
SECTION 03 연산자
SECTION 04 조건문
SECTION 05 반복문
SECTION 06 리스트

문자열 합치기

문자열 합치기는 파이썬에서 가장 많이 사용하는 문자열 연산 중 하나입니다. 두 문자열을 연결하여 하나의 새로운 문자열을 생성합니다. + 연산자를 사용하여 문자열을 간단하게 합칠 수 있습니다.

예제 02-14   문자열 합치기   소스코드 EX02_14.py

```
01  first_name= "gildong"
02  last_name = "Hong"
03
04  full_name = first_name + last_name
05  print(full_name)
```

실행 결과 🖱️
gildongHong

문자열 반복하기

문자열 반복은 문자열을 원하는 횟수만큼 반복하여 새로운 문자열을 생성하는 연산입니다. 숫자와 * 연산자를 사용하여 간단하게 문자열을 반복할 수 있습니다.

예제 02-15   문자열 반복하기   소스코드 EX02_15.py

```
01  hello = "안녕하세요"
02
03  print(hello*3)
```

실행 결과 🖱️
안녕하세요안녕하세요안녕하세요

이번에는 문자열에 나눗셈 연산이 적용되는지 확인해 보겠습니다.

예제 02-16   문자열에 나눗셈 연산하기   소스코드 EX02_16.py

```
01  hello = "안녕하세요안녕하세요안녕하세요"
02
03  print(hello/3)
```

실행 결과 ✨

```
Traceback (most recent call last):
    File "C:\디렉토리\EX02_16.py", line 3, in <module>
        print(hello/3)
TypeError: unsupported operand type(s) for /: 'str' and 'int'
```

"안녕하세요안녕하세요안녕하세요"를 3으로 나누면 "안녕하세요"로 나뉠 것 같았지만, 안타깝게도 문자열은 나눗셈 연산을 지원하지 않습니다.

따라서 문자열 연산에서는 더하기와 곱하기 연산만 가능합니다.

3 문자열 인덱스

문자열의 각 문자는 고유한 번호를 가지며, 이를 인덱스(index)라고 합니다. 파이썬에서는 숫자를 0부터 세기 때문에 인덱스는 항상 0부터 시작합니다. 예를 들어, s라는 변수에 "hello"라는 문자열이 할당되었다면, 각 문자는 다음과 같은 인덱스를 가집니다.

[그림2-6] hello 문자열 인덱스

PLUS 학습 코너

인덱스는 크게 두 가지 유형이 있습니다.

숫자를 0부터 세는 제로 인덱스와 숫자를 1부터 세는 원 인덱스가 있습니다. 파이썬은 숫자를 0부터 세는 제로 인덱스 유형을 사용합니다.

우리는 이 인덱스 값을 사용하여 문자열에서 특정 위치의 문자를 추출할 수 있습니다.

< Code

```
문자열을 담은 변수명 [원하는 인덱스]
```

SECTION 01
파이썬의 시작

SECTION 02
변수와 자료형

SECTION 03
연산자

SECTION 04
조건문

SECTION 05
반복문

SECTION 06
리스트

다음 예제를 통해 확인해 보겠습니다.

예제 02-17 인덱스로 문자 추출하기   소스코드 EX02_17.py

```python
01  s = "hello"
02
03  first_char = s[0]
04  third_char = s[2]
05
06  print(first_char)
07  print(third_char)
```

실행 결과 🖱

```
h
l
```

♥ 프로그래밍을 처음 배우는 입문자들은 s[0]과 s[1]을 혼동하기 쉽습니다. 컴퓨터는 0과 1로 이루어져 있기 때문에 인덱스의 시작 역시 0임을 기억해 두세요.

파이썬은 문자열에 인덱스를 부여할 때 다른 언어들과 차별화되는 점이 있습니다. 바로 마이너스 - 인덱스를 사용한다는 점입니다. 마이너스 인덱스는 문자열의 뒤에서부터 번호를 부여하는 방식으로, 뒤에서 첫 번째 문자는 -1로 시작합니다.
다음 예제를 통해 마이너스 인덱스의 활용법을 살펴보겠습니다.

예제 02-18 마이너스 인덱스로 문자 추출하기 ①   소스코드 EX02_18.py

```python
01  s = "hello"
02
03  last_char = s[-1]
04  third_char = s[-3]
05
06  print(last_char)
07  print(third_char)
```

실행 결과 🖱

```
o
l
```

실행 결과를 통해 마이너스 인덱스를 사용하여 문자열의 끝에서부터 문자를 추출할 수 있음을 확인했습니다. 이번에는 〈예제 02-17〉 코드와 비교하여 마이너스 인덱스가 결과값에 어떤 영향을 미치는지 살펴보겠습니다.

예제 02-19   마이너스 인덱스로 문자 추출하기 ②   소스코드 EX02_19.py

```python
01  s = "hello"
02
03  first_char = s[-5]
04  third_char = s[-3]
05
06  print(first_char)
07  print(third_char)
```

실행 결과
```
h
l
```

서로 다른 인덱스를 사용하더라도 결과가 동일하다는 것을 확인할 수 있습니다. 이처럼 마이너스 인덱스는 문자열을 역순으로 접근하는 데 유용하게 활용할 수 있습니다.

4 문자열 슬라이싱

인덱스를 사용하여 특정 문자를 추출할 수 있을 뿐만 아니라, 문자열의 일부를 원하는 만큼 잘라내는 것도 가능합니다. 이를 '슬라이싱(Slicing)'이라고 합니다.

슬라이싱은 한 문자 이상으로 구성된 단어나 문장을 추출할 때 유용합니다. 시작 인덱스와 종료 인덱스를 지정하여 추출하고자 하는 단어나 문장의 범위를 정할 수 있습니다. 이렇게 지정한 범위의 모든 문자를 추출할 수 있습니다.

문자열 슬라이싱의 기본 구조는 다음과 같습니다.

< Code

```
문자열을 담은 변수명[start:stop:step]
```

SECTION 01 파이썬의 시작

SECTION 02 변수와 자료형

SECTION 03 연산자

SECTION 04 조건문

SECTION 05 반복문

SECTION 06 리스트

- start (시작 인덱스) : 슬라이싱을 시작할 위치를 지정합니다. 이 값은 생략할 수 있으며, 기본 값은 0입니다.

- stop (종료 인덱스) : 슬라이싱을 종료할 위치를 지정합니다. 이 값 또한 생략할

  수 있으며, 기본 값은 마지막 인덱스 +1입니다.

- step (증감폭) : 인덱스의 증가 또는 감소 값을 지정합니다. 기본 값은 1이며,

  생략하면 1씩 증감합니다.

stop은 종료 인덱스 +1을 나타냅니다.
만약 stop 값을 7로 설정하면
종료 인덱스는 6이 됩니다.

다음 문자열 슬라이싱 예제를 통해 특정 범위의 문자를 출력해 보겠습니다.

예제 02-20   문자열 슬라이싱 ①   소스코드 EX02_20.py

```
01   text = "I Love Python"
02
03   substring1 = text[2:6]
04   print(substring1)
05
06   substring2 = text[7:13]
07   print(substring2)
08
09   partial_text = text[7:13:2]
10   print(partial_text)
```

실행 결과 🖱

Love

Python

Pto

text 문자열은 다음과 같은 인덱스를 가지고 있습니다.

text =	I		L	o	v	e		P	y	t	h	o	n
index :	0	1	2	3	4	5	6	7	8	9	10	11	12

[그림2-7] I Love Python 문자열의 인덱스

03행의 text[2:6]은 시작 인덱스 2부터 종료 인덱스 5까지의 문자열을 슬라이싱하여 "Love"가 출력되었습니다.

06행의 text[7:13]은 시작 인덱스 7부터 종료 인덱스 12까지의 문자열을 슬라이싱하여 "Python"이 출력되었습니다.

09행의 text[7:13:2]처럼 step을 사용하면 "Python" 문자열을 모두 슬라이싱 하는 것이 아니라, 인덱스 7부터 시작하여 종료 인덱스 12까지 2씩 증가하는 인덱스 7, 9, 11의 문자열만을 슬라이싱할 수 있습니다. 이 경우에는 "Pto"가 출력됩니다.

또 다른 문자열 슬라이싱 예제를 살펴보겠습니다.

예제 02-21 문자열 슬라이싱 ② 　　　　　　　　　　　　　　　소스코드 EX02_21.py

```python
01  text = "I Absolutely Love Python Programming"
02
03  substring1 = text[2:12]
04  print(substring1)
05
06  substring2 = text[13:18]
07  print(substring2)
08
09  partial_text = text[2:12:2]
10  print(partial_text)
```

실행 결과 🖱
Absolutely
Love
Asltl

문자열 슬라이싱은 문자열의 특정 위치에 있는 문자를 추출하는 데 사용되는 매우 유용한 기능입니다. 시작 인덱스, 종료 인덱스, 그리고 step을 사용하여 다양한 방식으로 문자열을 추출할 수 있습니다. 파이썬은 이러한 문자열 슬라이싱 기능을 제공하여, 다른 프로그래밍 언어들에 비해 문자열을 원하는 부분만 쉽게 잘라서 사용할 수 있습니다.

SECTION 01
파이썬의 시작

SECTION 02
변수와 자료형

SECTION 03
연산자

SECTION 04
조건문

SECTION 05
반복문

SECTION 06
리스트

시작 인덱스 또는 종료 인덱스를 생략하여 슬라이싱을 사용할 수 있습니다.

Code

```python
text = "Hello, Python!"

# 시작 인덱스를 생략한 경우
print(text[:5])    # "Hello"

# 종료 인덱스를 생략한 경우
print(text[5:])    # ", Python!"

# 시작 인덱스와 종료 인덱스를 모두 생략한 경우
print(text[:])    # "Hello, Python!"
```

- 시작 인덱스를 생략하면 문자열 처음부터 종료 인덱스까지 추출합니다.
- 종료 인덱스를 생략하면 시작 인덱스부터 문자열 끝까지 추출합니다.
- 시작 인덱스와 종료 인덱스를 모두 생략한 경우에는 전체 문자열을 추출합니다.

5 문자열 길이

문자열의 길이를 구하려면 len() 함수를 사용합니다. 문자열의 길이는 공백을 포함한 모든 문자의 개수입니다.

다음과 같이 text에 len() 함수를 감싸면, text의 길이를 알 수 있습니다.

예제 02-22 문자열 길이 구하기　　　　　　　　　　　　　　소스코드 EX02_22.py

```python
01  text = "Python"
02  text_length = len(text)
03
04  print(text_length)
```

실행 결과

```
6
```

len() 함수는 문자열의 길이를 정수로 반환합니다. 따라서 "Python"의 길이가 6으로 반환되어 출력되었습니다.

 혼자 코딩해보기

"I Love Python"이라는 문자열의 길이를 반환해 보세요.

6 그 외 유용한 함수

지금까지 문자열 슬라이싱, 길이 구하기, 연결, 반복 등 다양한 연산을 학습했습니다. 이 외에도 문자열을 대문자로 변환하는 upper() 함수, 공백을 제거하는 strip() 함수 등 다양한 문자열 연산 함수들이 있습니다.

먼저, upper() 함수를 살펴보겠습니다. upper() 함수는 소문자로 작성된 문자열을 모두 대문자로 바꾸는 함수입니다. 원래 대문자인 글자는 그대로 유지됩니다.
다음 예제를 통해 확인해 보겠습니다.

예제 02-23 대문자 변환하기
소스코드 EX02_23.py

```
01   text = "i really like computer"
02   print(text)
03
04   upper_text = text.upper()
05   print(upper_text)
```

실행 결과
i really like computer
I REALLY LIKE COMPUTER

SECTION 01
파이썬의 시작

SECTION 02
변수와 자료형

SECTION 03
연산자

SECTION 04
조건문

SECTION 05
반복문

SECTION 06
리스트

이번에는 lower() 함수를 사용하여 모두 소문자로 변경해 보겠습니다.

```
01  text = "I Don't really LiKe TO Reading book"
02  print(text)
03
04  upper_text = text.upper()
05  print(upper_text)
06
07  lower_text = text.lower()
08  print(lower_text)
```

실행 결과 🖱

I Don't really LiKe TO Reading book
I DON'T REALLY LIKE TO READING BOOK
i don't really like to reading book

이처럼 lower() 함수를 사용하면 upper() 함수와 반대로 문자열의 모든 대문자를 소문자로 변환할 수 있습니다.

이번에는 strip() 함수를 사용하여 문자열의 양쪽 공백을 제거해 보겠습니다. strip() 함수는 문자열의 양 끝에서 특정 문자를 제거하는 역할을 합니다. 기본적으로 공백을 제거하지만, 다른 문자를 지정하여 제거할 수도 있습니다.
다음 예제를 통해 살펴보겠습니다.

```
01  text = "    I Don't really LiKe TO Reading book    "
02  print(text)
03
04  pure_text = text.strip()
05  print(pure_text)
```

I Don't really LiKe TO Reading book
I Don't really LiKe TO Reading book

strip() 함수를 사용하여 문자열 양 끝의 공백을 제거했습니다. 만약 왼쪽 끝의 공백만 제거하고 싶다면 lstrip() 함수를, 오른쪽 끝의 공백만 제거하려면 rstrip() 함수를 사용합니다.

이번에는 특정 문자를 지정하여 제거해 보겠습니다.

다음 예제를 통해 문자열의 양 끝에 붙은 특정 문자 ✳ 를 제거해 보겠습니다.

예제 02-26 특정 문자 제거하기   소스코드 EX02_26.py

```
01   text = "***My favorite movie is the notebook***"
02   print(text)
03
04   pure_text = text.strip("*")
05   print(pure_text)
```

실행 결과 👆
My favorite movie is the notebook
My favorite movie is the notebook

🔶 단, 문자열의 제일 앞이나 제일 뒤에 다른 기호가 포함되어 있으면 strip("특정 문자")가 정상적으로 수행되지 않을 수 있으니 주의하세요! 특정 문자를 제거하기 전에 문자열의 앞뒤에 다른 기호가 없는지 확인하는 것이 좋습니다.

파이썬은 이와 같이 다양한 문자열 함수를 제공합니다. 이러한 문자열 함수의 종류와 사용법을 숙지하면 문자열 처리 작업을 간편하고 효율적으로 수행할 수 있습니다.

PLUS 학습 코너

파이썬은 다양한 함수를 제공합니다. 그중에는 파이썬이 미리 만들어 놓은 내장 함수와 사용자가 직접 코드를 작성하여 만드는 사용자 정의 함수가 있습니다.

'Section01'에서 사용한 print() 함수는 파이썬이 미리 만들어 놓은 내장 함수입니다. 이 함수는 소괄호 안에 값을 넣으면 화면에 출력하는 기능을 수행합니다. 'Section09. 함수'에서 함수에 대해 더 자세히 학습할 예정입니다.

Section 02 응용문제

1. 다음 표현식이 맞으면 O, 틀리면 X로 표시하세요.

① "190" ·····································(   )
② 300 ·····································(   )
③ True ·····································(   )
④ "False" ·····································(   )

2. 다음 중 문자열의 길이를 구할 수 있는 함수는 무엇일까요? (   )

① len ( )
② strip ( )
③ upper ( )

3. 다음 코드를 실행했을 때 콘솔창에 출력되는 내용은 무엇일까요?

```
01   num1 = 500
02   num2 = 300
03
04   print(num1)
05   print(num2)
06   print(num1 + num2)
```

실행 결과

4. 다음 코드를 실행했을 때 콘솔창에 출력되는 내용은 무엇일까요?

```
01   num1 = 500
02   num2 = 300
03
04   print(num1)
05   print(num2)
06   print(num1 + num2)
```

실행 결과 🖱️

5. 문자열 인덱싱과 슬라이싱을 활용하여 5자리로 구성된 학번 '31025'를 학년, 반, 번호로 나누어 출력하는 프로그램을 구현하세요.

실행 예시

3 학년 10 반 25 번

6. 전체 차량번호에서 뒤에 숫자 4자리만 출력하는 프로그램을 구현하세요. 전체 차량번호는 '27가1234', '53버234', '48저1234'와 같이 서로 다르지만 모두 차량번호 4자리는 '1234'입니다.

실행 예시

27가1234의 차량번호 4자리는 1234입니다.

연산자의 역사와 유래를 살펴보면 흥미로운 사실을 발견할 수 있습니다.

\+ 연산자는 라틴어 'et'(그리고)에서, x 연산자는 십자가 기호에서 유래되었습니다.
\- 연산자는 짧은 획으로 숫자를 지우는 것을 의미하고
/ 연산자는 긴 획으로 나누는 것을 의미합니다.

MISSION

○ 연산자와 피연산자의 개념을 이해하고, 다양한 연산자를 이용하여 값을 계산할 수 있습니다.

○ 복잡한 수식에서 연산자가 수행되는 순서(우선순위)와 연산 방향을 이해하여 정확한 계산 결과를
얻을 수 있습니다.

KEYWORD   # 연산자   # 연산자우선순위

SECTION **03**

연산자

01 연산자

1 연산자란?

연산자(Operator)는 수학적 계산과 데이터 처리를 수행하기 위해 사용하는 기호 또는 기호 조합을 말합니다. 예를 들어, 덧셈할 때 사용하는 ➕ 기호가 대표적인 연산자입니다.

연산자를 사용하면 숫자 연산은 물론 변수 조작, 논리 비교 등 다양한 작업을 수행할 수 있습니다. 연산에서 사용되는 항목의 개수에 따라 단항, 이항, 삼항 연산자로 구분할 수 있으며, 사용 목적에 따라 산술, 대입, 관계, 논리 연산자로 구분할 수도 있습니다. 이 책에서는 파이썬에서 자주 사용되는 몇 가지 주요 연산자를 사용 목적에 따라 구분하여 학습하겠습니다.

파이썬에서 지원하는 연산자의 종류는 다음과 같습니다.

종류	연산자	의미
산술 연산자	+, -, *, /, //, %, **	숫자 연산
대입 연산자	=, +=, -=, *=, /=	대입
비교 연산자	==, !=, >, <, >=, <=	크기 비교
논리 연산자	not, and, or	논리
부호 연산자	-	음수
조건 연산자	result1 if 조건식 else result2	조건 연산

[그림3-1] 연산자의 종류

💡 피연산자 : 피연산자는 연산의 대상이 되는 값을 의미합니다. 연산자는 피연산자를 조작하여 새로운 값을 만들어내는 역할을 합니다. 예를 들어, 4 + 5 = 9에서 4와 5는 피연산자이고, '+'는 연산자입니다.

02 연산자의 종류

1 산술 연산자

산술 연산자는 프로그래밍에서 기본적인 수학적 계산을 수행하는 역할을 합니다. 마치 계산기를 사용하는 것처럼 다양한 연산을 통해 원하는 결과를 얻을 수 있습니다. 주요 산술 연산자에는 사칙 연산자 (+, -, *, /)와 몫과 나머지 연산자(//, %), 그리고 거듭제곱 연산자 (**)가 있습니다.

다음 산술 연산자 예제를 통해 실행 결과를 확인해 보겠습니다.

예제 03-1   산술 연산자   소스코드 EX03_01.py

```python
01    num1 = 100
02    num2 = 3
03
04    print(num1 + num2)     # 더하기
05    print(num1 - num2)     # 빼기
06    print(num1 * num2)     # 곱하기
07    print(num1 / num2)     # 나누기
08    print(num1 // num2)    # num1 나누기 num2의 몫
09    print(num1 % num2)     # num1 나누기 num2의 나머지
10    print(num1 ** num2)    # num1을 num2번 곱
```

실행 결과
```
103
97
300
33.333333333333336
33
1
1000000
```

사칙 연산은 두 개의 피연산자를 대상으로 계산을 수행합니다. 이는 우리가 수학적인 계산을 할 때 사용하는 방법과 동일합니다. 일반적으로 정수, 실수 등 숫자를 연산할 때 사용됩니다.

SECTION 01 파이썬의 시작
SECTION 02 변수와 자료형
SECTION 03 연산자
SECTION 04 조건문
SECTION 05 반복문
SECTION 06 리스트

거듭제곱 연산자는 두 개의 피연산자를 대상으로 첫 번째 피연산자를 두 번째 피연산자의 거듭제곱으로 계산합니다. 예를 들어, num1 ** num2는 num1을 num2번 곱한 값을 반환합니다. 지수 계산을 간편하게 표현할 수 있습니다.

나머지 연산자는 두 개의 피연산자를 대상으로 나누기 연산을 수행하고, 나머지를 반환합니다. 이는 특정 값을 기준으로 범위를 설정하거나, 홀수나 짝수, 또는 배수를 판단할 때 활용됩니다.

다음은 나눗셈 연산을 통해 몫과 나머지를 구하는 방법과 거듭제곱 연산자를 사용하는 방법입니다.

연산자	연산	사용 방법	설명
/	나눗셈	a / b	a를 b로 나눈 결과
//	나눗셈 몫	a // b	a를 b로 나눈 몫
%	나눗셈 나머지	a % b	a를 b로 나눈 나머지
**	거듭제곱	a ** b	a를 b 제곱한 결과

[그림3-2] 연산자 사용 방법

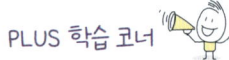
PLUS 학습 코너

몫과 나머지를 구하는 연산자 // 와 % 는 다양한 분야에서 활용되는 중요한 연산자입니다.

a를 b로 나눈 나머지가 0이면 a는 b로 나누어 떨어진다는 의미를 갖습니다. 이를 이용하여 프로그래밍 흐름에서 짝수, 홀수, N의 배수 등을 판단하는 로직을 구현할 수 있습니다.

ex 짝수/홀수 판단 : a % 2 == 0 (짝수), a % 2 == 1 (홀수)
N의 배수 판단 : a % N == 0 (N의 배수)

'Section04. 조건문'에서 짝수와 홀수를 구분하는 예제를 통해 자세히 학습해 보겠습니다.

2 대입 연산자

대입 연산자는 변수에 값을 할당하는 데 사용하는 연산자입니다. 마치 상자에 물건을 담는 것처럼, 변수라는 상자에 값이라는 물건을 담아 저장할 수 있도록 합니다. 'Section02.변수와 자료형'에서 학습한 것처럼 = 을 기준으로 오른쪽의 값을 왼쪽의 변수에 할당합니다. 따라서 대입 연산자는 할당 연산자라고도 합니다.

```
num1 = 100
```

오른쪽의 값은 단순히 하나의 숫자 데이터를 대입하는 데 사용할 뿐만 아니라, 오른쪽 연산의 결과를 왼쪽 변수에 대입하는 데에도 사용할 수 있습니다.

예제 03-2   대입 연산자   소스코드 EX03_02.py

```
01   num1 = 77       # num1 변수에 값 77 할당

02   num2 = 23       # num2 변수에 값 23 할당

03

04   num1 = num1 + 23      # num1의 값에 23을 더하여 새로운 값을 할당

05   num2 = num2 - 3      # num2의 값에 3을 빼서 새로운 값을 할당

06

07   print(num1)

08   print(num2)
```

실행 결과

```
100
20
```

위 코드의 04행에서 'num1 = num1 + 23'을 수행했는데, 이는 = 을 기준으로 오른쪽 연산의 결과 (77 + 23)를 왼쪽 num1 상자에 다시 담겠다는 뜻을 가지고 있습니다. 따라서 num1 변수의 값은 100 이 됩니다.

이처럼 대입 연산자는 산술 연산자와 결합하여 다양한 연산을 수행할 수 있습니다. 이는 프로그래밍 에서 가장 많이 사용되는 연산 중 하나입니다. 파이썬은 이러한 연산을 더욱 간단하게 표현할 수 있는 '복합 대입 연산자'를 지원합니다.

복합 대입 연산자는 특별한 것이 아니라, 우리가 편하게 사용할 수 있도록 연산자를 줄여 놓은 것입니 다. 예를 들어, 기존에는 다음과 같이 x = x + 3이라는 식을 사용하여 x 값을 증가시켰습니다.

SECTION 01 파이썬의 시작

SECTION 02 변수와 자료형

SECTION 03 연산자

SECTION 04 조건문

SECTION 05 반복문

SECTION 06 리스트

```
< Code
x = 1
x = x + 3

print(x)    # 실행 결과 : 4
```

하지만, 복합 대입 연산자를 사용하면 다음과 같이 x += 3 처럼 간단한 식으로 표현할 수 있습니다.

```
< Code
x = 1
x += 3

print(x)    # 실행 결과 : 4
```

앞서 살펴본 두 코드는 동일한 의미를 가지고 있지만, 두 번째 코드가 첫 번째 코드보다 간결합니다. 이처럼 복합 대입 연산자를 사용하면 코드를 간결하게 작성할 수 있으며, 이는 프로그래밍을 할 때 매우 유용합니다.

대입 연산자와 산술 연산자의 결합 형태인 복합 대입 연산자의 종류는 다음과 같습니다.

연산자	연산 내용
+=	왼쪽 피연산자에 오른쪽 피연산자를 더한 결과값을 대입
-=	왼쪽 피연산자에 오른쪽 피연산자를 뺀 결과값을 대입
*=	왼쪽 피연산자에 오른쪽 피연산자를 곱한 결과값을 대입
/=	왼쪽 피연산자에 오른쪽 피연산자를 나눈 결과값을 대입
//=	왼쪽 피연산자에 오른쪽 피연산자를 나눈 몫을 대입
%=	왼쪽 피연산자에 오른쪽 피연산자를 나눈 나머지 값을 대입

[그림3-3] 복합 대입 연산자의 종류

복합 대입 연산자는 파이썬뿐만 아니라 다양한 프로그래밍 언어에서 사용되는 기본 연산자 중 하나입니다. 따라서 이를 익숙하게 사용하는 것은 프로그래밍 실력 향상에 매우 중요합니다. 복합 대입 연산자를 익히는 가장 좋은 방법은 경험을 통한 연습입니다.

다음은 복합 대입 연산자를 사용하는 예제입니다. 실습을 시작하기 전에 먼저 출력 결과를 예측한 다음, 직접 코드를 실행해 보는 것을 추천합니다.

예제 03-3 복합 대입 연산자 ①

```
01   num1 = 77
02   num2 = 23
03   num3 = num1 + num2
04
05   num1 += num2      # num1에 num2를 더하여 새로운 값을 할당
06   num3 -= num1      # num3에서 num1을 빼서 새로운 값을 할당
07
08   print(num1)
09   print(num2)
10   print(num3)
```

실행 결과 🖱

```
100
23
0
```

예제 03-4 복합 대입 연산자 ②

```
01   num1 = 7
02   num2 = 3
03   num3 = num1 // num2     # num3 변수에 num1을 num2로 나눈 몫을 할당
04
05   num1 += num2      # num1에 num2를 더하여 새로운 값을 할당
06   num3 *= num2      # num3에 num2를 곱하여 새로운 값을 할당
07
08   print(num1)
09   print(num2)
10   print(num3)
```

실행 결과 🖱

```
10
3
6
```

SECTION 01 파이썬의 시작

SECTION 02 변수와 자료형

SECTION 03 연산자

SECTION 04 조건문

SECTION 05 반복문

SECTION 06 리스트

3 비교 연산자

비교 연산자는 두 개의 값을 비교하여 그 결과가 참(True)인지 거짓(False)인지 판별하는 연산자로, 관계 연산자라고도 부릅니다. 수학적인 부등호처럼 두 값의 관계를 판단하는 역할을 합니다.

비교 연산자의 종류는 다음과 같습니다.

연산자	의미	결과
>	왼쪽 값이 오른쪽 값보다 크다.	
<	왼쪽 값이 오른쪽 값보다 작다.	
>=	왼쪽 값이 오른쪽 값보다 크거나 같다.	맞으면 True, 아니면
<=	왼쪽 값이 오른쪽 값보다 작거나 같다.	False
==	왼쪽 값과 오른쪽 값이 같다.	
!=	왼쪽 값과 오른쪽 값이 같지 않다.	

[그림3-4] 비교 연산자의 종류

다음 예제를 통해 a변수와 b변수의 값을 비교하여 결과를 출력해 보겠습니다.

예제 03-5 비교 연산자 ①　　　　　　　　　　　　　　　　　　　　　소스코드 EX03_05.py

```python
01  a = 70
02  b = 60
03
04  a_is_bigger = a > b      # a변수의 값이 b변수의 값보다 큰지 비교합니다.
05  a_is_smaller = a < b     # a변수의 값이 b변수의 값보다 작은지 비교합니다.
06  is_equal = a == b        # a변수와 b변수의 값이 같은지 비교합니다.
07  is_not_equal = a != b    # a변수와 b변수의 값이 같지 않은지 비교합니다.
08
09  print(a_is_bigger)
10  print(a_is_smaller)
11  print(is_equal)
12  print(is_not_equal)
```

실행 결과 🖱

```
True
False
False
True
```

대입 연산자 =를 기준으로 오른쪽 연산의 결과값을 왼쪽 변수에 담았습니다. 그러나 여러 개의 대입 연산자가 사용될 경우, 연산 순서가 불분명해져 코드의 의도를 파악하기 어려울 수 있습니다. 이러한 경우에는 다음과 같이 소괄호를 사용하여 연산 순서를 명확하게 표현하는 것이 좋습니다.

⬩ Code

```
01   a = 70
02   b = 60
03
04   a_is_bigger = a > b
05   a_is_smaller = a < b
06   is_equal = a == b
07   is_not_equal = a != b
08
09   print(a_is_bigger)
10   print(a_is_smaller)
11   print(is_equal)
12   print(is_not_equal)
```

파이썬의 비교 연산자 중 같거나 같지 않은지 비교하는 ==, != 연산자는 숫자뿐만 아니라 문자열, 리스트, 튜플 등 여러 가지 자료형을 비교하는 데 사용할 수 있습니다.

다음 예제를 통해 활용법을 살펴보겠습니다.

예제 03-6   비교 연산자 ②   소스코드 EX03_06.py

```
01   str1 = "abc"
02   str2 = "a" + "b" + "c"
03
04   is_equal = str1 == str2
05   print(is_equal)
06
07   one = "1"
08   num = 1
09
10   is_not_equal = one != num
11   print(is_not_equal)
```

SECTION 01 파이썬의 시작

SECTION 02 변수와 자료형

SECTION 03 연산자

SECTION 04 조건문

SECTION 05 반복문

SECTION 06 리스트

실행 결과 ✨

True

True

04행에서 is_equal은 str1("abc")과 str2("abc")가 같은지 비교한 결과값을 저장합니다. 10행에서는 문자 "1"과 숫자 1이 다른지 비교하여 is_not_equal에 저장합니다.

프로그래밍을 하면서 자주 하는 실수 중 하나는 True와 "True"를 구별하는 것입니다. 이 두 값은 유사해 보이지만 다른 자료형이며 서로 다른 의미를 가지고 있습니다. True는 불 자료형의 값으로 논리적인 참을 의미하며, 이는 숫자 1과 동일한 의미를 갖습니다. 반면, "True"는 문자열 자료형의 값으로 숫자 1과는 전혀 다른 의미를 가지고 있습니다.

다음 예제를 통해 True와 "True"의 차이점을 확인해 보겠습니다.

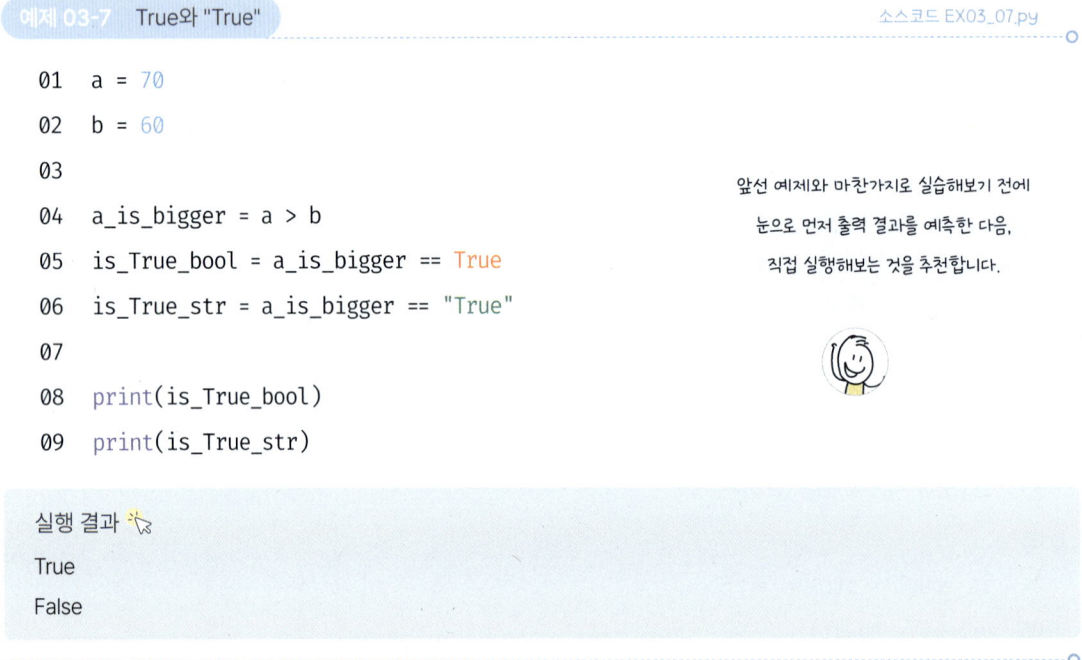

예제 03-7 True와 "True"   소스코드 EX03_07.py

```
01  a = 70
02  b = 60
03
04  a_is_bigger = a > b
05  is_True_bool = a_is_bigger == True
06  is_True_str = a_is_bigger == "True"
07
08  print(is_True_bool)
09  print(is_True_str)
```

앞선 예제와 마찬가지로 실습해보기 전에
눈으로 먼저 출력 결과를 예측한 다음,
직접 실행해보는 것을 추천합니다.

실행 결과 ✨

True

False

04행에서 a_is_bigger는 a값이 b값보다 큰지 비교하여 True를 저장합니다. 이는 논리적인 참을 의미합니다. 05행에서 이 결과값을 불 자료형인 True와 비교하면 True를 반환합니다. 즉, a값이 b값보다 크다는 것이 확인되었습니다. 하지만 06행에서 문자열 "True"와 비교하면 같지 않다는 결과로 False를 반환합니다.

위 예제를 통해 True와 "True"가 서로 다른 자료형의 값임을 알 수 있습니다.

PLUS 학습 코너

파이썬에서는 연산자를 두 개 이상 사용해도 된다니!

일반적으로 프로그래밍 언어에서는 연속된 비교 연산자를 사용하는 것을 권장하지 않습니다. 이는 파이썬을 제외한 다른 프로그래밍 언어들이 두 개의 연산을 인지하지 못하고, 첫 번째 연산만 처리하기 때문입니다.

예를 들어, `1 < x < 3` 이라는 연산식에서 다른 언어들은 `1 < x` 의 결과만 확인하고 `x < 3` 부분은 무시해 버립니다.

하지만 파이썬은 다릅니다.
파이썬에서는 `1 < x < 3` 과 같이 두 개의 비교 연산자를 사용하여 숫자의 범위를 직접 확인할 수 있습니다.
따라서, 파이썬에서는 논리 연산자를 사용하는 대신 비교 연산자를 연속으로 사용할 수 있다는 장점이 있습니다.

SECTION 01
파이썬의 시작

SECTION 02
변수와 자료형

SECTION 03
연산자

SECTION 04
조건문

SECTION 05
반복문

SECTION 06
리스트

4 논리 연산자

논리 연산자는 논리적인 연산을 수행하여 참인지 거짓인지를 판단하는 연산자입니다. 두 개 이상의 논리값(True 또는 False)을 조합하여 새로운 논리값을 만들 수 있습니다.
논리 연산자의 종류는 다음과 같습니다.

연산자	의미
and	연산자를 기준으로 왼쪽과 오른쪽 값이 모두 True일 때만 True를 반환하고, 나머지는 모두 False를 반환합니다.
or	연산자를 기준으로 왼쪽과 오른쪽 값 중 하나라도 True이면 True를 반환하고, 둘 다 False일 때만 False를 반환합니다.
not	뒤에 따라오는 논리값이 True이면 False로 반환하고, False이면 True로 반환합니다.

[그림3-5] 논리 연산자의 종류

반드시 외울 필요는 없습니다.
논리 연산자의 작동 원리를 이해하고 반복적으로
사용하다 보면 자연스럽게 익숙해질 거예요.

다음은 논리 연산자의 연산 내용을 자세하게 풀어놓은 진리표입니다.
논리 연산의 결과가 익숙해질 때까지 참고해 주세요.

A	B	A and B	A or B	not A
True	True	True	True	False
True	False	False	True	False
False	True	False	True	True
False	False	False	False	True

[그림3-6] 진리표

다음 예제를 통해 논리 연산의 수행 결과를 직접 확인해 보겠습니다.

예제 03-8　논리 연산자　　　　　　　　　　　　　　　　소스코드 EX03_08.py

```python
01  is_snowing = True
02  is_cold = True
03
04  is_winter = is_snowing and is_cold
05  print(is_winter)
```

실행 결과

```
True
```

다음 예제와 같이 키워드 and 대신 **&** 기호를 사용할 수도 있습니다.

예제 03-9　& 기호 사용하기　　　　　　　　　　　　　　소스코드 EX03_09.py

```python
01  is_snowing = 1
02  is_cold = 0
03
04  is_winter = is_snowing & is_cold
05  print(is_winter)
```

실행 결과

```
0
```

위 예제는 조금 특별합니다. True와 False 대신 True는 1로, False는 0으로 대체하여 연산을 수행했습니다. 이처럼 파이썬에서는 True와 False를 1과 0으로 대체하여 사용할 수 있습니다. 이는 C 언어와 같은 다른 프로그래밍 언어와 차별화되는 특징입니다.

이번에는 not 연산자를 사용해 보겠습니다. not 연산자는 논리식을 부정합니다. 즉, True를 False로, False를 True로 변환합니다.
다음 예제를 통해 not 연산자를 사용하여 논리값(True/False)을 반대로 변환해 보겠습니다.

예제 03-10 not 연산자 ①

```
01   is_false = False
02
03   print(is_false)
04   print(not is_false)
```

실행 결과 🖱
```
False
True
```

not 연산자를 변수 앞에 사용하면 그 변수의 논리값을 반대로 뒤집습니다. 단, 주의해야 할 점은 변수 자체의 값은 변하지 않는다는 것입니다. 다음 예제를 통해 살펴보겠습니다.

예제 03-11 not 연산자 ②

```
01   is_true = True
02
03   print(is_true)
04   print(not is_true)
05   print(is_true)
```

실행 결과 🖱
```
True
False
True
```

04행에서 not 연산자를 사용하여 is_true의 값을 False로 출력했지만, 05행을 통해 is_true 변수의 값이 실제로 바뀌지 않았음을 알 수 있습니다. 즉, not 연산자는 임시적으로 논리값을 반전시키는 역할만 수행합니다.

SECTION 01 파이썬의 시작

SECTION 02 변수와 자료형

SECTION 03 연산자

SECTION 04 조건문

SECTION 05 반복문

SECTION 06 리스트

5 부호 연산자

논리 연산자의 not이 뒤에 따라오는 논리값을 반대로 바꿀 수 있는 것처럼, 부호 연산자는 숫자의 부호를 바꿀 수 있습니다. 숫자 앞에 - 부호를 붙여 양수를 음수로, 음수를 양수로 변환할 수 있습니다.

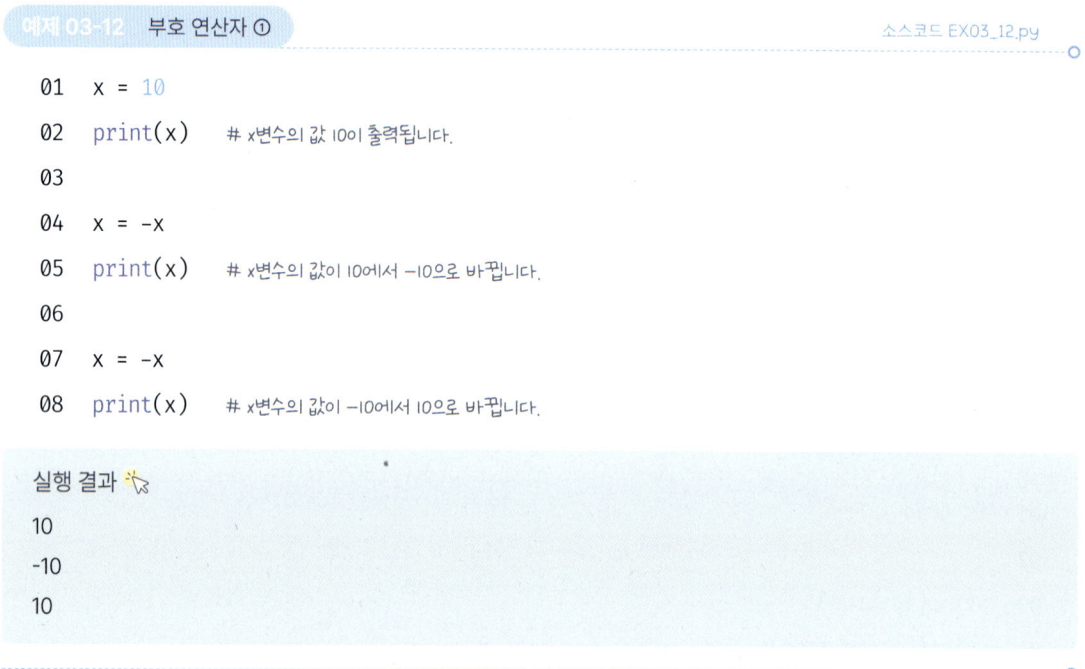

예제 03-12   부호 연산자 ①

소스코드 EX03_12.py

```
01   x = 10
02   print(x)      # x변수의 값 10이 출력됩니다.
03
04   x = -x
05   print(x)      # x변수의 값이 10에서 -10으로 바뀝니다.
06
07   x = -x
08   print(x)      # x변수의 값이 -10에서 10으로 바뀝니다.
```

실행 결과

```
10
-10
10
```

그렇다면, - 연산자를 true에 붙이면 not의 역할을 할 수 있을까요?
다음 예제를 통해 확인해 보겠습니다.

예제 03-13   부호 연산자 ②

소스코드 EX03_13.py

```
01   is_true = True
02
03   print(is_true)
04   print(- is_true)
05   print(is_true)
```

실행 결과

```
True
-1
True
```

실행 결과와 같이 True에 - 연산자를 적용했더니 False가 아니라 -1이 출력되었습니다. 이는 부호 연산자가 숫자의 부호를 바꾸는 데 유용하다는 것을 보여줍니다. 부호 연산자는 현재 위치에서 특정 지점까지의 거리를 나타내는 숫자가 양수인지 음수인지를 확인하여 이동 방향을 판단하거나, 데이터 분석 과정에서 데이터 값의 부호를 확인하거나 변환하는 등 다양한 작업에 활용될 수 있습니다.

6 조건 연산자

조건 연산자는 조건에 따라 결과를 선택할 수 있는 연산자입니다. 간결한 표현으로 프로그램의 흐름을 제어할 수 있어 유용합니다. 조건식의 결과가 참(True)인 경우와 거짓(False)인 경우에 따라 다른 결과값 을 선택할 수 있기 때문입니다.

대표적인 조건 연산자의 형태는 다음과 같습니다.

◁ Code

```
피연산자1 if 조건식 else 피연산자2
```

조건식의 연산 결과가 참(True)이면 피연산자1을 실행하고, 거짓(False)이면 피연산자2를 실행합니다. 이 처럼 3개의 항(피연산자 1, 2, 조건식)을 사용하기 때문에 삼항 연산자라고도 불립니다. 아직 조건문을 배우지 않았기 때문에 조건식이라는 구문이 어색할 수 있습니다.

먼저 간단한 예제를 통해 동작 원리를 확인해 보겠습니다.

예제 03-14 조건 연산자   소스코드 EX03_14.py

```
01   x = 21
02   y = 20
03
04   max = x if x > y else y   # 만약 x가 y보다 크다면 max에 x 값을 할당하고, 그렇지 않다면 y 값을 할당합니다.
05   print(max)
```

실행 결과 🖱

```
21
```

04행의 코드를 살펴보면, 대입 연산자 = 를 사용하여 오른쪽 연산 결과를 왼쪽 max 변수에 저장한다 는 것을 알 수 있습니다.

SECTION 01 파이썬의 시작
SECTION 02 변수와 자료형
SECTION 03 연산자
SECTION 04 조건문
SECTION 05 반복문
SECTION 06 리스트

```
max = x if x > y else y
```

오른쪽 연산은 조건 연산자로, if 키워드와 else 키워드 사이의 연산 결과가 참(True)이면 x를, 거짓(False)이면 y를 결과로 출력합니다. 현재 코드에서는 연산식 'x > y'의 연산 결과가 참(True)이기 때문에 if 키워드 앞에 있는 x가 결과로 선택되어 max 변수에 저장됩니다.

이렇게 연산식을 조건으로 사용하여 해당 조건의 결과에 따라 값을 결정합니다. 이는 다음 섹션인 'Section 04. 조건문'에서 학습할 if 문의 원리와 동일합니다. 아직 if 문을 본격적으로 배우지 않았지만, 간단하게 〈예제 03-14〉 코드를 if 문으로 변경하면 어떻게 달라지는지 확인해 보겠습니다.

예제 03-15 if 문을 사용한 연산식 소스코드 EX03_15.py

```
01   x = 21
02   y = 20
03
04   if x > y:
05       max = x
06   else:
07       max = y
08
09   print(max)
```

실행 결과

```
21
```

이처럼 if ~ else 문을 사용하여 조건문을 구현하면 보다 명확해지고 가독성이 높아지는 것 같습니다. 물론 개인마다 선호하는 코딩 방법이 있겠지만, 개발자는 언제나 다른 사람도 이해할 수 있는 코드를 작성해야 하는 책임이 있습니다. 따라서 코드의 가독성과 같은 특징을 항상 염두에 두어야 합니다.

03 연산자의 우선순위

1 연산자의 우선순위

연산자를 두 개 이상 함께 사용할 때는 연산의 순서가 정해져 있습니다. 이 순서를 연사자의 우선순위라고 합니다. 우선순위에 따라 연산이 수행되고 그 결과가 달라지기 때문에, 개발자에게 연산의 순서는 매우 중요한 개념입니다. 연산자 우선순위를 이해하면 코드를 보다 효율적으로 작성할 수 있으며 예상치 못한 결과를 방지할 수 있습니다.

연산자의 주요 우선순위는 다음과 같습니다.

종류	연산자	의미
높음	[ ], ( ), { }	괄호
	**	거듭제곱
	*, /, //, %	곱셈, 나눗셈, 나머지
	+, -	덧셈, 뺄셈
	==, !=, >, <, <=, >=	비교 연산자
	not	논리 not
	and	논리 and
	or	논리 or
낮음	=, +=, -=, *=, /=	(복합) 대입 연산자

[그림3-7] 연산자의 우선순위

2 최우선 연산자 괄호 ( )

복잡한 연산을 수행할 때는 우선순위를 한눈에 파악하기 어려울 수 있습니다. 따라서 먼저 처리해야 할 연산을 소괄호 ( )로 묶어서 우선순위를 가시적으로 표시하는 것이 좋습니다. 괄호 안에 있는 연산은 최우선 순위로, 다른 연산자보다 먼저 처리됩니다. 또한, 괄호를 사용하면 연산자의 우선순위를 변경하는 것 외에도 연산 표현식의 의미를 명확하게 나타낼 수 있습니다. 괄호의 사용은 프로그램의 성능과는 무관하므로, 이를 활용하면 코드의 가독성을 높일 수 있습니다.

💟 연산자 우선순위를 모두 외울 필요는 없습니다. 다양한 경험을 통해 익숙해지는 것이 더 효과적입니다. 단, 먼저 처리하고 싶은 연산이 있다면 괄호 ( )를 사용하여 우선순위를 명확하게 표현하는 것도 하나의 팁이 될 수 있습니다.

SECTION 01 파이썬의 시작

SECTION 02 변수와 자료형

SECTION 03 연산자

SECTION 04 조건문

SECTION 05 반복문

SECTION 06 리스트

3 연산자의 결합 방향

파이썬에서 여러 개의 연산자가 함께 사용될 때는 연산 순서뿐만 아니라 결합 방향도 중요합니다. 연산자를 기준으로 결합 방향이 왼쪽에서 오른쪽으로 결합되는지, 오른쪽에서 왼쪽으로 결합되는지에 따라 결과값이 달라지기 때문입니다. 연산자의 결합 방향을 이해하면 코드의 정확성을 높일 수 있습니다.

오른쪽에서 왼쪽으로 결합되는 연산자는 대표적으로 대입 연산자가 있습니다. 연산자를 기준으로 오른쪽 값을 왼쪽 변수에 대입합니다.

◁ Code

```python
value = 80
```

파이썬에서 대부분의 연산자는 왼쪽에서 오른쪽으로 결합됩니다. 즉, 연산자가 두 개 이상일 때 왼쪽부터 순서대로 연산을 수행합니다.

◁ Code

```python
value = 80 - 30 + 10
```

하지만 우선 순위가 높은 연산자의 위치에 따라 결합 방향이 달라질 수 있습니다. 다음과 같이 우선 순위가 높은 * 연산자가 + 연산자보다 뒤에 있을 경우, * 연산을 먼저 수행한 다음 - 연산을 수행합니다.

◁ Code

```python
value = 80 - 30 * 10
```

단, 다음과 같이 괄호를 사용하여 우선순위와 결합 방향을 조절할 수 있습니다.

◁ Code

```python
value = (80 - 30) * 10
```

예제 03-16 연산자 우선순위 ①　　　　　　　　　　　　　　　소스코드 EX03_16.py

```python
01  num1 = 200
02  num2 = 300
03
04  result1 = num1 * 2 + num2
```

```
05   result2 = num1 * (2 + num2)
06   result3 = num1 + 3 * num2
07   result4 = (num1 + 3) * num2
08
09   print(result1)
10   print(result2)
11   print(result3)
12   print(result4)
```

실행 결과 🖱️

```
700
60400
1100
60900
```

이번에는 논리 연산자와 함께 확인해 보겠습니다.

예제 03-17 연산자 우선순위 ②   소스코드 EX03_17.py

```
01   age = 23
02   is_student = True
03
04   adult_price = 3000
05   child_price = 2000
06
07   discount = (age >= 20) and is_student
08
09   result = adult_price * 0.9 if discount else child_price
10
11   print(result)
```

실행 결과 🖱️

```
2700.0
```

이처럼 파이썬이 제공하는 다양한 연산자를 활용하면, 일상생활에서 만나는 여러 가지 상황을 코드로 구현할 수 있습니다.

SECTION 01 파이썬의 시작

SECTION 02 변수와 자료형

SECTION 03 연산자

SECTION 04 조건문

SECTION 05 반복문

SECTION 06 리스트

Section 03 응용문제

1. 다음 코드를 실행했을 때 콘솔창에 출력되는 내용은 무엇일까요? 실행 결과에 적어주세요.

```
01   num1 = 100
02   num2 = 4
03
04   print(num1 / num2)
05   print(num1 // num2)
06   print(num1 % num2)
07   print(num1 ** num2)
```

실행 결과 🖱

2. 다음 코드를 실행했을 때 콘솔창에 출력되는 내용은 무엇일까요? 실행 결과에 적어주세요.

```
01   str1 = "abc"
02   str2 = "ab"
03
04   print(str1 == str2)
05   str2 += "c"
06
07   print(str1 == str2)
```

실행 결과 🖱

3. 아래 코드를 실행하면 다음과 같은 결과가 출력됩니다. 해당 결과를 출력하는 코드를 완성하세요.

```
01  x = 10
02  x (    ) 7
03  print(  )
```

실행 결과 🖱

70

4. 네 자리 정수로 구성된 사원번호를 기준으로 근무 시간을 결정하고자 합니다. 사원번호의 끝자리 숫자가 5 이상이면 '오전', 아니면 '오후'를 출력하는 프로그램을 구현하세요.
   (사원번호의 끝자리 숫자는 사원번호를 10으로 나눈 나머지 값으로 구할 수 있습니다.)

실행 예시

4자리 사원번호를 입력하세요>>>1255
근무 시간은 오전입니다.

5. 조건 연산자를 사용하여 국어, 영어, 수학 점수를 각각 입력받아서 평균을 구하고, 평균이 80점 이상이면 '합격', 아니면 '불합격'을 출력하는 프로그램을 구현하세요.

실행 예시

국어 점수를 입력하세요 >>> 85
영어 점수를 입력하세요 >>> 83
수학 점수를 입력하세요 >>> 81
평균은 83.0점이고, 결과는 합격입니다.

파이썬 조건문은 다른 프로그래밍 언어에서 영향을 받아 발전했어요!

C 언어의 if 문, Pascal의 case 문, ALGOL의 if 문 등이
파이썬 조건문의 발전에 영향을 미쳤습니다.
조건문은 if, elif, else 키워드를 사용하며, 영어와 유사한 문법 구조를 가지고 있습니다.

MISSION
  ○ 조건에 따라 프로그램의 실행 흐름을 변경하는 조건문의 개념을 이해하고, 다양한 상황에서
    조건문을 활용하여 유연한 프로그램을 작성할 수 있습니다.
  ○ 조건문을 사용하여 다양한 문제 상황에 대한 해결책을 제시할 수 있습니다.

KEYWORD   # 조건문   # if문   # elif문

조건문

01 조건문

1 조건문이란?

조건문(Conditional Statement)은 프로그래밍에서 특정 조건에 따라 프로그램의 흐름을 제어하는 구문을 말합니다. 이를 통해 우리는 여러 가지 요인들을 기반으로 사용자의 입력이나 시스템의 상태에 따라 프로그램의 동작을 다르게 설정할 수 있습니다.

이렇게 흐름을 제어하는 조건문은 우리 생활에서도 흔히 볼 수 있습니다. 당장 오늘 아침부터 생각해 볼까요? 예를 들어, 오늘 아침 일어나야 할 시간이 오전 7시라면, "시간을 확인하여 오전 7시를 넘었다면 일어나고, 그렇지 않다면 더 잠을 청한다." 이처럼 조건에 따라 실행할 행동을 결정하는 것은 우리 일상 곳곳에 스며들어 있습니다. 프로그래밍에서도 마찬가지로, 조건식을 평가하여 참일 경우 특정 코드를 실행하고, 거짓일 경우 다른 코드를 실행함으로써 프로그램의 흐름을 제어할 수 있습니다.

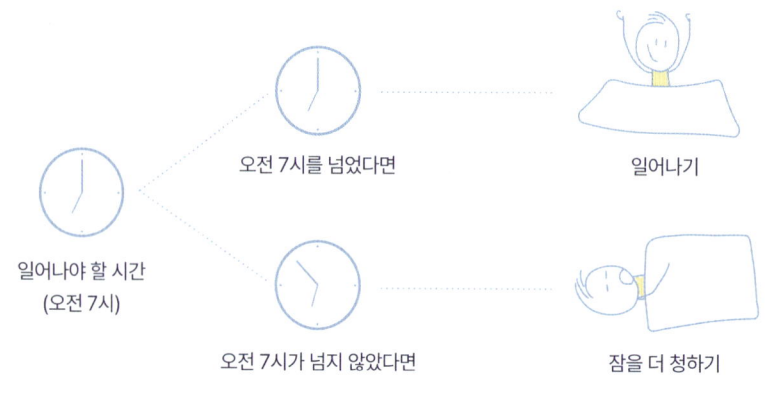

[그림4-1] 일상생활에서의 조건문

♥ 조건문은 특정 언어에 국한되지 않는 구문/문법입니다. 대표적인 프로그래밍 언어인 C언어와 자바는 물론, 최근 유행하는 자바스크립트 등 모든 프로그래밍 언어에서 공통적으로 사용되는 기본 문법입니다.

02 if 문

파이썬에서 사용하는 조건문은 if, else, elif 등의 키워드를 사용합니다. 그중에서도 가장 기본이 되는 if 문부터 단계적으로 학습해 보겠습니다.

If 문은 가장 기본적인 조건문으로, 조건이 참일 때 특정 코드를 실행합니다. 다음과 같은 형식으로 표현됩니다.

Code

```
if 조건식:
    실행할 코드
```

조건식이 참이면, 코드를 실행하겠다는 의미를 가집니다. 조건식에는 앞에서 언급했듯이 참 또는 거짓으로 나타낼 수 있는 모든 질문을 사용할 수 있습니다. 예를 들어, '나이가 20세 이상입니까?'라는 질문과 같이 20세 이상이면 '참' 아니면 '거짓'으로 대답할 수 있는 질문은 모두 조건식으로 사용할 수 있습니다.

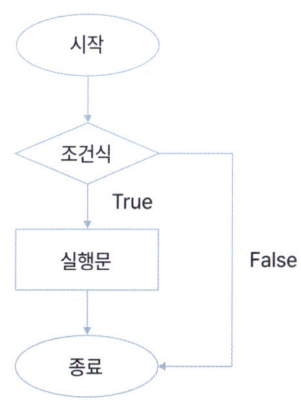

[그림4-1] if 문의 순서도

💡 순서도 : 플로우차트(Flowchart)라고도 하며, 조건에 따라 코드 실행 방식을 나타내는 다이어그램입니다. 기본적인 if문, elif문, else문을 포함한 다양한 조건 분기 상황을 시각적으로 표현하여 코드 이해를 돕습니다.

PLUS 학습 코너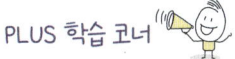

파이썬은 들여쓰기가 중요한 언어입니다.

파이썬에서 들여쓰기는 코드 블록을 구분하고 가독성을 높이는 데 중요한 역할을 합니다. 조건문의 기본 형태를 살펴보면 콜론 **:** 과 들여쓰기를 사용합니다. 콜론 **:** 은 조건문 코드 블록의 시작을 의미하며, 들여쓰기로 묶인 여러 줄의 코드는 "코드 블록"이라고 부릅니다. if 문에서는 코드 블록을 명확하게 구분하기 위해 들여쓰기를 사용합니다. 일반적으로 4칸 들여쓰기가 권장되지만, 프로젝트의 스타일 가이드에 따라 다른 규칙을 따를 수도 있습니다.

SECTION 01 파이썬의 시작

SECTION 02 변수와 자료형

SECTION 03 연산자

SECTION 04 조건문

SECTION 05 반복문

SECTION 06 리스트

```python
if a > 0:
print('양수')
print('음수')
print('0')
```

a가 0보다 큰 경우에 실행해야 할 실행문이 어디까지인지 판단할 수 없어 파이썬 인터프리터는 오류를 발생시킵니다. 파이썬은 코드 블록을 구성할 중괄호 { }를 제공하지 않으므로 들여쓰기로 작성된 코드만을 실행할 영역으로 판단합니다. 파이썬을 대표하는 중요한 문법적 요소이니 잘 기억하시길 바랍니다.

들여쓰기(indentation) 규칙은 다음과 같습니다.

❶ 공백(space)이나 탭(tab)을 이용하여 들여쓰기를 수행합니다.

❷ 공백의 개수는 상관없습니다. 파이썬 스타일 가이드(PEP 8)에 따르면 공백의 개수는 4개를 사용합니다. (참고로 구글은 자체 가이드로 공백을 2개만 사용합니다.)

❸ 탭은 1개만 사용해야 합니다.

❹ 동일 구역에서 들여쓰기는 통일해야 합니다. 공백과 탭을 혼용하여 사용할 수 없고 들여쓰기 수준도 동일해야 합니다.

❺ 주로 사용하는 들여쓰기는 공백 4개, 공백 2개, 탭 1개입니다. 이 중에서 파이썬 스타일 가이드에 따라 공백 4개를 권장합니다.

대부분 프로그래밍 언어는 가독성 향상을 위해 들여쓰기를 권장합니다. 들여쓰기를 탭으로 처리하는 경우가 많지만, 파이참과 같은 대다수의 파이썬 IDE는 들여쓰기를 탭 대신 공백 4개로 처리하고 있습니다. 파이썬에서는 탭을 사용하지 않는 것이 좋습니다.

조건식이 참일 경우, 들여쓰기를 사용하여 다음과 같이 여러 줄의 코드를 실행할 수 있습니다.

Code

```python
if 조건식:        #조건식이 참이면, 아래 들여쓰기가 된 코드가 순차적으로 실행됩니다.
    코드1
    코드2
    코드3
    ...
```

If 문을 사용하여 간단한 예제를 실행해 보겠습니다.

소스코드 EX04_01.py

예제 04-1   if 문

```
01  if 7 > 1:
02      print("7은 1보다 큽니다.")
03
04  if 2 > 5:
05      print("2는 5보다 큽니다.")
```

실행 결과

7은 1보다 큽니다.

해설

01행 : 첫 번째 조건문은 7 > 1 이라는 조건식을 사용합니다. 이 조건식은 참이기 때문에 들여쓰기가 되어있는 코드가 실행되어 "7은 1보다 큽니다." 라는 문장이 출력됩니다.

04행 : 두 번째 조건문은 2 < 5 이라는 조건식을 사용합니다. 이 조건식은 거짓이기 때문에 들여쓰기가 되어있는 코드가 실행되지 않아, 출력되는 문장이 없습니다.

다음 예시를 살펴보겠습니다. "변수 a에 저장된 값이 0보다 크면 '양수'를 출력한다."라는 코드를 작성하면 다음과 같습니다.

Code

```
if a > 0:
    print('양수')
```

위 코드를 동작 순서대로 살펴보겠습니다.

우선 'a > 0'이 실행되고 그 결과로 True 또는 False가 반환됩니다. 만약 True가 반환되면 다음과 같은 모습이 됩니다.

Code

```
if True:
    print('양수')
```

SECTION 01 파이썬의 시작

SECTION 02 변수와 자료형

SECTION 03 연산자

SECTION 04 조건문

SECTION 05 반복문

SECTION 06 리스트

if 문의 조건식이 True이므로 print('양수')는 실행됩니다.

이번에는 변수를 사용하여 조건식을 만들어 보겠습니다. 변수에 담긴 값에 따라 조건식의 결과가 달라질 수 있음을 확인할 수 있습니다.

예제 04-2 변수를 사용한 조건식 ①   소스코드 EX04_02.py

```
01   age = 20
02
03   if age >= 20:
04       print("20세 이상입니다.")
```

실행 결과

20세 이상입니다.

해설

03행 : 조건식 age >= 20의 결과가 참이기 때문에, 04행의 코드가 실행되어 "20세 이상입니다." 라는 문장이 출력됩니다.

또 다른 예제를 살펴보겠습니다. 다음은 나이에 따라 특정 메시지를 출력하는 프로그램입니다.

예제 04-3 변수를 사용한 조건식 ②   소스코드 EX04_03.py

```
01   age = 31
02
03   if age < 10:
04       print("어린이 입니다.")
05
06   if 10 <= age < 20:
07       print("10대 입니다.")
08
09   if 20 <= age < 30:
10       print("20대 입니다.")
11
12   if 30 <= age < 40:
13       print("30대 입니다.")
```

SECTION 01
파이썬의 시작

SECTION 02
변수와 자료형

SECTION 03
연산자

SECTION 04
조건문

SECTION 05
반복문

SECTION 06
리스트

실행 결과 👆
30대 입니다.

해설

03, 06, 09행 : 조건문의 조건을 만족하지 않으므로 if 문 안에 있는 코드는 실행되지 않습니다.

12행 : 조건문의 조건을 만족했기 때문에 "30대 입니다."라는 메시지가 출력됩니다.

조건식은 '참' 또는 '거짓'으로 결과를 나타낼 수 있는 모든 식을 사용할 수 있다는 점에서 더욱 유연합니다. 예를 들어, 다음과 같이 값이 같은지 비교하는 조건식도 사용할 수 있습니다.

예제 04-4 비교 조건식 ①   소스코드 EX04_04.py

```
01   fruit = "바나나"
02
03   if fruit == "바나나":
04       print("저는 바나나를 좋아합니다.")
```

실행 결과 👆
저는 바나나를 좋아합니다.

해설

03행 : == 연산자는 두 값을 비교하여 같으면 True, 다르면 False를 반환합니다. 따라서 이 조건식은 fruit 변수의 값이 "바나나"인지 여부를 검사합니다.

예제 04-5 비교 조건식 ②   소스코드 EX04_05.py

```
01   number = 10
02
03   if number < 10:
04       print("10보다 작습니다.")
05
06   if number == 10:
07       print("10입니다.")
08
```

```
09   if number > 10:
10       print("10보다 큽니다.")
```

실행 결과 🖱
10입니다.

number 변수의 값을 10과 비교하여 해당 조건이 참일 때만 코드가 실행되었습니다.

위 예제들은 모두 if 문의 기본 형태를 사용한 예제입니다. if 문은 보다 복잡한 조건을 처리하기 위해 else 문과 elif 문을 사용하여 더 효율적으로 처리할 수 있습니다. 이어서 학습해 보겠습니다.

03 if-else 문

if 문은 조건식이 참일 때만 원하는 코드를 실행할 수 있었습니다. 하지만 실제 코딩에서는 조건이 거짓일 때도 고려해야 하는 경우가 많습니다. 그렇다면 조건이 거짓일 때 실행하고 싶은 코드가 있다면 어떻게 흐름을 제어해야 할까요?

이러한 문제를 해결하기 위해 else 문을 사용합니다. else 문은 if 문의 조건이 거짓일 때, 즉 False일 때 실행되는 코드를 정의하며, 조건에 따라 다른 코드를 실행하는 데 사용됩니다. else 문은 단독으로 사용할 수 없고 항상 if 문과 함께 사용되므로 if-else 문이라고도 불립니다.

if-else 문은 if 문의 조건이 True일 때와 False일 때 각각 다른 코드를 실행시키는 데 사용됩니다.
기본적인 형태는 다음과 같습니다.

```
 Code

if 조건식:
    조건식이 참일 때 실행할 코드
else:
    조건식이 거짓일 때 실행할 코드
```

if 문과 마찬가지로 콜론 : 과 들여쓰기를 사용하여 조건식의 결과에 따른 코드 블록을 실행합니다.

만약 조건식이 참이면 '조건식이 참일 때 실행할 코드' 블록이 실행되고, 조건식이 거짓이면 '조건식이 거짓일 때 실행할 코드' 블록이 실행됩니다.

간단한 예제를 통해 확인해 보겠습니다.

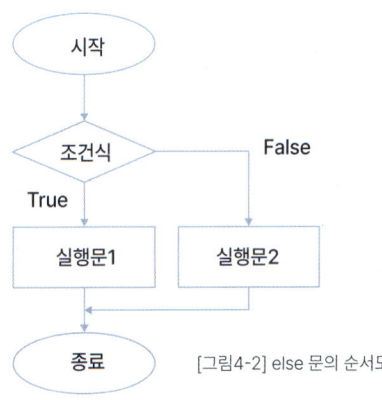

[그림4-2] else 문의 순서도

예제 04-6 if-else 문 ①

소스코드 EX04_06.py

```
01  fruit = "바나나"
02
03  if fruit == "바나나":
04      print("저는 바나나를 좋아합니다.")
```

```
05   else:
06       print("저는 바나나를 좋아하지 않습니다.")
```

실행 결과 🖱

저는 바나나를 좋아합니다.

코드의 조건식은 '참'이기 때문에 "저는 바나나를 좋아합니다."를 출력했으며, else 문은 실행되지 않았습니다.

이번에는 변수를 수정하여 조건식을 '거짓'으로 만들어 보겠습니다.

예제 04-7   if-else 문 ②
소스코드 EX04_07.py

```
01   fruit = "딸기"
02
03   if fruit == "바나나":
04       print("저는 바나나를 좋아합니다.")
05   else:
06       print("저는 바나나를 좋아하지 않습니다.")
```

실행 결과 🖱

저는 바나나를 좋아하지 않습니다.

코드의 조건식은 '거짓'이기 때문에 else 문의 "저는 바나나를 좋아하지 않습니다."를 출력했습니다. 이처럼 조건식을 거짓으로 만들기 위해서는 변수의 값을 조건에 맞지 않는 값으로 변경하면 됩니다.

또 다른 예제를 살펴보겠습니다.

예제 04-8   if-else 문 ③
소스코드 EX04_08.py

```
01   number = 17
02
03   if number == 17:
04       print("숫자는 17입니다.")
05   else:
```

```
06        print("숫자는 17이 아닙니다.")
```

실행 결과 🖱️
숫자는 17입니다.

〈예제 04-2〉 코드는 if 문만 구현하여 age가 20 이상일 때만 코드를 실행했습니다.

이번에는 else 문을 추가하여 조건식의 결과가 거짓일 때도 결과를 출력하도록 코드를 고도화해 보겠습니다.

예제 04-9 if-else 문 ④   소스코드 EX04_09.py

```
01   age = 14
02
03   if age >= 20:
04        print("20세 이상입니다.")
05   else:
06        print("20세 미만입니다.")
```

실행 결과 🖱️
20세 미만입니다.

else 문 하나만 추가했음에도 불구하고 코드로 표현할 수 있는 방법이 훨씬 다양해진 것 같습니다.
또 다른 예제를 살펴보겠습니다.

예제 04-10 if-else 문 ⑤   소스코드 EX04_10.py

```
01   num = -3
02
03   if num >= 0:
04        print("양수 입니다.")
05   else:
06        print("음수 입니다.")
```

실행 결과 🖱️
음수 입니다.

SECTION 01 파이썬의 시작

SECTION 02 변수와 자료형

SECTION 03 연산자

SECTION 04 조건문

SECTION 05 반복문

SECTION 06 리스트

이번에는 'Section03. 연산자'에서 학습했던 % 연산자를 사용하여 숫자가 짝수인지 홀수인지 판별하는 조건문을 구현해 보겠습니다. 먼저 짝수인지 판단하기 위한 조건식을 생각해볼까요?

'A % B'라는 식에서 % 연산자는 A를 B로 나눈 나머지를 반환합니다. 예를 들어, '4 % 2'라면 4를 2로 나누었을 때 나누어 떨어지기 때문에 나머지가 0이 되어 연산의 결과는 0이 됩니다.

예제 04-11   % 연산자를 사용한 조건식 ①   소스코드 EX04_11.py

```
01   num = 49
02
03   if num % 7 == 0:      # num을 7로 나눈 나머지가 0인지 확인하는 조건입니다.
04       print("num은 7로 나누어 떨어집니다.")
05   else:
06       print("num은 7로 나누어 떨어지지 않습니다.")
```

실행 결과 🖱
num은 7로 나누어 떨어집니다.

이처럼 숫자가 짝수인지 판단하기 위해서는 % 연산자를 활용하여 나머지를 확인합니다. 숫자를 2로 나누었을 때 나머지가 0이면 해당 숫자는 짝수가 됩니다.

다음 예제를 통해 다시 한번 확인해 보겠습니다.

예제 04-12   % 연산자를 사용한 조건식 ②   소스코드 EX04_12.py

```
01   num = 19
02
03   if num % 2 == 0:
04       print("num은 짝수입니다.")
05   else:
06       print("num은 홀수입니다.")
```

실행 결과 🖱
num은 홀수입니다.

해설

01행에서 변수 num에 저장된 값은 19입니다. 03행의 조건식은 num이 2로 나누어 떨어지지 않기 때문에 '거짓'이 됩니다. 따라서 조건식이 거짓일 경우 실행되는 06행의 "num은 홀수입니다." 문구를 출력합니다.

이번에는 if 문을 사용하여 홀수를 확인한 후, "num은 홀수입니다."를 출력해 보겠습니다.

예제 04-13   % 연산자를 사용한 조건식 ③   소스코드 EX04_13.py

```python
01   num = 19
02
03   if num % 2 != 0:   # num을 2로 나눈 나머지가 0이 아닌지 확인하는 조건입니다. 즉, num이 짝수가 아닌지 검사합니다.
04       print("num은 홀수입니다.")
05   else:
06       print("num은 짝수입니다.")
```

실행 결과 🖱

num은 홀수입니다.

이제 우리는 조건문을 사용해 참 또는 거짓으로 프로그램의 흐름을 두 갈래로 제어할 수 있게 되었습니다. 하지만 방금 확인한 예제 코드에서는 0도 짝수로 분류된다는 아쉬운 점이 있습니다. 0은 짝수도 홀수도 아닌 특수한 숫자입니다. 만약 0을 짝수나 홀수로 분류하지 않고, "0은 0입니다."라고 표현하고 싶다면, 어떻게 해결해야 할까요?

SECTION 01 파이썬의 시작

SECTION 02 변수와 자료형

SECTION 03 연산자

SECTION 04 조건문

SECTION 05 반복문

SECTION 06 리스트

04 elif 문

if-else 문으로 조건식이 참일 때와 거짓일 때 두 가지 흐름으로 프로그램을 제어할 수 있었다면, 이번에는 세 가지 이상의 흐름으로 제어할 수 있는 elif 문을 소개합니다.

elif 문은 하나가 아닌 여러 개의 조건식을 사용할 수 있는 문법입니다. else 문과 if 문을 합쳐 앞글자만 조합한 구문의 이름인 elif 문은 이름에 걸맞게 다양한 조건을 만들 수 있습니다.

elif 구문의 기본 형태는 다음과 같습니다.

Code

```
if 조건식1:
    조건식1이 참일 때 실행할 코드
elif 조건식2:
    조건식1은 거짓이고 조건식2가 참일 때 실행할 코드
elif 조건식3:
    조건식2는 거짓이고 조건식3이 참일 때 실행할 코드
else:
    모든 조건(조건식1,2,3)이 거짓일 때 실행할 코드
```

elif 문의 개수는 제한이 없습니다. 조건식을 10개, 20개씩 사용해도 괜찮습니다. 하지만 elif 문이 많아지면 프로그램의 코드가 길어지고 복잡해질 수 있습니다. 또한 프로그램의 실행 속도가 느려질 수 있으므로 다른 방법도 함께 고려하는 것이 좋습니다.

다른 프로그래밍 언어에서는 elif 문 대신 else if 문을 풀어서 사용합니다. 파이썬 언어는 다른 언어보다 시기적으로 늦게 나온 개선된 언어이기도 하고, 비교적 학습하기 쉽고 편리한 장점이 있어 함축적인 용어를 사용합니다. 전혀 다른 개념이나 원리가 아니라 표현 방법의 차이일 뿐이니 편안한 마음으로 학습해 주세요.

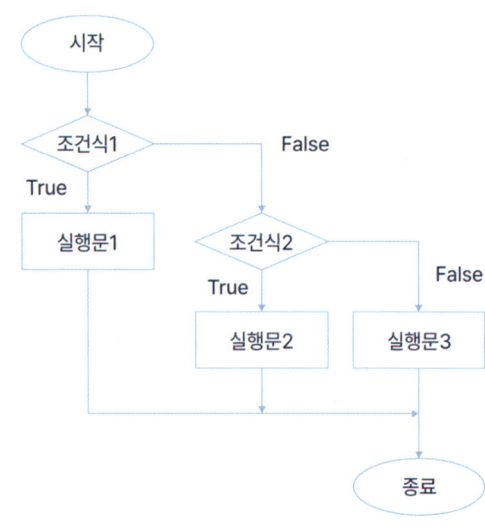

[그림4-3] elif 문의 순서도

num 변수에 담긴 숫자가 양수인지, 음수인지 또는 0인지 판단하는 조건문을 다음 예제를 통해 구현해 보겠습니다.

예제 04-14   elif 문
소스코드 EX04_14.py

```python
01    num = 0
02
03    if num > 0:
04        print("양수 입니다.")
05    elif num == 0:
06        print("0입니다.")
07    else:
08        print("음수 입니다.")
```

실행 결과 🖱
0입니다.

이처럼 elif 문을 사용하면 조건문을 좀 더 섬세하게 다룰 수 있습니다. 대표적인 예시로는 성적 처리 프로그램이 있습니다. 성적 처리 프로그램은 숫자로 표현된 성적을 기준으로 알파벳 학점을 부여합니다. elif 문을 사용하면 다음과 같이 간단하게 구현할 수 있습니다.

예제 04-15   elif 문을 사용한 성적 처리 프로그램
소스코드 EX04_15.py

```python
01    score = 87
02
03    if score >= 90:
04        print("A")
05    elif score >= 80:
06        print("B")
07    elif score >= 70:
08        print("C")
09    else:
10        print("F")
```

실행 결과 🖱
B

SECTION 01
파이썬의 시작

SECTION 02
변수와 자료형

SECTION 03
연산자

SECTION 04
조건문

SECTION 05
반복문

SECTION 06
리스트

이러한 방식으로 elif 문을 사용하면 여러 조건을 나열하여 다양한 조건에 따른 처리를 구현할 수 있습니다.

elif 문을 사용할 때 주의해야 할 점은 컴퓨터는 코드를 위에서부터 아래로 읽는다는 것입니다. 조건식 역시 위에서 아래 순서대로 판별하게 됩니다. 예를 들어, 〈예제 04-15〉 코드를 살펴보면 03행의 조건식 → 05행의 조건식 → 07행의 조건식을 순서대로 확인하며, 각 조건식이 참일 경우 해당 조건식에 맞는 코드 블록을 실행하고 elif 구문을 빠져나갑니다.

즉, score가 87이기 때문에 03행의 조건식의 결과는 거짓입니다. 따라서 다음 조건식인 05행의 조건식을 확인하게 됩니다. 해당 조건식은 참이기 때문에 06행의 코드가 실행되고, 이후 다른 조건식을 확인하러 내려가는 것이 아니라 elif 구문을 빠져나갑니다. 따라서 elif 문을 사용할 때는 조건식의 순서를 신중하게 고려해야 합니다.

이렇게 다양한 흐름을 제어할 수 있기 때문에 elif 문을 활용할 수 있는 방법 역시 다양합니다. 앞서 확인했던 예제에서 0을 짝수나 홀수가 아닌 0으로 출력하려면 어떻게 해야 할지 고민했습니다.

다음 예제를 통해 확인해 보겠습니다.

예제 04-16　짝수/홀수 출력하기 ①　　　　　　　　　　　소스코드 EX04_16.py

```
01   num = 0
02
03   if num % 2 == 0:
04       print("num은 짝수입니다.")
05   elif num % 2 == 1:
06       print("num은 홀수입니다.")
07   else:
08       print("num은 0입니다.")
```

실행 결과
num은 짝수입니다.

예제 코드는 정상적으로 작동하는 것처럼 보이지만, 자세히 살펴보면 오류를 발견할 수 있습니다. num이 0인 상태에서 코드를 실행했음에도 불구하고, "num은 짝수입니다."가 출력되기 때문입니다.
잘못된 이유는 무엇일까요?

컴퓨터는 코드를 위에서 아래 방향으로 읽어 내려가기 때문에 조건식 역시 03행의 조건식 → 05행의 조건식 순서로 확인하게 됩니다. 만약 조건식이 모두 거짓일 경우, 마지막 else 구문을 실행하게 됩니다.

예제 코드의 경우 "num은 0입니다"를 출력하기 위해서는 두 가지 조건식이 모두 거짓이 나와야 합니다. 하지만, 0을 2로 나누면 나머지가 0이기 때문에 03행의 조건식이 '참'으로 평가됩니다. 이는 04행의 "num은 짝수입니다." 출력으로 이어지고, 코드 실행이 종료되어 더 이상 05행의 조건식을 확인하지 않게 됩니다.

그럼 "num은 0입니다."를 출력하기 위해서는 어떻게 코드를 수정해야 할까요? 먼저 고민한 뒤, 다음 예제를 통해 직접 확인해 보겠습니다.

예제 04-17   짝수/홀수 출력하기 ②   소스코드 EX04_17.py

```
01    num = 0
02
03    if num == 0:
04        print("num은 0입니다.")
05    elif num % 2 == 1:
06        print("num은 홀수입니다.")
07    else:
08        print("num은 짝수입니다.")
```

실행 결과 🖱
num은 0입니다.

어떤 결과가 나왔나요? num이 0인지 확인하는 조건식을 가장 위에 배치했습니다. 이로 인해 가장 먼저 확인하는 조건식이 되어 "num은 0입니다." 문장이 성공적으로 출력되었습니다.
위 예제를 통해 elif 문의 조건식을 순서대로 확인하는 방식을 이해할 수 있었습니다.

그럼 이번에는 또 다른 예제로 연습해 보겠습니다. 현재 월(month)에 따라 계절을 출력하는 프로그램입니다.

SECTION 01 파이썬의 시작

SECTION 02 변수와 자료형

SECTION 03 연산자

SECTION 04 조건문

SECTION 05 반복문

SECTION 06 리스트

```
01   month = 7
02
03   if month == 12:
04       print("겨울입니다.")
05   elif month >= 9:
06       print("가을입니다.")
07   elif month >= 6:
08       print("여름입니다.")
09   elif month >= 3:
10       print("봄입니다.")
11   else:
12       print("겨울입니다.")
```

실행 결과 🖱

여름입니다.

위와 같은 흐름의 코드를 다음과 같이 다른 방법으로도 구현할 수 있습니다.

```
01   month = 7
02
03   if 3 <= month <= 5:      # month가 3보다 크거나 같고 5보다 작거나 같은 경우(3월, 4월, 5월)를 의미합니다.
04       print("봄입니다.")
05   elif 6 <= month <= 8:      # month가 6보다 크거나 같고 8보다 작거나 같은 경우(6월, 7월 8월)를 의미합니다.
06       print("여름입니다.")
07   elif 9 <= month <= 11:      # month가 9보다 크거나 같고 11보다 작거나 같은 경우(9월, 10월, 11월)를 의미합니다.
08       print("가을입니다.")
09   else:      # 위 조건들 중 어느 조건에도 해당하지 않는 경우를 의미합니다.
10       print("겨울입니다.")
```

실행 결과 🖱

여름입니다.

다음은 나이를 입력받아 7세 이하면 '미취학', 8~13세이면 '초등학생', 14~16세이면 '중학생', 17~19세이면 '고등학생', 20세 이상이면 '성인'을 출력하는 프로그램입니다.

예제 04-20 나이 입력받아 출력하기

소스코드 EX04_20.py

```python
01  age = int(input('몇 살입니까? >>> '))
02  if age <= 7:
03      print('미취학')
04  elif age <= 13:
05      print('초등학생')
06  elif age <= 16:
07      print('중학생')
08  elif age <= 19:
09      print('고등학생')
10  else:
11      print('성인')
```

실행 결과

```
몇 살입니까? >>> 5
미취학
몇 살입니까? >>> 10
초등학생
몇 살입니까? >>> 18
고등학생
몇 살입니까? >>> 21
성인
```

해설

01행 : 사용자로부터 입력받은 값을 int() 함수를 이용해 정수로 변환합니다.

02행 : age가 7 이하이면 if 문이 True로 해석되어 실행문이 처리됩니다. age가 7 이하가 아니면 elif age <= 13:으로 이동합니다.

10행 : 앞선 4개의 조건문을 모두 만족하지 않는 경우에 else 문이 실행됩니다.

SECTION 01 파이썬의 시작
SECTION 02 변수와 자료형
SECTION 03 연산자
SECTION 04 조건문
SECTION 05 반복문
SECTION 06 리스트

'Section03. 연산자'에서 학습했던 연산자를 조건식에 활용하면 훨씬 다양한 조건식을 구현할 수 있습니다. 이번에는 논리 연산자를 활용하여 우리가 자주 사용하는 로그인 프로그램을 단계별로 차근차근 만들어 보겠습니다.

로그인 프로그램은 사용자에게 ID와 비밀번호를 입력받습니다. 먼저 입력받은 ID가 존재하는지 확인합니다. ID가 존재하면 로그인에 성공하고, 존재하지 않으면 회원 가입을 안내합니다.

다음 코드를 확인해 보겠습니다.

```python
id = "korea"

if id == "korea":
    print("로그인 되었습니다.")
else:
    print("회원 가입부터 진행해 주세요.")
```

로그인 기능을 구현하기 위해서는 ID뿐만 아니라 비밀번호도 확인해야 합니다. 따라서 다음과 같은 조건식을 추가하여 비밀번호 검사를 수행해야 합니다.

ID와 비밀번호가 모두 일치하면 "로그인 되었습니다." 라는 메시지를 출력합니다.

ID는 일치하지만 비밀번호가 틀린 경우 "비밀번호가 틀렸습니다." 라는 메시지를 출력합니다.

ID가 틀린 경우 "회원 가입부터 진행해 주세요." 라는 메시지를 출력합니다.

이와 같은 조건식을 바탕으로 다음 예제에서는 실제 로그인 프로그램 코드를 구현해 보겠습니다.

```python
01  id = "korea"
02  password = 1234
03
04  if id == "korea" and password == 1234:
05      print("로그인 되었습니다.")
06  elif id == "korea" and password != 1234:
07      print("비밀번호가 틀렸습니다.")
08  else:
09      print("회원가입부터 진행해 주세요.")
```

실행 결과 🖱
로그인 되었습니다.

이번에는 비밀번호를 잘못 입력해 볼까요?

```python
01  id = "korea"
02  password = 7777
03
04  if id == "korea" and password == 123:
05      print("로그인 되었습니다.")
06  elif id == "korea" and password != 123:
07      print("비밀번호가 틀렸습니다.")
08  else:
09      print("회원가입부터 진행해 주세요.")
```

실행 결과 🖱
비밀번호가 틀렸습니다.

예제를 통해 elif 문과 연산자를 적절히 활용하면 다양한 코드를 구현할 수 있다는 것을 알 수 있었습니다. 특히 elif 문은 if 문과 else 구문 사이에 입력하여 세 개 이상의 조건문을 연결할 때 유용하게 활용할 수 있습니다.

Section 04 **응용문제**

1. 다음 빈칸에 들어갈 단어는 무엇일까요?

> If 문의 조건이 참일 때와 거짓일 때 서로 다른 코드를 실행시키는 구문의 기본형태는 다음과 같습니다.
>
> [   ] 조건식 :
>   조건식이 참일 때 실행되는 코드
> [   ] :
>   조건식이 거짓일 때 실행되는 코드

2. 아래 코드를 실행하면 다음과 같은 결과가 출력됩니다. 해당 결과를 출력하는 코드를 완성하세요.

```
01   age = 19
02
03   [                    ] :
04       print("당신은 19세 이상입니다.")
05   [           ]:
06       print("당신은 19세 미만입니다.")
```

실행 결과
당신은 19세 이상입니다.

3. 다음은 오류가 있는 코드입니다. 로직의 오류를 모두 찾아 코드를 수정하세요.

```
01   score = 87
02
03   if score >= 70:
04       print("C")
05   elif score >= 80:
06       print("B")
07   elif score >= 90:
08       print("A")
09   else:
10       print("F")
```

4. 임의의 정수를 입력받은 뒤 해당 값이 3의 배수인지 아닌지 판단하는 프로그램을 구현하세요.
   (HINT : 3의 배수란 3으로 나눈 나머지가 0인 수를 의미합니다.)

실행 예시

정수를 입력하세요>>>14
14는 3의 배수가 아닙니다.

점수를 입력하세요>>>15
15는 3의 배수입니다.

5. 미세먼지 저감 활동의 일환으로 차량 2부제를 실시하고자 합니다. 사용자로부터 차량번호를 입력 받아 차량번호가 짝수로 끝나면 '운행가능', 아니면 '운행불가'를 출력하는 프로그램을 구현하세 요.

실행 예시

차량번호를 입력하세요 >>> 23버 3069
오늘 운행이 불가능합니다.

반복문은 오랜 역사를 가진 프로그래밍 개념이에요.

반복문은 1950년대 초 FORTRAN과 같은 초기 프로그래밍 언어에서 처음 등장했어요.
당시에는 GO TO 문과 같은 명령어를 사용하여 반복을 구현했습니다.

MISSION
  ◦ 특정 코드를 반복해서 실행하기 위한 반복문의 개념을 이해하고, 다양한 상황에서 반복문을 활용
     하여 효율적인 프로그램을 작성할 수 있습니다.
  ◦ 특정 조건을 만족하는 동안 반복적으로 작업을 수행하도록 프로그램을 구성할 수 있습니다.

KEYWORD   # 반복문   # while문   # for문

01 반복문

1 반복문이란?

반복문은 여러 줄의 코드 블록을 반복적으로 실행하는 데 사용되는 제어 구조입니다. 반복문을 사용하면 원하는 코드를 원하는 횟수만큼 반복하여 코드를 간결하게 작성하고 효율성을 높일 수 있습니다.

파이썬에서는 다음과 같이 크게 두 가지 종류의 반복문을 제공합니다. 각각 고유한 특징과 용도를 가지므로 활용법을 이해하는 것이 중요합니다.

while 문

- 반복 횟수를 미리 알 수 없는 경우에 사용합니다.
- 조건이 참인 동안 계속해서 코드 블록을 반복합니다. 조건이 거짓이 될 때까지 반복됩니다.

for 문

- 반복 횟수를 미리 알고 있는 경우에 사용합니다.
- 특정 범위 내의 값을 순차적으로 반복하며 코드 블록을 실행합니다.

for 문과 while 문은 영어로 'for'와 'while'이라는 단어가 의미하는 바와 같이, 원하는 횟수만큼 코드 블록을 반복 실행할 수 있는 구문입니다. 앞서 다룬 조건문과 마찬가지로, 반복문은 모든 프로그래밍 언어에서 공통적으로 사용되는 기본 문법으로 원하는 작업을 반복적으로 수행할 수 있으며, 추후 다양한 프로그래밍 언어를 사용할 때 큰 도움이 됩니다.

> 🔴 다양한 프로그래밍 언어에서 반복문을 효과적으로 사용하는 방법을 익히는 것은 매우 중요합니다. 이러한 기초 문법을 이해하면 더 복잡한 프로그래밍 문제를 해결하는 데 큰 도움이 됩니다.

02 while 문

1 while 문

while 문은 조건이 참인 동안 지속적으로 코드 블록을 반복 실행하는 구문입니다. 이는 반복 횟수를 미리 알 수 없는 경우나 조건에 따라 반복을 수행해야 하는 경우에 유용하게 활용할 수 있습니다.

while 문의 기본 구조는 다음과 같습니다.

```
< Code

while 조건식 :
    조건식이 참이면 실행되는 코드
```

while 문은 조건식이 참일 때 코드 블록을 반복적으로 실행하고, 거짓이 되면 종료됩니다. 이는 조건문과 유사한 구성을 가지고 있습니다. 주요 차이점은 조건문은 조건식이 참일 때 코드 블록을 단 한 번만 실행하지만, while 문은 조건식이 참인 동안 계속해서 코드 블록을 반복 실행한다는 점입니다.

조건문과 while 문은 모두 조건식이 참일 때 코드 블록을 실행한다는 공통점이 있습니다. 또한, 조건식이 참일 때 다음과 같이 들여쓰기를 사용하여 여러 줄의 코드를 실행시킬 수 있다는 점도 동일합니다.

```
< Code

while 조건식 :     #조건식이 true(참)이면 아래 들여쓰기가 되어있는 코드가 순차적으로 실행됩니다.
    코드1
    코드2
    코드3
    ...
```

while 문은 코드 블록을 순차적으로 실행한 후, while 문을 빠져나가지 않고 다시 조건식을 확인합니다. 조건식이 참이면 코드 블록을 다시 순차적으로 실행합니다. 이 과정을 조건식이 거짓이 되는 순간

SECTION 01 파이썬의 시작

SECTION 02 변수와 자료형

SECTION 03 연산자

SECTION 04 조건문

SECTION 05 반복문

SECTION 06 리스트

까지 코드 블록을 반복해서 실행하며, 이를 통해 반복적인 작업을 수행할 수 있습니다.

while 문을 사용하여 간단한 예제를 실행해 보겠습니다.

소스코드 EX05_01.py

예제 05-1 while 문

```
01  count = 0
02
03  while count < 3:
04      print(count)
05      count = count + 1
```

실행 결과 🖱
```
0
1
2
```

코드 실행 순서는 다음과 같습니다.

count 변수에 0을 담아 시작합니다.

① 03행에서 count < 3 조건식을 확인합니다. 조건이 참이므로 04행~05행의 코드 블록을 실행합니다. 따라서 0이 출력되고, count에는 0+1 즉, 1이 저장됩니다.

② 코드 블록 실행 후 다시 03행으로 올라가 count < 3 조건식을 확인합니다. count가 1이므로 결과는 참이며 04행~05행의 코드 블록을 실행합니다. 따라서 1이 출력되고, count에는 1+1 즉, 2가 저장됩니다.

③ 코드 블록 실행 후 다시 03행으로 올라가 count < 3 조건식을 확인합니다. count가 2이므로 결과는 참이며 04행~05행의 코드 블록을 실행합니다. 따라서 2가 출력되고, count에는 2+1 즉, 3이 저장됩니다

④ 코드 블록 실행 후 다시 03행으로 올라가 count < 3 조건식을 확인합니다. count가 3이므로 결과는 거짓이며 코드 블록을 실행하지 않고 while 문을 종료합니다.

위 과정은 count가 3보다 작을 때까지 반복됩니다. 만약 while 문이 없었다면, 우리는 반복적인 작업을 수행하기 위해 훨씬 더 복잡하고 번거로운 코드를 작성해야 했을 것입니다.

다음은 while 문 없이 동일한 기능을 구현하는 코드입니다.

◀ Code

```
count = 0

print(count)
count = count + 1

print(count)
count = count + 1

print(count)
count = count + 1
```

📍 count = count + 1 연산은 count += 1 로 줄여서 표현할 수도 있습니다

앞서 살펴본 내용들을 통해 while 문이 반복적인 작업을 얼마나 간결하고 효율적으로 구현할 수 있게 해주는지 확인했습니다. 또한, count를 1씩 감소시키는 작업에도 활용할 수 있습니다.
다음 예제를 통해 확인해 보겠습니다.

예제 05-2   1씩 감소하기   소스코드 EX05_02.py

```
01   count = 10
02
03   while count > 5:
04       count -= 1
05       print(count)
```

실행 결과 🖱️
9
8
7
6
5

SECTION 01 파이썬의 시작

SECTION 02 변수와 자료형

SECTION 03 연산자

SECTION 04 조건문

SECTION 05 반복문

SECTION 06 리스트

코드 실행 순서를 함께 확인해 보겠습니다.

count는 10으로 시작합니다.

① 03행에서 count > 5 조건식을 확인합니다. 결과가 참이므로 04행~05행의 코드 블록을 실행합니다. 따라서 count에는 10-1 즉, 9가 저장되고 출력됩니다.

② 코드 블록 실행 후 다시 03행으로 올라가 count > 5 조건식을 확인합니다. count가 9이므로 결과는 참이며 04행~05행의 코드 블록을 실행합니다. 따라서 count에는 9-1 즉, 8이 저장되고 출력됩니다.

③ 코드 블록 실행 후 다시 03행으로 올라가 count > 5 조건식을 확인합니다. count가 8이므로 결과는 참이며 04행~05행의 코드 블록을 실행합니다. 따라서 count에는 8-1 즉, 7이 저장되고 출력됩니다.

④ 코드 블록 실행 후 다시 03행으로 올라가 count > 5 조건식을 확인합니다. count가 7이므로 결과는 참이며 04행~05행의 코드 블록을 실행합니다. 따라서 count에는 7-1 즉, 6이 저장되고 출력됩니다.

⑤ 코드 블록 실행 후 다시 03행으로 올라가 count > 5 조건식을 확인합니다. count가 6이므로 결과는 참이며 04행~05행의 코드 블록을 실행합니다. 따라서 count에는 6-1 즉, 5가 저장되고 출력됩니다.

⑥ 코드 블록 실행 후 다시 03행으로 올라가 count > 5 조건식을 확인합니다. count가 5이므로 결과는 거짓이며, 코드 블록을 실행하지 않고 while문을 종료합니다.

위 과정은 count가 5보다 크거나 같을 때까지 반복됩니다. count가 5가 되면 조건식이 거짓이 되어 while 문을 종료합니다.

다음은 1부터 10 사이의 모든 정수를 역순으로 출력하는 프로그램입니다.

예제 05-3 　정수를 역순으로 출력하기　　　　　　　　　　　　　소스코드 EX05_03.py

```
01   n = 10
02   while n >= 1:
03       print(n)
04       n -= 1
```

실행 결과 🖱

```
10
9
8
7
```

```
6
5
4
3
2
1
```

[해설]

01행 : n의 초깃값입니다. ← 초깃값

02행 : 종료 시점은 n이 최초로 0이 되는 시점입니다. ← 종료값

04행 : n이 10부터 0까지 순차적으로 감소하도록 1씩 감소시킵니다. ← 증감값

💡 반복되는 범위가 정해져 있는 경우 '초깃값', '종료값', '증감값'을 올바르게 작성했는지 확인해야 합니다. 이 세 가지 요소 중 하나라도 잘못 작성하면 반복문은 올바르게 동작하지 않거나 원하는 결과를 얻을 수 없습니다.

다음은 while 문을 사용하여 money 변수가 3000보다 크거나 같을 때까지 반복적으로 실행하는 프로그램입니다.

예제 05-4 while 문 활용하기 ①   소스코드 EX05_04.py

```python
01  money = 5000
02
03  while money >= 3000:
04      print("아이스크림을 사 먹었습니다.")
05      money -= 1000
```

실행 결과 🖱

아이스크림을 사 먹었습니다.
아이스크림을 사 먹었습니다.
아이스크림을 사 먹었습니다.

money가 3000보다 작아지면 루프가 종료됩니다. 즉, 사용자의 소지 금액이 3000원 미만이 되면 아이스크림을 더 이상 구매할 수 없게 됩니다.

만약, 아이스크림을 몇 번 구매했는지 직접 출력하려면 어떻게 해야 할까요?

SECTION 01 파이썬의 시작

SECTION 02 변수와 자료형

SECTION 03 연산자

SECTION 04 조건문

SECTION 05 반복문

SECTION 06 리스트

다음 예제와 같이 두 개의 변수를 사용하면 쉽게 해결할 수 있습니다.

예제 05-5　while 문 활용하기 ②　　　　　　　　　　　　　　　　　소스코드 EX05_05.py

```python
01  money = 5000     # 초깃값 5000으로 설정된 변수입니다. 사용자의 소지 금액을 나타냅니다.
02  count = 0        # 초깃값 0으로 설정된 변수입니다. 구매한 아이스크림 개수를 카운트합니다.
03
04  while money >= 3000:
05      money -= 1000
06      count += 1     # count 변수에 1을 더합니다. 이는 구매한 아이스크림 개수를 하나씩 증가시킵니다.
07      print("아이스크림을", count, "번 사 먹었습니다.")
```

실행 결과

아이스크림을 1 번 사 먹었습니다.
아이스크림을 2 번 사 먹었습니다.
아이스크림을 3 번 사 먹었습니다.

위 코드에서는 money 변수가 3000보다 클 때까지 반복하면서 아이스크림을 구매한 횟수를 count 변수에 저장하고 출력합니다.

혼자 코딩해보기

count += 1과 money -= 1000 연산식이 print 문을 기준으로 위아래에 있을 때 값이 어떻게 변하는지 생각해보고, 직접 코드를 수정하여 결과를 확인해 보세요.

이번에는 while 문 내 실행문 순서를 조금 변경하여 먼저 print 문을 실행한 후, money와 count를 연산해 보겠습니다.

예제 05-6　while 문 활용하기 ③　　　　　　　　　　　　　　　　　소스코드 EX05_06.py

```python
01  money = 5000
02  count = 0
03
04  while money >= 3000:
05      print("아이스크림을", count, "번 사 먹었습니다.")
06      money -= 1000
07      count += 1
```

SECTION 01
파이썬의 시작

SECTION 02
변수와 자료형

SECTION 03
연산자

SECTION 04
조건문

SECTION 05
반복문

SECTION 06
리스트

실행 결과 ✨

아이스크림을 0 번 사 먹었습니다.

아이스크림을 1 번 사 먹었습니다.

아이스크림을 2 번 사 먹었습니다.

Print 문의 위치를 바꾸었을 뿐인데, 아이스크림을 사 먹는 횟수는 똑같이 3번이지만, 출력되는 횟수는 0부터 시작되는 것을 확인할 수 있습니다. 이처럼 while 문 내에서 실행 코드의 순서는 반복문의 결과에 큰 영향을 미칠 수 있습니다. 따라서 코드를 작성할 때는 while 문 내부 코드의 순서를 신중하게 고려해야 합니다.

2 무한 루프

컴퓨터 프로그래밍에서 루프문은 특정 조건이 만족되는 동안 코드 블록을 반복적으로 실행합니다. 하지만 조건이 항상 참이거나 종료 조건이 없는 경우, 루프문은 끝나지 않고 계속 반복될 수 있습니다. 이러한 현상을 무한 루프라고 합니다. 이번에는 무한 루프에 대해 알아보겠습니다. 만약 〈예제 05-1〉 코드에서 count = count + 1 식을 제거하면 어떻게 될까요?

다음 예제를 통해 직접 확인해 보도록 하겠습니다.

예제 05-7   무한 루프   소스코드 EX05_07.py

```
01   count = 0
02
03   while count < 3:
04       print(count)
```

실행 결과 ✨

0

0

0

0

...

💡 파이참에서 단축키 `Ctrl` + `F2` 또는 빨간 네모 버튼 🔳 을 누르면 무한 루프를 멈출 수 있습니다.

맞습니다. 무한 루프에 빠지게 됩니다. 이전 코드에서 count = count + 1 식이 누락되어 count 변수가 증가하지 않습니다. 따라서 while 문의 조건 'count < 3'은 항상 참이 되고, 루프문은 계속 반복됩니다. 프로그래밍 세상에서 이러한 무한 반복을 '무한 루프를 돈다'라고 표현합니다. 이렇게 무한 반복하는 프로그램이 낯설게만 느껴지시나요?

놀랍게도 우리가 사용하는 대부분의 프로그램들은 무한 반복을 사용하고 있습니다. 예를 들어, 서버 프로그램은 사용자가 언제 요청할지 모르기 때문에 항상 켜져 있어야 합니다. 이를 위해 서버 프로그램은 무한 루프를 사용하여 사용자 요청을 계속 대기합니다. 게임 또한 사용자가 언제 종료할지 모르기 때문에 계속 실행되어야 합니다.

이처럼 자주 사용되는 무한 루프를 위해 우리는 조건식 대신 다음과 같이 True를 작성할 수 있습니다.

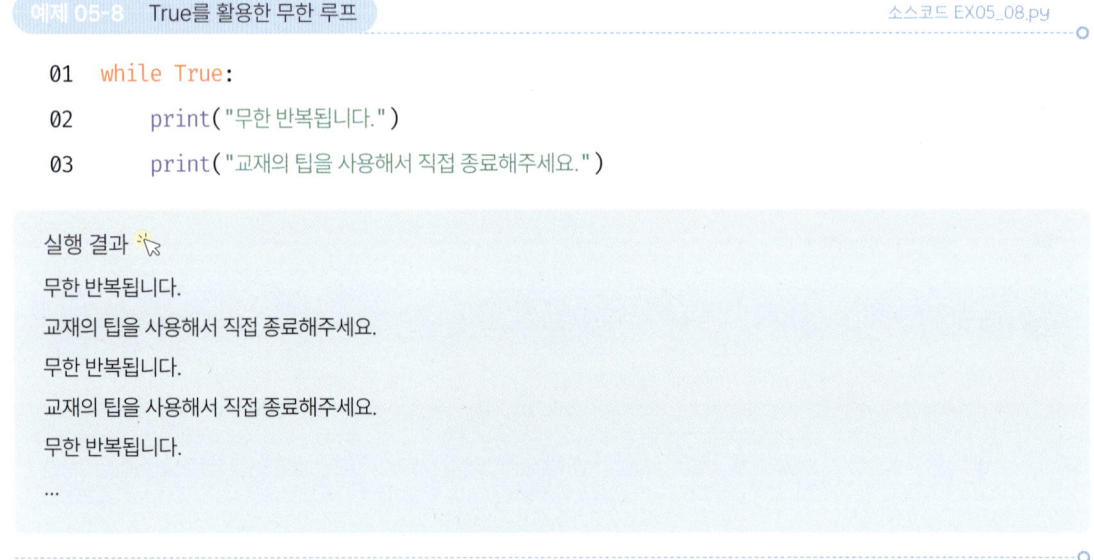

```
while True:
    무한 루프를 돌리는 코드1
    무한 루프를 돌리는 코드2
    무한 루프를 돌리는 코드3
    ...
```

다음 예제를 통해 살펴보겠습니다.

예제 05-8　True를 활용한 무한 루프　　　　　　　　　　　　　　　소스코드 EX05_08.py

```
01  while True:
02      print("무한 반복됩니다.")
03      print("교재의 팁을 사용해서 직접 종료해주세요.")
```

실행 결과 🖱
무한 반복됩니다.
교재의 팁을 사용해서 직접 종료해주세요.
무한 반복됩니다.
교재의 팁을 사용해서 직접 종료해주세요.
무한 반복됩니다.
...

이처럼 True는 항상 참이므로 무한 루프를 쉽게 만들 수 있습니다.

3 break와 continue

이번에는 조건식이 True이더라도 언제든지 원할 때 강제로 while 문을 빠져나갈 수 있는 두 가지 키워드를 소개합니다.

break 문

- while 문을 강제로 종료합니다.
- while 문 내에서 break 문을 만나면, 즉시 while 문을 벗어나 다음 코드 블록으로 이동합니다.

continue 문

- while 문의 처음 조건문으로 이동합니다.
- while 문 내에서 continue 문을 만나면, 현재 반복을 건너뛰고 다음 반복으로 이동합니다.

용어에서 느껴지는 차이점처럼 break 문과 continue 문은 비슷하지만 서로 다른 역할을 수행합니다. 먼저 break 문의 기능을 〈예제 05-1〉 코드를 변형한 다음 예제를 통해 추측해 보겠습니다.

예제 05-9 break 문   소스코드 EX05_09.py

```
01  count = 0
02
03  while count < 10:
04      print(count)
05      count = count + 1
06
07      if count == 5:
08          break
```

실행 결과

```
0
1
2
3
4
```

while 문을 반복시키는 조건식은 'count < 10' 이지만, 실행 결과를 보면 4까지만 출력하고 멈췄습니다. 어떻게 멈춘걸까요?

SECTION 01 파이썬의 사전

SECTION 02 변수와 자료형

SECTION 03 연산자

SECTION 04 조건문

SECTION 05 반복문

SECTION 06 리스트

while 문에서 반복을 하던 중, 5번째 반복에서 if 문의 'count == 5' 조건이 만족되어 break 문이 실행되었습니다. break 문을 만나면 while 문의 코드 블록을 중간에 종료하고 바로 빠져나가게 됩니다. 따라서 while 문이 4까지만 출력하고 멈춘 것은 break 문이 작용하여 while 문을 중간에 종료했기 때문입니다.

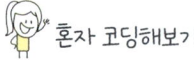 혼자 코딩해보기

number 변수에 1을 저장하고 시작합니다. number가 20보다 작을 때까지 다음을 반복합니다.
- number가 1씩 증가합니다.
- number가 3의 배수인지 확인한 후, 3의 배수라면 반복을 중단합니다.

그럼, while 문을 완전히 빠져나가는 것이 아니라, 특정 회차만 건너뛰고 싶다면 어떻게 해야 할까요? 다음 예제를 통해 알아보겠습니다.

예제 05-10 continue 문 소스코드 EX05_10.py

```
01   num = 0
02
03   while num < 20:
04       num = num + 1
05
06       if num % 3 == 0:
07           continue
08
09       print(num, end = " ")
```

실행 결과

1 2 4 5 7 8 10 11 13 14 16 17 19 20

조건식 'num < 20'만 보면 20번 출력될 것으로 예상되지만, while 문 내부에는 if 문과 continue 문의 조합이 있습니다. while 문을 반복하다가 if 문의 조건식이 참이 되면 continue 문을 만나게 됩니다. continue 문을 만나면 더 이상 while 문의 남은 코드 블록을 실행하지 않고 바로 다음 반복을 하기 위해 while 문 조건식을 확인하러 갑니다.

SECTION 01
파이썬의 시작

SECTION 02
변수와 자료형

SECTION 03
연산자

SECTION 04
조건문

SECTION 05
반복문

SECTION 06
리스트

PLUS 학습 코너

print() 함수

print()는 함수입니다. 함수에 대해서는 추후 자세히 학습할 예정으로 지금은 간단하게 '우리 대신 어떤 일을 해주는 친구' 정도로 생각하면 됩니다. print() 함수는 소괄호 안에 들어오는 모든 값을 화면에 출력합니다.

방금 확인한 <예제 05-10> 코드에서 우리는 print(num, end=" ")라는 코드를 구현했습니다.
만약 print(num)만 사용했다면, 실행 결과는 다음과 같이 각 숫자가 개행되어 출력되었을 것입니다.

```
1
2
4
5
...
```

하지만 실제로 print(num) 코드는 print(num, end="\n")의 `end` 속성이 생략된 것입니다. `end` 속성의 기본값은 `\n` 이며, 이는 개행을 의미합니다. print() 함수의 `end` 속성은 값을 출력한 후 마지막을 어떤 값으로 마무리할지 결정하는 역할을 합니다. 개행이 될 수도 있고, 띄어쓰기가 될 수도 있습니다. 예를 들어, 다음과 같이 사용할 수 있습니다.

- `end=" "` : 숫자 사이에 띄어쓰기 하나를 추가합니다.
- `end=","` : 숫자 사이에 쉼표를 추가합니다.
- `end=""` : 개행 문자를 추가하지 않습니다.

따라서, print(num, end=" ") 코드는 각 숫자 사이에 띄어쓰기 하나를 추가하여 출력되었습니다.

간단한 369 게임도 구현할 수 있습니다. 다음은 0부터 19까지 반복적으로 숫자를 출력하는 프로그램입니다. 하지만, 3의 배수인 경우에는 "짝"이라는 문자열만 출력하고 다음 반복으로 넘어갑니다.

예제 05-11 369 게임

소스코드 EX05_11.py

```python
01   num = 0
02
03   while num < 20:
04       num = num + 1
05
06       if num % 3 == 0:     # num을 3으로 나눈 나머지가 0인 경우 (즉, 3의 배수인 경우) 다음 조건문을 실행합니다.
07           print("짝", end = " ")      # end=" " 옵션을 사용하여 출력 후 띄어쓰기를 추가합니다.
08           continue     # continue 키워드를 사용하여 현재 반복 루프를 종료하고 다음 반복 루프로 넘어갑니다.
09
10       print(num, end = " ")
```

1 2 짝 4 5 짝 7 8 짝 10 11 짝 13 14 짝 16 17 짝 19 20

while 문 안에 if 문을 추가하여 print 문을 하나만 사용했습니다. 이렇게 간단한 변형만으로도 흥미로운 369 게임을 구현할 수 있었습니다.

이제 break 문과 continue 문의 작동 방식을 제대로 이해했는지 확인해 보겠습니다. 다음 예제 코드의 결과를 미리 예측하고 직접 실행하여 결과를 확인해 봅니다.

예제 05-12   break 문과 continue 문   소스코드 EX05_12.py

```python
01   num = 0
02
03   while num < 20:
04       num = num + 1
05
06       if num % 3 == 0:    # num을 3으로 나눈 나머지가 0인 경우 (즉, 3의 배수인 경우)
07           continue    # 다음 조건문을 건너뛰고 다음 반복 루프로 넘어갑니다.
08
09       if num == 17:    # num이 17인 경우
10           break    # break 키워드를 사용하여 현재 반복 루프를 종료하고 반복을 중단합니다.
11
12       print(num, end = " ")
```

실행 결과 ✨
1 2 4 5 7 8 10 11 13 14 16

위 코드는 0부터 19까지 반복적으로 숫자를 출력하는 프로그램입니다. 하지만 num이 3의 배수인 경우와 17인 경우의 조건 중 하나를 만족하면 반복 루프를 중단합니다.

이처럼 break와 continue가 적절히 사용된 while 문은 더욱 유연하고 효율적인 프로그래밍을 가능하게 합니다. 예제 코드를 변형하여 다양한 조건에 맞는 결과를 출력하는 코드 작성을 연습하면 break와 continue 문의 작동 방식을 더욱 깊이 이해할 수 있습니다.

4 while 문의 중첩

while 문 내부에 또 다른 while 문이 나타나는 것을 while 문의 중첩이라고 합니다. 반복 처리해야 하는 대상이 2개 이상이면 while 문의 중첩이 필요합니다.

반복 처리할 대상이 2개면 while 문이 2개가 필요합니다. 반복 처리 대상의 개수만큼 while 문을 중첩하면 됩니다. 하지만, 중첩 수가 너무 많으면 코드가 복잡해질 수 있으므로, 일반적으로 2~3개 정도로 제한하는 것이 좋습니다.

간단한 예를 들겠습니다. 총 5일 동안 매일 3시간씩 수업을 진행합니다. 매시간마다 "1일차 1교시입니다"와 같은 메시지를 출력해야 합니다. 1일차부터 5일차까지 반복되는 일수와 1교시부터 3교시까지 반복되는 시간이라는 2개의 반복 처리 대상이 있으니 while 문의 중첩이 필요합니다.

1일마다 3시간을 포함해야 하므로 1일차부터 5일차까지 처리하는 while 문 내부에 1교시부터 3교시까지 처리하는 while 문을 포함해야 합니다.

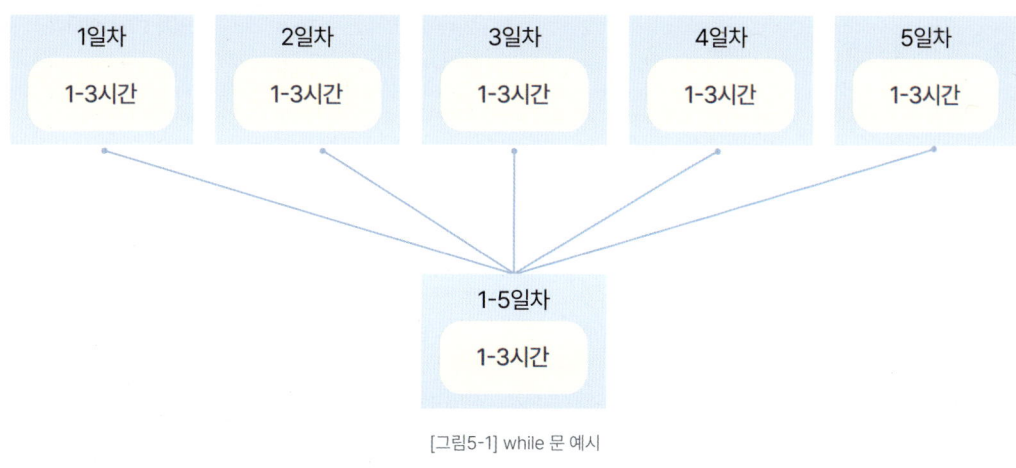

[그림5-1] while 문 예시

지금까지 설명한 내용을 바탕으로 실제 코드를 구현해 보겠습니다.

```
Code
day = 1
while day <= 5:
    hour = 1
    while hour <= 3:
        print('{}일차 {}교시입니다'.format(day, hour))
        hour += 1
    day += 1
```

SECTION 01 파이썬의 시작

SECTION 02 변수의 자료형

SECTION 03 연산자

SECTION 04 조건문

SECTION 05 반복문

SECTION 06 리스트

while 문 중첩은 기존 while 문의 문법을 그대로 사용하지만 여러 단계의 반복 작업을 처리하기 때문에 처음에는 이해하기 어려울 수 있습니다. 하지만 2개 이상의 반복문(while, for)을 이용해서 처리해야 하는 경우가 생각보다 많기 때문에 시간이 걸리더라도 충분히 이해하고 넘어가는 것이 좋습니다.

다음 디버깅 테이블을 활용하여 while 문 중첩에 대한 이해를 한 단계 더 높여보세요. 테이블을 통해 실제 코드 예시와 함께 디버깅 과정을 살펴보면서, while 문 중첩이 어떻게 작동하는지 직접 확인할 수 있습니다.

변수 day	조건식1 day <= 5	조건식1 결과	변수 hour	조건식2 hour <= 3	조건식2 결과	실행문
1	1 <= 5	True	1	1 <= 3	True	1일차 1교시입니다.
			2	2 <= 3	True	1일차 2교시입니다.
			3	3 <= 3	True	1일차 3교시입니다.
			4	4 <= 3	False	day 증가
2	2 <= 5	True	1	1 <= 3	True	2일차 1교시입니다.
			2	2 <= 3	True	2일차 2교시입니다.
			3	3 <= 3	True	2일차 3교시입니다.
			4	4 <= 3	False	day 증가
3	3 <= 5	True	1	1 <= 3	True	3일차 1교시입니다.
			2	2 <= 3	True	3일차 2교시입니다.
			3	3 <= 3	True	3일차 3교시입니다.
			4	4 <= 3	False	day 증가
4	4 <= 5	True	1	1 <= 3	True	4일차 1교시입니다.
			2	2 <= 3	True	4일차 2교시입니다.
			3	3 <= 3	True	4일차 3교시입니다.
			4	4 <= 3	False	day 증가
5	4 <= 5	True	1	1 <= 3	True	5일차 1교시입니다.
			2	2 <= 3	True	5일차 2교시입니다.
			3	3 <= 3	True	5일차 3교시입니다.
			4	4 <= 3	False	day 증가
6	6 <= 5	False				종료

[그림5-2] 디버깅 테이블

다음 예제는 구구단 2단부터 9단까지 출력하는 프로그램입니다.

예제 05-13 구구단

```python
01  dan = 2
02  while dan <= 9:
03      n = 1
04      while n <= 9:
05          print("{}x{}={}".format(dan, n, dan * n))
06          n += 1
07      dan += 1
```

실행 결과

```
2×1=2
2×2=4
2×3=6
   ⋮
9×7=63
9×8=72
9×9=81
```

해설

01행 : 변수 dan은 구구단의 단을 의미합니다.

02행 : 9단까지 반복해서 처리합니다.

03-06행 : 모든 dan은 변수 n을 1~9까지 사용합니다.

07행 : 2단을 모두 출력한 후 3단으로 이동하듯이 모든 dan은 변수 n을 1~9까지 모두 사용한 뒤 다음 dan으로 증가합니다.

— PLUS 학습 코너

format 함수

format 함수는 문자열 내에 { } 기호를 사용하여 값을 삽입하는 데 사용되는 메서드입니다. 문자열 내에 값을 삽입할 위치를 { }로 지정한 후, 메서드 인자로 전달된 값을 해당 위치에 매핑하여 사용합니다.

중괄호의 인덱스는 0, 1, 2... 순서대로 지정되며, format 메서드에 전달된 인자들도 동일하게 0, 1, 2... 순서대로 매핑됩니다.

03 for 문

1 for 문이란?

이번에는 while 문에 이어 또 다른 반복문인 for 문을 살펴보겠습니다. for 문은 반복 횟수를 미리 알고 있는 경우에 사용하며, 코드를 더욱 간결하고 명확하게 작성할 수 있도록 도와줍니다.

for 문의 기본 구조는 다음과 같습니다.

```
Code

for 변수 in 리스트:
    코드 1
    코드 2
    ...
```

> 리스트 자리에는 문자열,
> 또는 교재 후반에서 학습할
> 튜플이라는 컬렉션도 들어갈 수 있습니다.

for 문은 반복할 대상이 되는 '리스트'의 각 요소를 차례대로 변수에 할당하면서 코드 블록을 반복적으로 실행합니다.
다음 예제를 통해 for 문과 리스트를 활용하는 방법을 살펴보겠습니다.

예제 05-14   for 문 ①   소스코드 EX05_14.py

```
01   for n in [1, 2, 3, 4, 5]:
02       print(n)
```

실행 결과 🖱

```
1
2
3
4
5
```

💡 리스트는 다양한 값들을 순서대로 저장할 수 있는 파이썬의 기본적인 자료형입니다. 이후 'section 06. 리스트'에서 더 자세히 다룰 예정이지만, 먼저 리스트를 학습하여 활용해 보시는 것도 좋습니다.

리스트 [1, 2, 3, 4, 5]의 첫 번째 요소부터 마지막 요소까지 순차적으로 n에 대입되고, print(n)이라는 코드가 반복되어 실행되고 있습니다.

반복 회차	n	print(n)
1회차	1	print(1)
2회차	2	print(2)
3회차	3	print(3)
4회차	4	print(4)
5회차	5	print(5)

[그림5-3] for 문 예시

다음과 같이 리스트 [1, 2, 3, 4, 5]를 변수에 담아서 〈예제 05-14〉 코드를 수정할 수도 있습니다.

< Code

```
nums = [1, 2, 3, 4, 5]

for n in nums:
    print(n)
```

실행 결과를 살펴보면 동일한 결과가 나온다는 것을 알 수 있습니다.

이번에는 리스트에 저장된 이름들을 반복적으로 출력하는 다음 예제를 통해 연습해 보겠습니다.

예제 05-15 for 문 ②   소스코드 EX05_15.py

```
01  names = ["jennie", "hani", "kelly"]
02
03  for a in names:    # for 루프를 사용하여 names 리스트의 요소들을 하나씩 반복적으로 변수 a에 할당합니다.
04      print("안녕하세요, 제 이름은", a , "입니다.")
05      print("만나서 반갑습니다.")
```

실행 결과 ☜

안녕하세요, 제 이름은 jennie 입니다.
만나서 반갑습니다.
안녕하세요, 제 이름은 hani 입니다.
만나서 반갑습니다.

SECTION 01 파이썬의 시작

SECTION 02 변수와 자료형

SECTION 03 연산자

SECTION 04 조건문

SECTION 05 반복문

SECTION 06 리스트

안녕하세요, 제 이름은 kelly 입니다.
만나서 반갑습니다.

리스트에 저장된 음식들을 반복적으로 출력하는 프로그램을 통해 한 번 더 연습해 보겠습니다.

예제 05-16 for 문 ③ 소스코드 EX05_16.py

```
01   foods = ["pizza", "pasta", "bibimbap"]
02
03   for food in foods:
04       print("제가 좋아하는 음식은", food, "입니다.")
```

실행 결과

제가 좋아하는 음식은 pizza 입니다.
제가 좋아하는 음식은 pasta 입니다.
제가 좋아하는 음식은 bibimbap 입니다.

이번에는 for 문과 문자열을 함께 사용해 보겠습니다. 다음 예제를 통해 문자열 "Hello"의 각 문자를 차례대로 출력해 보겠습니다.

예제 05-17 for 문과 문자열 소스코드 EX05_17.py

```
01   for ch in 'Hello':
02       print(ch)
```

실행 결과

H
e
l
l
o

이와 같이 for 문과 문자열을 이용하면 문자열 내의 각 문자를 손쉽게 추출하여 다양한 작업에 활용할 수 있습니다.

2 range ( ) 함수

자, 이제 for 문을 활용하는 다양한 방법을 살펴보겠습니다.

1부터 5까지 정수의 합을 구하는 방법은 여러 가지가 있습니다. for 문을 사용하지 않는다면 다음과 같은 방법을 생각해 볼 수 있습니다.

◁ Code
```
sum = 1 + 2 + 3 + 4 + 5
```

이 방법은 간단하고 직관적이지만, 코드로 자동 구현하기는 어렵습니다. 그래서 접근 방식을 바꿔 다음과 같이 작성해 봤습니다.

◁ Code
```
sum = 0
sum = sum + 1
sum = sum + 2
sum = sum + 3
sum = sum + 4
sum = sum + 5
```

이렇게 표현하니 프로그래밍 세상의 표현 같긴 하지만, 반복되는 식이 중복되어 불편합니다. 이때 for 문을 사용하면 다음 예제와 같이 구현할 수 있습니다.

예제 05-18 for 문을 활용한 합 구하기　　　　　　　　소스코드 EX05_18.py
```
01   nums = [1, 2, 3, 4, 5]
02   sum = 0
03
04   for n in nums:
05       sum = sum + n
06
07   print(sum)
```

실행 결과 ☜

15

SECTION 01 파이썬의 시작

SECTION 02 변수와 자료형

SECTION 03 연산자

SECTION 04 조건문

SECTION 05 반복문

SECTION 06 리스트

우리는 이렇게 for 문과 리스트의 조합으로 다양한 코드를 편리하게 구현할 수 있게 되었습니다.

for 문을 사용하다 보면 규칙적인 숫자 리스트를 자주 사용하게 됩니다. 〈예제 05-18〉 코드에서도 nums라는 규칙적인 숫자 리스트를 사용하고 있습니다. 이를 도와주기 위해 파이썬은 range() 함수를 제공합니다. range() 함수는 연속된 정수 범위를 생성하는 내장 함수입니다. for 문과 함께 사용하여 반복적인 작업을 수행하거나 특정 범위의 값을 처리하는 데 유용합니다.

range() 함수를 사용하는 기본 형태는 다음과 같습니다.

◁ Code

```
range(시작 숫자, 종료 숫자)
```

range() 함수는 시작 숫자부터 리스트를 시작하여 1씩 증가시키면서 종료 숫자 전까지(종료 값 제외) 연속된 리스트를 생성합니다. 몇 가지 연습 후 예제를 통해 활용해 보겠습니다.

- range(1, 7)
- range(2, 5)
- range(4, 8)

위에서부터 차례대로 숫자 리스트는 다음과 같은 결과가 출력됩니다.

[1,2,3,4,5,6]

[2,3,4]

[4,5,6,7]

그럼 이제 예제를 확인해 볼까요? 〈예제 05-18〉 코드를 range() 함수를 사용하여 고도화해 보겠습니다.

예제 05-19(1)　range() 함수를 활용한 합 구하기　　　　　소스코드 EX05_19(1).py

```
01  nums = range(1, 6)
02  sum = 0
03
04  for n in nums:
05      sum = sum + n
06
07  print(sum)
```

실행 결과 🖱

15

이번에는 변수를 사용하지 않고, for 문의 리스트 위치에 바로 range() 함수를 사용해 보겠습니다.

예제 05-19(2) 리스트 위치에 range() 함수 사용하기   소스코드 EX05_19(2).py

```
01  sum = 0
02
03  for n in range(1, 6):
04      sum = sum + n
05
06  print(sum)
```

실행 결과 🖱

```
15
```

위 코드에서 확인했듯이 range() 함수를 사용하면 반복적인 코드를 간결하고 효율적으로 표현할 수 있으며, 특히 큰 숫자들을 연산해야 하는 경우에도 쉽고 빠르게 해결할 수 있습니다.

다음 예제들을 통해 연습해 보겠습니다.

예제 05-20 range() 함수 사용하여 연속된 정수 출력하기   소스코드 EX05_20.py

```
01  for f in range(1, 100):
02      print(f)
```

실행 결과 🖱

```
1
2
:
98
99
```

> range() 함수에는
> 종료 숫자는 포함되지 않습니다.
> 이 점을 잊지 않도록 주의하세요.

예제 05-21 range() 함수를 사용해 큰 수 연산하기   소스코드 EX05_21.py

```
01  sum = 0
02
03  for num in range(1, 100):
04      sum += num
05
06  print(sum)
```

SECTION 01 파이썬의 시작

SECTION 02 변수와 자료형

SECTION 03 연산자

SECTION 04 조건문

SECTION 05 반복문

SECTION 06 리스트

실행 결과 👆

4950

위 코드는 1부터 99까지 숫자의 합을 계산합니다. range() 함수를 사용하여 1부터 99까지 반복하고, 각 반복마다 sum 변수에 값을 더합니다.

PLUS 학습 코너

range() 함수 추가 정보

❶ range(start, stop, step) : start부터 stop-1까지 (마지막 값 제외) step 간격으로 정수 시퀀스를 생성합니다.
❷ range(stop) : start를 0으로 하고 step을 1로 하여 range(start, stop, step)와 동일한 시퀀스를 생성합니다.
❸ range(start, stop, 0) : step을 0으로 하면 오류가 발생합니다.

---

3 중첩 for 문

이번에는 for 문을 이중으로 중첩하여 사용하는 방법을 살펴보겠습니다. 중첩하여 사용한다고 하여, 이를 '중첩 for 문'이라고 부르기도 합니다. 중첩 for 문은 여러 조건에 따라 반복 작업을 수행하는 데 매우 유용합니다.

우선 for 문 하나만 사용하여 구구단 2단을 구현해 보겠습니다.

예제 05-22   구구단 2단   소스코드 EX05_22.py

```
01  for n in range(1, 10):
02      print("2 X ", n, "=", 2 * n)
```

실행 결과 👆

2 X 1 = 2
2 X 2 = 4
   ⋮
2 X 8 = 16
2 X 9 = 18

해설

02행 : "2 X " 문자열과 현재 반복 횟수인 n 값을 쉼표(,)로 구분하여 출력합니다. 2*n은 현재 반복 횟수 n을 2로 곱하여 계산된 결과입니다.

그럼, 3단을 추가로 구현하려면 어떻게 해야 할까요? 아마도 다음과 같이 구현해야 할 것 같습니다.

```
for n in range(1, 10):
    print("2 X ", n, "=", 2 * n)


print()    #소괄호에 값을 입력하지 않으면 Enter(개행)만 출력됩니다.


for n in range(1, 10):
    print("3 X ", n, "=", 3 * n)
```

만약 9단까지 모두 출력하고 싶다면, 2, 3, 4, 5, … 8, 9의 값만 바꾸어 다음과 같이 for 문을 8번 반복해야 합니다.

```
for n in range(1, 10):
    print("2 X ", n, "=", 2 * n)

print()

for n in range(1, 10):
    print("3 X ", n, "=", 3 * n)

print()

    ⋮

for n in range(1, 10):
    print("8 X ", n, "=", 8 * n)

print()

for n in range(1, 10):
    print("9 X ", n, "=", 9 * n)

print()
```

SECTION 01 파이썬의 시작

SECTION 02 변수와 자료형

SECTION 03 연산자

SECTION 04 조건문

SECTION 05 반복문

SECTION 06 리스트

위와 같은 방법은 코드가 반복적이고 번거롭습니다. 이를 개선하기 위해 우리는 for 문을 한 번 더 사용하여 코드를 간결하게 작성할 수 있습니다. 코드를 자세히 살펴보면, 8번의 for 문 코드 블록은 2, 3, 4, 5…, 8, 9의 값만 바뀌고 나머지 코드는 모두 동일하게 반복되고 있습니다.

Code

```
for n in range(1, 10):
    print("2 X ", n, "=", 2 * n)

print()
```

위 코드 전체를 하나의 코드 블록으로 보고 for 문을 돌리면 어떨까요?
다음과 같이 2부터 9까지 반복하는 for 문을 만듭니다.

Code

```
for n in range(2, 10):
```

만들어진 for 문 안에 반복되는 코드 블록으로 아래 코드 블록이 2, 3, 4 … 8, 9만 변경되어 실행된다면 쉽게 해결할 수 있을 것 같습니다.

Code

```
for n in range(1, 10):
    print("2 X ", n, "=", 2 * n)

print()
```

다음 예제를 통해 결과를 확인해 보겠습니다.

예제 05-23 중첩 for 문을 사용하여 구구단 출력하기   소스코드 EX05_23.py

```
01  for m in range(2,10):
02      for n in range(1,10):
03          print(m, "X", n, "=", m * n)
04
05      print()
```

실행 결과 🖱️

```
2 X 1 = 2
2 X 2 = 4
2 X 3 = 6
2 X 4 = 8
2 X 5 = 10
2 X 6 = 12
2 X 7 = 14
2 X 8 = 16
2 X 9 = 18
... 중략
9 X 1 = 9
9 X 2 = 18
9 X 3 = 27
9 X 4 = 36
9 X 5 = 45
9 X 6 = 54
9 X 7 = 63
9 X 8 = 72
9 X 9 = 81
```

해설

01행 : 2부터 9까지 (10은 제외)의 정수를 순차적으로 반복합니다. m 변수에는 현재 반복 횟수인 곱셈 좌변 값이 할당됩니다.

02행 : 1부터 9까지 (10은 제외)의 정수를 순차적으로 반복합니다. n 변수에는 현재 반복 횟수인 곱셈 우변 값이 할당됩니다.

이와 같이 중첩 for 문을 활용하면 다음과 같은 효과를 얻을 수 있습니다.

- 반복 횟수 감소 : 한 번의 반복으로 여러 번의 반복 작업을 수행할 수 있습니다.
- 코드 구조 개선 : 반복 로직을 좀 더 간결하게 표현할 수 있습니다.

2단부터 9단까지 구구단을 출력하는 코드를 살펴보면, 중첩 for 문을 사용하여 코드를 간결하고 효율적으로 작성할 수 있었습니다.

중첩 for 문은 다소 복잡한 개념이지만, 연습을 통해 익힐 수 있습니다. 실행 코드를 자세히 분석하고 이해하며, 단원별 연습 문제를 통해 다양한 활용 사례를 경험하면 도움이 될 것입니다.

SECTION 01 파이썬의 시작

SECTION 02 변수와 자료형

SECTION 03 연산자

SECTION 04 조건문

SECTION 05 반복문

SECTION 06 리스트

응용문제

1. 다음 빈칸에 들어갈 단어는 무엇일까요?

> 반복문은 여러 줄의 코드 블록을 반복적으로 실행할 수 있는 구문입니다. 우리는 반복문을 사용하면 원하는 코드를 원하는 만큼 반복할 수 있습니다.
>
> 파이썬에서 반복문의 종류는 다음과 같이 두 가지가 있습니다.
>
> [   ] , [   ]

2. 다음 중 파이썬에서 반복문의 흐름을 제어할 수 있는 키워드 2가지는 무엇일까요? (,   )

① break

② continue

③ int

④ float

3. 다음 코드를 실행했을 때 콘솔창에 출력되는 내용은 무엇일까요?

```
01   count = 5
02
03   while count < 10:
04       print(count)
05       count = count + 1
```

실행 결과 🖱

4. 문제 3번의 코드 결과가 다음과 같이 출력되도록 코드를 수정하세요.

실행 결과 ✨
```
5
6
```

5. 정수를 입력받아서 그 횟수만큼 'Hello'를 출력하는 프로그램을 구현하세요. 0 이하의 값이 입력되면 '잘못된 입력입니다.' 라는 오류 메시지를 출력하세요.

실행 예시
```
정수를 입력하세요 >>> 3
1 번째 Hello
2 번째 Hello
3 번째 Hello
-------------------------------
정수를 입력하세요 >>> -5
잘못된 입력입니다.
```

6. 커피 1잔을 300원에 판매하는 커피자판기가 있습니다. 이 커피자판기에 돈을 넣으면 자판기에서 뽑을 수 있는 커피가 몇 잔이며 잔돈은 얼마인지를 함께 출력하는 프로그램을 구현하세요.
   (HINT : 잔돈이 300원 이상이면 계속 실행할 수 있도록 반복문을 구성합니다.)

실행 예시
```
자판기에 얼마를 넣을까요? >>> 1400
커피 1잔, 잔돈 1100원
커피 2잔, 잔돈 800원
커피 3잔, 잔돈 500원
커피 4잔, 잔돈 200원
```

7. 다음 코드는 컴파일 에러가 발생합니다. 발생하는 이유와 해결 방법을 작성해 보세요.

```
01   nums = [1, 2, 3, 4, 5]
02
03   for n in range(8) :
04       print(nums[n])
```

발생 이유와 해결 방안

🧡 리스트를 학습한 후에 문제를 풀어보시거나, 문제를 풀면서 리스트를 학습해도 좋습니다

8. 영화 평점을 1부터 5 사이의 정수로 입력받아서 해당 평점만큼 ★을 표시하는 프로그램을 구현하세요. 표시할 수 있는 평점의 범위를 벗어나면 재입력을 요구하세요.
    (HINT : 정상적인 입력일 때만 break 문으로 종료할 수 있도록 무한루프를 이용해서 구현할 수 있어요.)

실행 예시

이번 영화의 평점을 입력하세요 >>> 10
평점을 1~5 사이만 입력할 수 있습니다.
이번 영화의 평점을 입력하세요 >>> -2
평점을 1~5 사이만 입력할 수 있습니다.
이번 영화의 평점을 입력하세요 >>> 5
평점 : ★★★★★

9. 현재 10000원을 가지고 있습니다. 얼마를 사용할 것인지 반복해서 입력받아 10000원을 모두 사용하세요. 0 이하의 금액은 사용할 수 없으며, 현재 가지고 있는 돈보다 더 큰 금액도 사용할 수 없습니다.

(HINT : 무한루프와 break 문을 활용해 보세요.)

실행 예시

```
현재 10000원이 있습니다.
사용할 금액 입력 >>>  5000
현재 5000원이 있습니다.
사용할 금액 입력 >>>  -5000
0 이하의 금액은 사용할 수 없습니다.
현재 5000원이 있습니다.
사용할 금액 입력 >>>  6000
1000원이 부족합니다.
현재 5000원이 있습니다.
사용할 금액 입력 >>>  5000
현재 0원이 있습니다.
```

10. 사용자로부터 임의의 양의 정수를 하나 입력받은 뒤 1부터 입력받은 정수까지 모든 정수의 합계를 출력하는 프로그램을 구현하세요.

(HINT : 특정 범위 내의 정수들을 생성하려면 range() 함수를 활용하는 것이 좋습니다.)

실행 예시

```
임의의 양수를 입력하세요 >>> 5
1부터 5 사이 모든 정수의 합계는 15입니다.
```

리스트는 처음에는 배열이라고 불렸어요!

리스트는 Guido van Rossum이
파이썬 프로그래밍 언어를 설계하면서 처음 도입되었습니다.
파이썬의 리스트는 다른 프로그래밍 언어에서 사용되는 배열과 유사한 기능을 제공합니다.
따라서 파이썬 리스트의 개념이 특정 언어에서 영향을 받았을 가능성도 있습니다.

MISSION

○ 리스트가 무엇인지 설명할 수 있으며 특징과 용도를 알고 있습니다.

○ 다양한 연산과 메서드를 사용하여 리스트를 생성, 조회, 수정 등 효과적으로 활용할 수 있습니다.

○ 같은 리스트 내에 다양한 데이터 타입의 자료를 저장할 수 있습니다.

KEYWORD   # 리스트   # 요소   # 리스트연산   # 리스트메서드

SECTION 06
리스트

01 리스트

파이썬은 개발자가 편리하게 사용할 수 있도록 다양한 자료구조를 제공하고 있습니다. 이러한 자료구조들을 활용하면, 복잡한 코드도 쉽게 구현할 수 있습니다.

지금부터는 파이썬에서 가장 많이 사용되는 자료구조 중 하나인 '리스트'에 대해 알아보겠습니다.

1 리스트란?

리스트(List)는 일상생활에서 사용하는 '목록'과 비슷한 개념을 가진 자료구조입니다. 여러 개의 데이터를 하나의 변수에 한 번에 저장하고 관리할 수 있습니다. 변수는 하나의 데이터만 저장할 수 있는 반면, 리스트는 여러 개의 데이터를 저장할 수 있다는 것이 가장 큰 장점입니다.

리스트는 다음과 같이 표현합니다.

```
# 하나의 데이터만 담은 변수

n = 7


# 여러 개의 데이터를 묶은 리스트를 담은 변수

nums = [0, 1, 2, 3]
```

파이썬에서 리스트는 대괄호[ ]를 사용하여 감싸고, 그 안에 저장할 데이터들을 쉼표 , 로 구분하여 나열합니다.

💡 예를 들어, nums = 0, 1, 2, 3과 같이 대괄호 없이 쉼표로 구분만 한다면, 파이썬은 이를 리스트로 인식하지 못하고 에러를 발생시킵니다.

리스트에 담을 수 있는 데이터는 숫자뿐만 아니라 문자, 논리값 등 우리가 원하는 모든 데이터를 포함할 수 있습니다. 데이터의 종류에 제약이 없기 때문에 매우 유연하고 다재다능한 자료구조라고 할 수 있습니다.

다음은 다양한 데이터를 담은 리스트입니다.

```
number = [0,1,2,3]     # 숫자 리스트
alphabets = ['a', 'b', 'c']     # 문자 리스트
bools_true = [True, True, True]     # 논리값 리스트
greetings = ["hi", "안녕하세요", "hello"]     # 문자열 리스트
```

파이썬의 리스트는 다른 프로그래밍 언어와 달리, 다양한 자료형을 자유롭게 혼합하여 저장할 수 있다는 특징을 가지고 있습니다. 예를 들어, 자바와 같은 일반적인 프로그래밍 언어에서 제공하는 리스트는 하나의 변수에 한 가지 자료형으로만 구성해야 합니다. 반면, 파이썬은 두 가지 이상의 자료형도 한 번에 담을 수 있습니다.

다음 코드를 살펴볼까요?

```
example = [3, 9, "y", 2, "k", True]     # 숫자, 문자, 논리값을 혼합하여 담은 리스트
```

위 코드에서 보는 것처럼, example 변수에는 숫자(3, 9, 2)뿐만 아니라 문자("y", "k"), 논리값(True)이 함께 저장되어 있습니다. 이러한 유연성은 파이썬 리스트의 가장 큰 강점 중 하나입니다. 실제 프로그래밍에서 다양한 데이터를 혼합하여 저장하고 관리해야 하는 경우, 파이썬 리스트를 활용하면 코드를 간결하고 효율적으로 작성할 수 있습니다.

2 리스트의 요소

리스트에 들어가는 각 항목을 우리는 하나의 '요소' 또는 '엘리먼트(element)'라고 부릅니다. 예를 들어, 다음 리스트는 총 3개의 요소인 6, 1, 3을 가지고 있습니다.

```
nums = [6, 1, 3]
```

각 요소는 서로 독립적인 값을 가지고 있으며, 리스트의 순서에 따라 관리됩니다.

다음 예제를 통해 간단히 리스트를 만들고 출력해 보겠습니다.

예제 06-1 리스트 소스코드 EX06_01.py

```python
nums = [6, 1, 3]

print(nums)
```

실행 결과

```
[6, 1, 3]
```

nums라는 리스트를 만들고 출력했더니 실행 결과와 같이 리스트 전체가 출력되었습니다. 리스트는 자체적으로 모든 요소를 순서대로 괄호 안에 담아 표현하기 때문에, 따로 출력 형식을 지정하지 않아도 됩니다. 하지만 실제 프로그래밍에서는 리스트의 각 요소를 하나씩 다루는 경우가 많습니다. 만약, 리스트의 각 요소를 하나씩 출력하고 싶다면 어떻게 해야 할까요?
리스트의 특정 요소에 접근하기 위해서는 위치를 사용합니다. 이 위치를 파악하기 위해 사용하는 번호를 '인덱스(index)'라고 부릅니다.

다음은 nums 리스트의 요소와 각 요소의 인덱스입니다.

nums =	6	1	3
index :	0	1	2

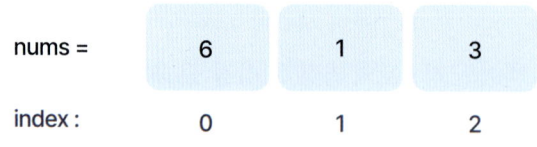

[그림6-1] nums 리스트 요소와 인덱스

인덱스는 마치 책의 특정 페이지를
찾기 위해 페이지 번호를 사용하는
것과 비슷한 방식입니다.

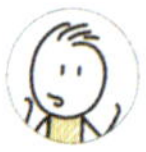

인덱스는 리스트의 각 요소에 부여된 고유한 번호이며, 0부터 시작합니다.
어디서 많이 본 것 같지 않나요? 맞습니다. 문자열의 글자 하나하나를 사용하고 싶을 때도 인덱스를 사용했습니다. 따라서, 문자열도 리스트의 한 종류라고 할 수 있습니다.

s =	h	e	l	l	o
index :	0	1	2	3	4

[그림6-2] 문자열 인덱스

문자열에서 특정 위치의 문자를 인덱스를 사용하여 접근할 수 있었던 것처럼, 리스트의 요소 또한 대괄호[]를 사용하여 접근할 수 있습니다. 예를 들어, 다음과 같이 names라는 리스트를 정의하고 각 요소에 접근할 수 있습니다.

```python
names = ["kim", "lee", "park"]


first_name = names[0]
second_name = names[1]
third_name = names[2]
```

다음 예제를 통해 실행 결과를 확인해 보겠습니다.

예제 06-2 인덱스를 사용하여 요소에 접근하기   소스코드 EX06_02.py

```python
01    names = ["kim", "lee", "park"]
02
03    print(names[0])
04    print(names[1])
05    print(names[2])
```

실행 결과 ✨
kim
lee
park

이처럼 리스트의 인덱스는 왼쪽에서 오른쪽으로 0부터 시작하는 방식으로 정의됩니다. 하지만 리스트의 요소는 역순으로 접근할 수도 있습니다. 역순 인덱스를 사용하면 오른쪽 끝 요소부터 시작하여 왼쪽 끝 요소까지 순서대로 접근할 수 있습니다. 이때 인덱스는 -1부터 시작하며, 오른쪽으로 갈수록 1씩 감소합니다.

| nums = | 6 | 1 | 3 |
| index : | -3 | -2 | -1 |

[그림6-3] 역순 인덱스

이렇게 역순 인덱스를 부여할 때는 음수를 사용한다고 하여 '음수 인덱스(마이너스 인덱스)'라고 부르기도 합니다.

〈예제 06-2〉 코드를 음수 인덱스를 사용하여 동일한 결과를 출력해 보겠습니다.

예제 06-3   음수 인덱스   소스코드 EX06_03.py

```
01    names = ["kim", "lee", "park"]
02
03    print(names[-3])
04    print(names[-2])
05    print(names[-1])
```

실행 결과 🖱️
```
kim
lee
park
```

이와 같이 파이썬에서는 양수 인덱스와 음수 인덱스라는 두 가지 방법으로 리스트 요소에 접근할 수 있습니다. 이러한 인덱스를 사용하여 원하는 요소를 선택하고 활용하는 과정을 '인덱싱(indexing)'이라고 합니다. 인덱싱은 리스트를 다루는 데 있어 가장 기본적인 방법이며, 다양한 리스트 작업의 토대가 됩니다.

예를 들어, 다음과 같은 코드를 사용하여 리스트의 특정 요소를 출력할 수 있습니다.

예제 06-4   양수 인덱스와 음수 인덱스   소스코드 EX06_04.py

```
01    names = ["kim", "lee", "park", "choi", "min", "jung", "jeon"]
02
03    print(names[-3])
04    print(names[2])
05    print(names[5])
06    print(names[-4])
```

실행 결과 🖱️
```
min
park
jung
choi
```

3 리스트 슬라이싱

문자열 슬라이싱과 마찬가지로 리스트도 인덱싱을 사용하여 원하는 범위의 요소만 추출하여 새로운 리스트를 만들거나 기존 리스트를 수정할 수 있습니다. 이 과정을 리스트 슬라이싱(Slicing)이라고 합니다.

다음과 같이 리스트 슬라이싱의 기본 구조는 문자열 슬라이싱과 동일합니다.

◁ Code

```
리스트[start:stop:step]
```

다음 예제를 통해 확인해 보겠습니다.

예제 06-5   리스트 슬라이싱   소스코드 EX06_05.py

```
01    example = [3, 9, "y", 2, "k", True]
02
03    print(example[1:4])
04    print(example[2:6])
05    print(example[0:5])
```

> 슬라이싱은 리스트[start:stop]의 형태로 사용됩니다. stop이 6이라면 종료 인덱스는 5이기 때문에, 코드는 정상적으로 출력됩니다.

실행 결과 ☜

```
[9, 'y', 2]
['y', 2, 'k', True]
[3, 9, 'y', 2, 'k']
```

4 리스트 IndexError

인덱스 범위를 벗어나서 인덱싱이나 슬라이싱을 시도하면 어떻게 될까요? 예를 들어, 인덱스가 0부터 5까지 있는 리스트에 인덱스 3으로 인덱싱을 한다면 어떤 일이 일어나는지 다음 예제를 통해 확인해 보겠습니다.

예제 06-6   리스트 IndexError   소스코드 EX06_06.py

```
01    example = [3, 9, "y", 2, "k", True]
02
03    print(example[7])
```

SECTION 01 파이썬의 시작

SECTION 02 변수와 자료형

SECTION 03 연산자

SECTION 04 조건문

SECTION 05 반복문

SECTION 06 리스트

실행 결과 🖱️

```
Traceback (most recent call last):
  File "C:\디렉토리\EX06_06.py", line 3, in <module>
    print(example[7])
IndexError: list index out of range
```

정상적인 실행 결과가 출력되지 않고, 위와 같이 빨간색 오류 메시지를 확인할 수 있습니다. 이는 리스트의 인덱스를 벗어나 인덱싱을 시도했기 때문에 발생하는 IndexError입니다.

리스트 슬라이싱에서도 동일한 에러가 발생하는지 확인해 보겠습니다.

예제 06-7 슬라이싱   소스코드 EX06_07.py

```
01    example = [3, 9, "y", 2, "k", True]
02
03    print(example[4:8])
```

실행 결과 🖱️

['k', True]

분명 example 리스트의 인덱스는 0부터 5까지이므로, 인덱스 범위를 벗어나면 에러가 발생할 것 같았지만, 예상과 달리 에러가 발생하지 않았습니다.

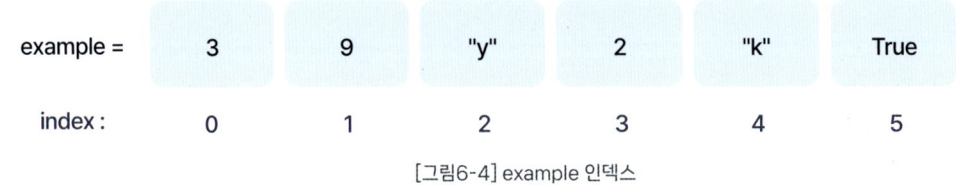

[그림6-4] example 인덱스

이러한 예상치 못한 결과는 슬라이싱의 작동 방식과 관련이 있습니다. 슬라이싱은 인덱스를 특정 요소에 접근하기 위해 사용하는 것이 아니라, 범위를 설정하여 일부 리스트를 추출하는 용도로 사용되기 때문입니다. 슬라이싱에서 stop 인덱스가 리스트의 길이를 초과하더라도, 리스트의 끝까지 추출하므로 에러가 발생하지 않습니다.

💡 프로그래밍에서 Error가 발생하는 것은 중요한 관리 포인트입니다. 특히 '예상하지 못한 Error'라는 의미를 가지는 예외 처리는 'Section11. 예외 처리' 에서 추후 자세히 학습하도록 하겠습니다.

02 리스트의 연산

 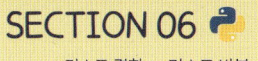
파이썬의 리스트는 요소를 슬라이싱하고 추출하여 사용할 수 있을 뿐만 아니라, 리스트 간의 다양한 연산을 간단한 연산자로 수행할 수 있도록 지원합니다. 마치 숫자 연산처럼, 리스트를 간단한 연산자를 통해 결합하거나 비교할 수 있습니다.

1 리스트 결합

리스트에서 자주 사용하는 연산 중 하나는 결합입니다. 리스트 결합은 여러 개의 리스트를 하나의 리스트로 합쳐 새로운 리스트를 만들 수 있는 연산입니다.

파이썬에서 리스트 결합을 수행하는 데는 다음과 같이 두 가지 기본적인 방법이 있습니다.

- **+ 연산자** : 두 개 이상의 리스트를 직접 연결하여 새로운 리스트를 만듭니다.
- **extend() 메서드** : 기존 리스트의 끝에 다른 리스트의 모든 요소를 추가합니다.

먼저, **+** 연산자를 이용하여 리스트를 결합해 보겠습니다.

예제 06-8 + 연산자를 이용한 리스트 결합   소스코드 EX06_08.py

```
01   list1 = ["A", "B", "C"]
02   list2 = ["D", "E"]
03
04   list3 = list1 + list2      # 리스트 결합
05
06   print(list3)
```

실행 결과 🖱
['A', 'B', 'C', 'D', 'E']

+ 연산자를 사용하여 list1과 list2를 결합하여 list3에 저장했습니다. 이와 같이 **+** 연산자는 리스트 결합에 간편하게 사용할 수 있는 연산자입니다.

SECTION 01 파이썬의 시작
SECTION 02 변수와 자료형
SECTION 03 연산자
SECTION 04 조건문
SECTION 05 반복문
SECTION 06 리스트

하지만 파이썬이 제공하는 extend() 메서드는 더욱 유연하고 다양한 기능을 제공합니다. + 연산자와 extend() 메서드는 서로 다른 방식으로 리스트를 결합합니다.

다음 예제를 통해 extend() 메서드의 사용법을 간단히 알아보겠습니다.

소스코드 EX06_09.py

예제 06-9   extend 함수

```
01   # 리스트 선언
02   list1 = ["A", "B", "C"]
03   list2 = ["D", "E"]
04
05   # 리스트 결합 : 새로운 리스트 생성
06   list3 = list1 + list2
07
08   # 리스트 결합 : 기존 리스트에 추가
09   list1.extend(list2)
10
11   # 결과 출력
12   print(list3)
13   print(list1)
```

실행 결과 🖱️

[A', 'B', 'C', 'D', 'E']
[A', 'B', 'C', 'D', 'E']

위 코드에서 + 연산을 사용하면 list3이라는 새로운 리스트를 만들고, extend() 메서드는 list1에 list2의 요소들을 추가합니다.

+ 연산자는 새로운 리스트를 생성하기 때문에 기존 리스트는 변하지 않습니다. 따라서 + 연산자를 사용하면 기존 리스트를 유지하면서 새로운 리스트를 만들어야 합니다. 반면, extend() 메서드는 기존 리스트에 새로운 요소들을 추가하여 리스트를 확장하는 기능을 제공합니다.

리스트 결합에는 + 연산자와 extend() 메서드를 모두 활용할 수 있습니다. + 연산자는 가장 간단하고 직관적인 방법이지만, 새로운 리스트가 생성되므로 메모리 사용량이 증가할 수 있습니다. extend() 메서드는 기존 리스트를 수정하기 때문에 메모리에 효율적이며, 코드 간결성을 높일 수 있습니다. 상황에 따라 적절한 방법을 선택하여 코드를 효율적으로 작성하고 유지 관리하는 것이 중요합니다.

2 리스트 반복

앞서 살펴본 대로, 여러 개의 리스트를 하나로 결합할 수 있습니다. 하지만, 하나의 리스트를 여러 번 반복하여 결합하고 싶은 경우도 발생할 수 있습니다. 이런 상황에서도 연산자를 활용하면 간편하게 처리할 수 있습니다.

예를 들어, list_a = [1, 2, 3] 리스트를 + 연산으로 결합하면 다음과 같이 사용할 수 있습니다.

> **◁ Code**
>
> ```
> list_a = [1,2,3]
> list_new = list_a + list_a
> ```

위 코드에서는 + 연산자를 사용하여 list_a를 2번 반복하여 결합했습니다. 하지만 더 많은 횟수로 반복하고 싶을 때는 + 연산자를 반복적으로 사용하는 방식은 다소 번거롭습니다.

어떻게 해야 할까요? + 연산자를 반복적으로 사용하는 방법 외에도 더욱 간편하고 효율적으로 사용할 수 있는 연산자가 있습니다. 바로 * 연산자입니다.

* 연산자는 수학 연산자로 사용되는 방법처럼 리스트를 통째로 n번 반복하여 사용합니다. 마치 숫자를 곱할 때 * 연산자를 사용하는 것처럼, * 연산자는 리스트를 반복하여 더 큰 리스트를 만들 수 있습니다.

다음 예제는 하나의 리스트를 3번 반복하여 결합한 리스트를 만드는 코드입니다.

예제 06-10 리스트 반복   소스코드 EX06_10.py

```
01   list1 = [1, 9, 3, 0]
02
03   list1 = list1 * 3
04   print(list1)
```

실행 결과 ✨
[1, 9, 3, 0, 1, 9, 3, 0, 1, 9, 3, 0]

하나의 리스트를 여러 번 반복하여 결합해야 하는 경우, * 연산자를 사용하는 것이 가장 간편하고 효율적인 방법입니다. 이 연산자는 코드를 훨씬 더 간결하고 읽기 쉽게 만들 뿐만 아니라, 반복 횟수를 명확하게 표현하여 코드의 의도를 이해하기 쉽게 합니다.

SECTION 01 파이썬의 시작

SECTION 02 변수와 자료형

SECTION 03 연산자

SECTION 04 조건문

SECTION 05 반복문

SECTION 06 리스트

03 리스트의 메서드

파이썬의 리스트는 단순한 연산뿐만 아니라, 개발자가 리스트를 더욱 효율적으로 활용할 수 있도록 다양한 메서드를 제공합니다.

💬 'Section09. 함수'에서는 메서드에 대해 더 자세히 학습하게 됩니다. 지금 단계에서는 메서드를 특정 기능을 수행해주는 명령이라고만 간단하게 이해하고 활용해 보겠습니다.

1 리스트 추가 append( ), insert( )

append( ) 메서드

리스트에 요소를 추가하고 싶을 때는 간단하게 append( )라는 메서드를 사용합니다. append( ) 메서드는 리스트의 마지막에 새로운 요소를 추가하는 역할을 합니다.

append( ) 메서드의 기본 형태는 다음과 같습니다.

◁ Code

```
리스트.append(요소)
```

예를 들어, nums = [1, 2, 3] 리스트의 마지막에 4를 추가하고 싶다면 다음과 같이 nums.append(4) 구문으로 간단하게 추가할 수 있습니다.

예제 06-11 리스트 추가 append( ) 　　　　　　　　　　　　　　　소스코드 EX06_11.py

```
01  nums = [1,2,3]
02  print("추가 전 :", nums)
03
04  nums.append(4)
05  print("추가 후 :", nums)
```

실행 결과 🖱

```
추가 전 : [1, 2, 3]
추가 후 : [1, 2, 3, 4]
```

append() 메서드를 실행하기 전과 후의 차이가 느껴지시나요?

다음 예제와 같이 append() 메서드는 하나뿐만 아니라 여러 개의 요소를 동시에 추가할 때도 사용할 수 있습니다.

소스코드 EX06_12.py

예제 06-12 여러 개의 요소 추가하기

```
01   nums = [1, 2, 3]
02
03   nums.append(4)
04   nums.append(5)
05
06   print(nums)
```

실행 결과

[1, 2, 3, 4, 5]

하지만 append() 메서드는 리스트의 맨 마지막에만 요소를 추가할 수 있다는 제약이 있습니다. 만약 우리가 원하는 특정 위치에 자유롭게 요소를 삽입하고 싶다면 어떻게 해야 할까요?

insert( ) 메서드

파이썬에서는 리스트의 중간에 요소를 삽입할 수 있는 insert() 메서드를 제공합니다.

Insert( ) 메서드의 기본 형태는 다음과 같습니다.

Code
```
리스트.insert(위치, 요소)
```

리스트의 원하는 [위치]에 새로운 [요소]를 삽입하겠다는 뜻으로, 여기서 [위치]는 리스트의 인덱스를 의미합니다. 예를 들어, alphabet=["a", "c", "d"]라는 리스트가 있다고 가정했을 때, "a"와 "c" 사이에 "b"를 삽입하고 싶다면 "a"의 다음 인덱스인 1 위치에 "b"를 입력해야 합니다. 즉 다음과 같이 표현할 수 있습니다.

Code
```
alphabet.insert(1, "b")
```

〈예제 06-11〉 코드에 insert() 메서드를 추가하여 append() 메서드와 비교하며 확인해 보겠습니다.

예제 06-13 리스트 추가 insert( )

```python
01   nums = [1, 2, 3]
02   print("추가 전 :", nums)
03
04   nums.append(4)
05   print("추가 후 :", nums)
06
07   nums.insert(1, 5)
08   print("삽입 후 :", nums)
```

실행 결과 ☜
추가 전 : [1, 2, 3]
추가 후 : [1, 2, 3, 4]
삽입 후 : [1, 5, 2, 3, 4]

위 예제 코드에 따른 nums 리스트의 인덱스 변화는 다음과 같습니다.

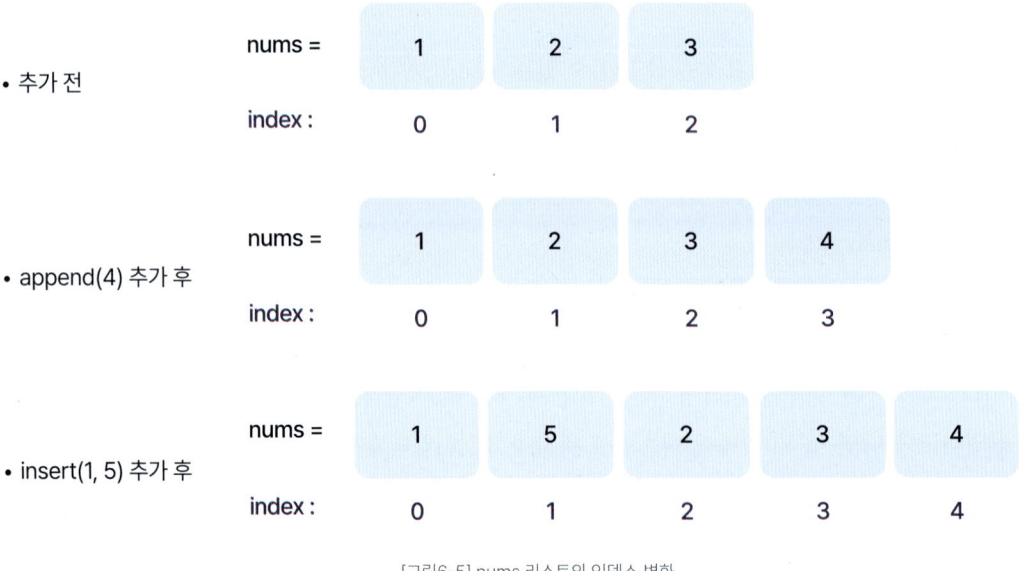

[그림6-5] nums 리스트의 인덱스 변화

append()와 insert() 메서드는 모두 리스트에 요소를 추가하는 데 사용되는 유용한 도구이지만, 인덱스에 미치는 영향은 다릅니다. 이 두 메서드의 작동 방식을 명확하게 이해하면, 상황에 맞는 메서드를 선택하는 데 도움이 될 것입니다.

다음 예제의 코드를 구현하고 실행하기에 앞서 코드가 어떻게 동작할지 미리 생각해보고 결과를 직접 확인해 보시기 바랍니다.

소스코드 EX06_14.py

예제 06-14 리스트 추가

```
01   animals = ["monkey", "dog"]
02
03   animals.append("cat")
04   animals.append("lion")
05   print(animals)
06
07   animals.insert(2, "horse")
08   print(animals)
09
10   animals.insert(4, "cow")
11   print(animals)
```

실행 결과 🖱

['monkey', 'dog', 'cat', 'lion']
['monkey', 'dog', 'horse', 'cat', 'lion']
['monkey', 'dog', 'horse', 'cat', 'cow', 'lion']

위 예제 코드에 따른 animals 리스트의 인덱스 변화는 다음과 같습니다.

• 두 번의 append() 후

animals =	'monkey'	'dog'	'cat'	'lion'
index :	0	1	2	3

• 첫 번째 insert() 후

animals =	'monkey'	'dog'	'horse'	'cat'	'lion'
index :	0	1	2	3	4

• 두 번째 insert() 후

animals =	'monkey'	'dog'	'horse'	'cat'	'cow'	'lion'
index :	0	1	2	3	4	5

[그림6-6] ainmals 리스트의 인덱스 변화

〈예제 06-14〉 코드에서 11행이 실행된 후, 아래 코드를 실행하면 어떤 일이 일어나는지 살펴보겠습니다.

```python
animals.insert(6, "chicken")
print(animals)
```

animals 리스트에는 6번째 인덱스가 존재하지 않습니다. 실제로 존재하는 인덱스는 0부터 5까지입니다. 하지만 insert() 메서드는 존재하지 않는 인덱스에도 요소를 삽입할 수 있습니다. 이 경우, 요소는 리스트의 맨 마지막에 추가됩니다. 따라서 6은 리스트의 마지막에 추가될 인덱스를 뜻하기 때문에, insert(6, "chicken") 메서드는 다음과 같은 역할을 하게 됩니다.

```python
animals.append("chicken")
```

지금까지 파이썬에서 제공하는 리스트에 요소를 추가하는 두 가지 메서드를 학습했습니다.

- append(요소) : 리스트의 마지막에 [요소]를 추가합니다.
- insert(위치, 요소) : 첫 번째 인자 [위치]에 두 번째 인자 [요소]를 삽입합니다.

이 두 메서드는 파이썬 리스트에 요소를 추가하는 가장 기본적인 방법입니다. 적절하게 사용한다면 향후 자료구조와 알고리즘을 구현하는 데 매우 중요한 역할을 할 것입니다.

PLUS 학습 코너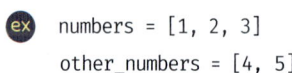

리스트를 확장하는 extend() 메서드

파이썬에서는 extend() 메서드를 사용하여 리스트를 손쉽게 확장할 수 있습니다. 이 메서드는 리스트뿐만 아니라 튜플과 같은 반복 가능 객체를 전체적으로 추가하여 기존 리스트를 한 번에 확장하는 데 사용됩니다. append() 메서드는 단 한 번에 하나의 요소만 추가할 수 있는 반면, extend() 메서드는 여러 개의 요소를 동시에 리스트에 추가하는 데 유용합니다.

ex
```python
numbers = [1, 2, 3]
other_numbers = [4, 5]


numbers.extend(other_numbers)
print(numbers)  # 확장된 리스트: [1, 2, 3, 4, 5]
```

2 리스트 삭제 remove(), pop()

이번에는 리스트의 요소를 삭제하는 방법에 대해 알아보겠습니다. 리스트 요소 추가와 마찬가지로 파이썬에서는 리스트 요소 삭제를 위한 다양한 메서드를 제공하고 있습니다.

리스트의 요소를 삭제하는 방법은 크게 두 가지로 나눌 수 있습니다.

- remove() 메서드 : 특정 값을 가진 요소를 삭제합니다.
- pop() 메서드 : 특정 위치에 있는 요소를 삭제합니다.

remove() 메서드

remove() 메서드는 리스트에서 특정 값을 가진 요소를 삭제하는 데 사용됩니다.
remove() 메서드의 기본 형태는 다음과 같습니다.

⬆ Code

```
리스트.remove(요소)
```

remove() 메서드는 리스트에서 소괄호 안의 [요소]와 일치하는 값을 찾아 삭제합니다.
다음 예제를 통해 remove() 메서드가 어떻게 동작하는지 확인해 보겠습니다.

예제 06-15 remove() 메서드   소스코드 EX06_15.py

```
01   nums = [1, 2, 3, 4]
02   print("삭제 전 :", nums)
03
04   nums.remove(2)
05   print("삭제 후 :", nums)
```

실행 결과 🖱️
삭제 전 : [1, 2, 3, 4]
삭제 후 : [1, 3, 4]

04행의 nums.remove(2) 코드는 nums 리스트의 요소들 중 값이 2인 요소를 찾아 삭제합니다.
2가 삭제된 리스트는 다음과 같이 인덱스가 변화합니다.

SECTION 01 파이썬의 시작

SECTION 02 변수와 자료형

SECTION 03 연산자

SECTION 04 조건문

SECTION 05 반복문

SECTION 06 리스트

| | nums = | 1 | 2 | 3 | 4 |
| 리스트 요소 삭제 전 | index : | 0 | 1 | 2 | 3 |

| | nums = | 1 | 3 | 4 |
| 리스트 요소 삭제 후 | index : | 0 | 1 | 2 |

[그림6-7] 리스트 삭제 후 인덱스 변화

삭제된 요소를 기준으로 그 앞쪽 요소들은 인덱스는 변화 없이 그대로 유지되지만, 삭제된 이후 요소들은 한 칸씩 앞으로 이동하여 리스트에 빈 칸 없이 채워집니다. 즉, 삭제된 요소가 있었던 자리에는 다음 요소가 채워지고, 이후 요소들의 인덱스는 하나씩 감소하게 됩니다.

이번에는 리스트에서 여러 개의 요소가 동일한 값을 가지고 있을 때, remove() 메서드가 어떻게 작동하는지 살펴보겠습니다.

예제 06-16　여러 개의 요소가 있을 때 remove( ) 메서드 　　　　　　　　소스코드 EX06_16.py

```
01  colors = ["black", "yellow", "red", "black"]
02
03  colors.remove("black")
04  print(colors)
```

실행 결과

['yellow', 'red', 'black']

colors[0]과 colors[3] 인덱스에 "black" 값을 가진 요소가 두 개 있습니다. 하지만 remove("black")의 실행 결과는 처음 발견된 값과 일치하는 colors[0]의 "black" 요소만 삭제되고, colors[3]의 "black" 요소는 그대로 유지되었습니다. 이는 remove() 메서드의 중요한 특징입니다.

- remove(값) 메서드는 리스트를 왼쪽에서 오른쪽 방향으로 순차적으로 검사하여 처음 발견되는 값과 일치하는 요소만 삭제합니다. 동일한 값을 가진 요소가 여러 개 있더라도 처음 발견된 요소만 삭제합니다.
- 만약 삭제하려는 값이 리스트에 존재하지 않으면, ValueError 오류가 발생합니다.
- remove( ) 메서드는 삭제된 요소를 반환하지 않습니다.

pop() 메서드

리스트 추가와 삽입 연산과 마찬가지로, 리스트의 삭제 역시 원하는 위치의 요소를 지정하여 간편하게 수행할 수 있습니다. 이를 가능하게 해주는 메서드가 바로 pop() 메서드입니다.

pop() 메서드의 기본 형태는 다음과 같습니다.

Code

```
리스트.pop(인덱스)
```

pop() 메서드는 인덱스를 지정하여 원하는 위치의 요소를 삭제하고, 삭제된 요소를 반환합니다.
다음 예제를 통해 확인해 보겠습니다.

예제 06-17 pop() 메서드 소스코드 EX06_17.py

```
01   colors = ["black", "yellow", "red", "black"]
02
03   colors.pop(3)
04   print(colors)
```

실행 결과 🖱️

['black', 'yellow', 'red']

위 코드에서는 인덱스 3에 있는 "black" 요소를 삭제했습니다. 이번에는 인덱스를 생략하고 실행해 보겠습니다.

Code

```
colors = ["black", "yellow", "red", "black"]

colors.pop()
print(colors)
```

인덱스를 생략하면 pop() 메서드는 마지막 요소를 삭제하고, 삭제된 요소를 반환합니다. 실행 결과는 인덱스 3을 지정했을 때와 동일하게 출력됩니다. 이 메서드는 하나의 기능만 제공하는 것처럼 보이지만, 개발자가 어떻게 활용하느냐에 따라 다양한 기능을 수행할 수 있는 재미있는 역할을 합니다.

SECTION 01 파이썬의 시작

SECTION 02 변수와 자료형

SECTION 03 연산자

SECTION 04 조건문

SECTION 05 반복문

SECTION 06 리스트

del 키워드

del 키워드는 pop( ) 메서드와 마찬가지로 인덱스를 지정하여 원하는 위치의 요소를 삭제할 수 있습니다.
다음과 같이 사용하면 pop( ) 메서드와 동일한 결과를 얻을 수 있습니다.

◁ Code

```
del 리스트명[인덱스]
```

ex colors = ["black", "yellow", "red", "black"]

```
del colors[3]
print(colors)    # 실행 결과 : "black", "yellow", "red"
```

del 키워드는 pop( ) 메서드와 유사하게 리스트 요소를 삭제하는 데 사용할 수 있지만, 반환값과 인덱스 생략 여부에서 차이가 있습니다. 삭제된 요소가 필요 없고 메모리 사용량을 줄이고 싶을 때 del 키워드를 사용합니다.

3 리스트 길이 확인 len()

파이썬에서 리스트를 다루는 데 있어 가장 기본적인 작업 중 하나는 리스트의 길이 확인입니다. 리스트에 몇 개의 요소가 담겨 있는지 파악하는 것은 리스트를 조작하거나 활용하는 데 필수적인 정보입니다. 이러한 리스트의 길이를 확인하는 데 사용되는 메서드가 바로 len( ) 메서드입니다. 다음과 같이 len( ) 메서드를 사용하면, 소괄호 안에 들어있는 리스트의 요소가 몇 개인지 '길이'를 확인할 수 있습니다.

◁ Code

```
len(리스트)
```

다음 예제를 통해 확인해 보겠습니다.

예제 06-18 len( ) 메서드   소스코드 EX06_18.py

```
01   computer_science = ["data structure", "algorithm", "python"]
02
03   subject_num = len(computer_science)    # 리스트의 길이를 계산하여 subject_num 변수에 저장합니다.
04   print(subject_num)
```

3

이처럼 len() 메서드는 리스트에 포함된 요소의 개수를 자동으로 반환합니다. len() 메서드는 for 문과 함께 사용하면 반복 횟수를 제어하거나 반복되는 요소에 대한 정보를 얻는 데 유용합니다.

예제 06-19 for 문과 함께 len() 메서드 활용   소스코드 EX06_19.py

```
01    numbers = [10, 20, 30, 40, 50]
02
03    for i in range(len(numbers)):
04        print(numbers[i])
```

실행 결과 ✨
```
10
20
30
40
50
```

len(numbers)는 리스트 numbers에 담긴 요소의 개수를 반환합니다. 이 값을 range() 함수의 인자로 전달하면, 반복 횟수를 리스트의 길이만큼 정확하게 제어할 수 있습니다. 따라서 for 문 안에서 numbers[i]를 사용하여 순차적으로 접근하면, 리스트의 모든 요소를 하나씩 출력하는 효과를 얻을 수 있습니다.

♥ 비어있는 객체, 즉 길이가 0인 리스트의 경우 len() 메서드는 0을 반환합니다. 따라서 위 코드를 빈 리스트에 적용하면 아무 것도 출력되지 않습니다.

4 리스트 정렬 sort(), sort(reverse=True)

파이썬에서 리스트를 다루는 또 다른 중요한 작업은 리스트 정렬입니다. 데이터를 분석하거나 활용하기 위해서는 정렬된 상태로 유지하는 것이 중요합니다. 파이썬에서는 sort() 메서드를 사용하여 리스트를 손쉽게 정렬할 수 있습니다.

sort() 메서드

sort() 메서드는 리스트를 자동으로 정렬하여 다시 저장합니다. 즉, 원본 리스트가 변경됩니다.

SECTION 01 파이썬의 시작

SECTION 02 변수와 자료형

SECTION 03 연산자

SECTION 04 조건문

SECTION 05 반복문

SECTION 06 리스트

sort() 메서드의 기본 형태는 다음과 같습니다.

< Code

```
리스트.sort()
```

다음 예제를 통해 확인해 보겠습니다.

예제 06-20　오름차순 정렬 sort( ) 메서드　　　　　　　　　　　소스코드 EX06_20.py

```
01  list_num = [2, 7, 3, 5]
02
03  list_num.sort()
04  print(list_num)
```

실행 결과 🖱

```
[2, 3, 5, 7]
```

실행 결과를 확인하면, 리스트의 요소들이 오름차순으로 정렬되어 출력되었습니다.

sort(reverse=Ture) 메서드

sort() 메서드는 기본적으로 오름차순으로 정렬합니다. 만약 오름차순이 아닌 내림차순으로 정렬하려면 어떻게 해야 할까요? 다음과 같이 sort() 메서드 안에 인자로 reverse라는 속성을 True로 설정하면 내림차순으로 정렬할 수 있습니다.

< Code

```
리스트.sort(reverse=True)
```

〈예제 06-20〉 코드를 내림차순으로 정렬해 보겠습니다.

예제 06-21　내림차순 정렬 sort(reverse=True)　　　　　　　　　소스코드 EX06_21.py

```
01  list_num = [2, 7, 3, 5]
02
03  list_num.sort()    # 오름차순 정렬
04  print(list_num)
05
```

```
06   list_num.sort(reverse=True)   # 내림차순 정렬
07   print(list_num)
```

실행 결과 🖱
[2, 3, 5, 7]
[7, 5, 3, 2]

실행 결과를 살펴보면 각각 오름차순과 내림차순으로 정렬된 것을 확인할 수 있습니다.

sorted() 함수

sorted() 함수는 새로운 정렬된 리스트를 반환합니다. sort() 메서드와 달리 원본 리스트는 변경되지 않습니다.
다음 예제를 통해 확인해 보겠습니다.

예제 06-22 sorted( ) 함수   소스코드 EX06_22.py

```
01   numbers = [5, 2, 4, 1, 3]
02
03   sorted_numbers = sorted(numbers)
04
05   print(numbers)
06   print(sorted_numbers)
```

실행 결과 🖱
[5, 2, 4, 1, 3]
[1, 2, 3, 4, 5]

sort() 메서드는 리스트 자체를 정렬하고, sorted() 함수는 새로운 정렬된 리스트를 반환합니다. 즉, sort() 메서드는 원본 리스트를 변경하지만, sorted() 함수는 변경하지 않습니다. 이처럼 sort() 메서드와 sorted() 함수는 각자의 장단점을 가지고 있으며, 상황에 따라 적절하게 선택하는 것이 중요합니다. 빠르고 효율적인 정렬을 원한다면 sort() 메서드를, 안전하고 다양한 기능을 활용하고 싶다면 sorted() 함수를 사용하는 것을 추천합니다.

SECTION 01 파이썬의 시작

SECTION 02 변수와 자료형

SECTION 03 연산자

SECTION 04 조건문

SECTION 05 반복문

SECTION 06 리스트

5 리스트 반전 reverse()

이번 섹션에서 마지막으로 알아볼 메서드는 reverse()입니다. reverse() 메서드는 리스트의 요소 순서를 반전시켜 원본 리스트를 변경합니다. 즉, 리스트의 맨 앞 요소가 맨 뒤로, 맨 뒤 요소가 맨 앞으로 이동합니다.

reverse() 메서드의 기본 형태는 다음과 같습니다.

◁ Code

```
리스트.reverse()
```

다음 예제를 통해 확인해 보겠습니다.

예제 06-23 리스트 반전

```
01   list_num = [2, 7, 3, 5]
02
03   list_num.reverse()
04   print(list_num)
```

실행 결과 ☀

```
[5, 3, 7, 2]
```

위 코드에서 list_num 리스트는 reverse() 메서드를 사용하여 요소들이 거꾸로 뒤집힌 새로운 순서로 저장됩니다. reverse() 메서드는 리스트 자체를 변경하기 때문에 주의해서 사용해야 합니다.

6 리스트 내부에 요소가 있는지 확인하는 in 키워드

파이썬에서 in 키워드는 리스트에 특정 값이 존재하는지 확인하는 데 사용됩니다.
in 키워드의 기본 형태는 다음과 같습니다.

◁ Code

```
특정 값 in 리스트
```

다음 예제를 통해 바로 확인해 보겠습니다. 리스트에 값이 존재하면 True를, 존재하지 않으면 False를 반환합니다.

```
01   list_num = [7, 8, 9, 1, 2, 5, 4, 3]
02
03   print(5 in list_num)    # 리스트에 5가 존재하는지 확인
04   print(4 in list_num)    # 리스트에 4가 존재하는지 확인
05   print(6 in list_num)    # 리스트에 6이 존재하는지 확인
```

실행 결과

```
True
True
False
```

위 코드에서 list_num은 숫자 리스트이고, in 키워드를 사용하여 각 숫자가 리스트에 존재하는지 확인했습니다.

PLUS 학습 코너

any() 함수

in 키워드는 한 번에 하나의 값만 확인할 수 있습니다. 여러 개의 값을 동시에 확인하고 싶을 때는 다음과 같이 any() 함수를 사용해야 합니다.

Code

```
any(특정 값 for 특정 값 in 리스트)
```

이번에는 not을 붙여서 not in 형태로 사용해 보겠습니다. in 키워드는 리스트에 특정 값이 존재하는지 확인하는 데 사용되지만, not in은 존재하지 않는지 확인하는 데 사용됩니다.

다음 예제를 통해 확인해 보겠습니다.

```
01   list_num = [7, 8, 9, 1, 2, 5, 4, 3]
02
03   print(5 not in list_num)    # 리스트에 5가 존재하지 않는지 확인
04   print(4 not in list_num)    # 리스트에 4가 존재하지 않는지 확인
05   print(6 not in list_num)    # 리스트에 6이 존재하지 않는지 확인
```

SECTION 01 파이썬의 시작

SECTION 02 변수와 자료형

SECTION 03 연산자

SECTION 04 조건문

SECTION 05 반복문

SECTION 06 리스트

실행 결과 ✨

False

False

True

in 키워드와 not in 키워드는 다음과 같이 비교할 수 있습니다.

구분	in 키워드	not in 키워드
작동 방식	리스트에 특정 값이 존재하는지 여부 확인	리스트에서 특정 값이 존재하지 않는지 여부 확인
반환 값	존재: True, 존재하지 않음: False	존재하지 않음: True, 존재: False
활용	특정 값 존재 여부 확인	특정 값 미포함 여부 확인

[그림6-8] in 키워드와 not in 키워드

7 리스트 요소를 문자열로 만들기 join()

이제 리스트의 요소들을 하나하나 엮어서 새로운 문자열을 만들어 보겠습니다. 이를 위해 파이썬은 join() 메서드를 제공합니다.

join() 메서드의 기본 형태는 다음과 같습니다.

◁ Code

```
요소 사이에 들어갈 문자.join(리스트)
```

다음 예제를 통해 직접 확인해 보겠습니다.

예제 06-26 join( ) 메서드   소스코드 EX06_26.py

```
01   list_abc = ["a", "b", "c"]
02
03   result = "-".join(list_abc)    # "-"를 구분자로 사용하여 문자열 연결
04   print(result)
05
06   result = "*".join(list_abc)    # "*"를 구분자로 사용하여 문자열 연결
07   print(result)
```

SECTION 01
파이썬의 시작

SECTION 02
변수와 자료형

SECTION 03
연산자

SECTION 04
조건문

SECTION 05
반복문

SECTION 06
리스트

실행 결과 🖱️

a-b-c

a*b*c

실행 결과와 같이, 요소 사이에 들어갈 문자열이 추가되어 하나의 문자열로 결합된 것을 확인할 수 있습니다.

만약 join() 메서드와 reverse() 메서드를 결합한다면, 다음 예제와 같이 리스트로 받은 알파벳을 쉽게 뒤집어 하나의 문자열로 출력할 수도 있습니다.

예제 06-27 join( ) 메서드와 reverse( ) 메서드 결합   소스코드 EX06_27.py

```
01   list_abc = ["a", "b", "c"]
02
03   result = "".join(list_abc)
04   print(result)
05
06   list_abc.reverse()
07   result = "".join(list_abc)
08   print(result)
```

실행 결과 🖱️

abc

cba

해설

03행 : join() 함수는 list_abc의 요소들을 순환하며 구분자 " "를 사용하여 연결합니다.
06행 : reverse() 메서드를 사용하여 list_abc의 요소 순서를 반전합니다.
07행 : 03행과 동일하게 작동하지만, 이제 list_abc는 반전되어 있습니다.

위 예제처럼 join() 메서드를 사용하여 리스트 요소들을 문자열로 결합하고, reverse() 메서드를 사용하여 리스트의 순서를 반전시키면 뒤집은 순서대로 문자열을 만들 수 있습니다.

join() 메서드와 reverse() 메서드는 서로 다른 기능을 가지고 있지만, 상황에 따라 결합하여 사용하면 더욱 효과적인 결과를 얻을 수 있습니다.

Section 06   응용문제

1. 다음 빈칸에 공통적으로 들어갈 말은 무엇일까요?

> 리스트(list)에 들어가는 항목들을 우리는 하나의 [   ]라고 부릅니다. 다른 호칭으로는 '엘리먼트
> (element)'라고 부르기도 합니다. 즉, 다음 리스트는 총 3개의 [   ] 6, 1, 3을 가진 리스트입니다.
> - nums = [6, 1, 3]

2. 다음 코드는 컴파일 에러가 발생합니다. 발생하는 이유와 해결 방법을 작성해 보세요.

```
01   names = ["kim", "lee", "park"]
02
03   print(names[1])
04   print(names[2])
05   print(names[3])
```

발생 이유와 해결 방법 ✨

3. 다음은 파이썬 리스트에 사용되는 유용한 함수들입니다. 각 함수의 기능을 작성하세요.

- append() :

- insert() :

- remove() :

- pop() :

4. 다음 코드를 실행했을 때 콘솔창에 출력되는 내용은 무엇일까요?

```
01   example = ["g", "s", "a", 2, "k", 30]
02
03   print(example[1:3])
04   print(example[2:5])
05   print(example[0:6])
```

실행 결과 🖱

5. 사용자로부터 임의의 양의 정수를 하나 입력받은 뒤 그 숫자만큼 '과일 이름'을 입력받아 'basket'
리스트에 저장하는 프로그램을 구현하세요.

(HINT : 리스트에 값을 저장할 때는 리스트의 append() 메서드를 활용하세요.)

실행 예시

몇 개의 과일을 보관할까요 >>> 5

1 번째 과일을 입력하세요 >>> 사과

2 번째 과일을 입력하세요 >>> 바나나

3 번째 과일을 입력하세요 >>> 체리

4 번째 과일을 입력하세요 >>> 오렌지

5 번째 과일을 입력하세요 >>> 망고

입력받은 과일들은 ['사과', '바나나', '체리', '오렌지', '망고']입니다.

딕셔너리는 단순한 데이터 저장소가 아닙니다! 마치 탐정과 같아요.

딕셔너리는 Key라는 단서를 통해 정보를 찾고
key에 해당하는 value를 증거처럼 제시하며,
사건의 진실을 밝혀냅니다.

MISSION

○ 딕셔너리의 개념과 특징을 정확히 이해하고 있습니다.

○ 다양한 메서드를 활용하여 key-value 쌍으로 구성된 데이터를 효율적으로 관리할 수 있습니다.

○ 딕셔너리의 성능을 최적화하고 메모리를 효율적으로 관리하는 방법을 알고 있습니다.

KEYWORD   # 딕셔너리   # key   # value   # items

SECTION 07

딕셔너리

01 딕셔너리

파이썬에서 빼놓을 수 없는 중요한 자료구조 중 하나는 바로 딕셔너리(dictionary)입니다. 딕셔너리는 키(key)와 값(value)의 쌍으로 이루어진 자료형으로 정보를 효율적으로 관리하는 데 매우 유용합니다.

1 딕셔너리란?

처음에는 key-value라는 개념이 다소 생소할 수 있습니다. 하지만 사전을 생각해 보면 이해하기 쉽습니다. 사전에서 단어를 찾으면 그 의미를 알 수 있듯이, 딕셔너리에서도 key를 통해 value를 찾아낼 수 있습니다. key는 사전의 단어와 같은 역할을 하고, value는 그 단어의 뜻과 같은 역할을 합니다. 예를 들어, 사전에서 'apple'을 찾으면 '사과'라는 뜻을 알 수 있듯이 key가 'apple'이라면 value는 '사과'가 됩니다.

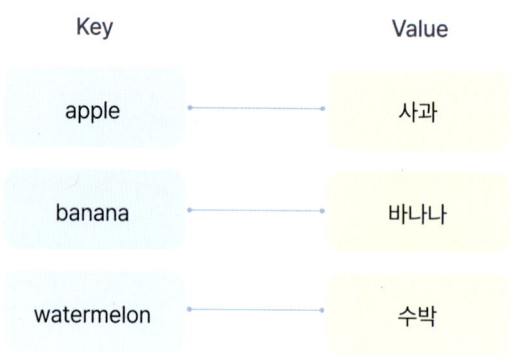

[그림7-1] Key와 Value 예시

이렇게 사전을 사용할 때, 'apple'이라는 값을 통해 '사과'라는 의미를 찾는 것처럼, 파이썬의 딕셔너리도 key 값을 통해 value 값을 찾는 데 유용합니다.

또한, "이름이 뭐야?" "핸드폰 번호가 뭐야?"와 같은 질문을 통해 특정한 정보를 얻고 싶을 때, '이름'이나 '핸드폰 번호'와 같은 특정 값을 통해 원하는 데이터를 쉽게 찾을 수 있습니다. 이처럼 다양한 데이터를 key-value 형태의 딕셔너리로 표현할 수 있습니다.

그럼, 딕셔너리를 파이썬 코드로 표현하는 방법을 알아볼까요?

하나의 딕셔너리를 표현하는 방법은 다음과 같습니다.

```
{
    Key1 : value1,
    Key2 : value2
    …
}
```

파이썬에서 딕셔너리를 표현하는 방법은 매우 간단합니다. 중괄호 {}로 감싸고 key와 value를 콜론 : 으로 구분하여 표현합니다. 각 key와 value는 따옴표 " "로 감싸거나, 숫자와 불리언 값은 따옴표 없이 사용할 수 있습니다. 또한, 각 쌍은 쉼표 , 로 구분할 수 있습니다.

파이썬 딕셔너리를 표현할 때, 쉼표 , 를 잊어버리는 실수를 하기 쉽습니다. 예상치 못한 오류가 발생할 수 있으니 주의해 주세요.

간단한 예를 들어볼까요?

사람의 개인정보에 대한 딕셔너리를 만들어 보겠습니다.

```
person = {
    "name" : "kim",        # 키 "name"의 값은 문자열 "kim"
    "age" : 30,        # 키 "age"의 값은 숫자 30
    "phone" : "010-1234-5678",        # 키 "phone"의 값은 문자열 "010-1234-5678"
    "subject" : ["python", "java"]        # 키 "subject"의 값은 리스트 ["python","java"]
}
```

person이라는 변수에 하나의 딕셔너리가 저장되어 있습니다. 딕셔너리는 1개 이상의 key-value가 쌍으로 이루어져 있습니다. 위 예시처럼 value에는 문자열뿐만 아니라 숫자, 리스트 등 다양한 자료형을 저장할 수 있습니다. key 또한 마찬가지로 다양한 데이터 형식을 사용할 수 있으나 딕셔너리는 키를 통해 값을 조회하기 때문에 반드시 고유해야 하며, 변경할 수 없습니다.

예시를 통해 딕셔너리의 기본적인 사용 방법을 살펴봤습니다.

SECTION 07
딕셔너리

SECTION 08
튜플과 세트

SECTION 09
함수

SECTION 10
클래스

SECTION 11
예외 처리

SECTION 12
모듈

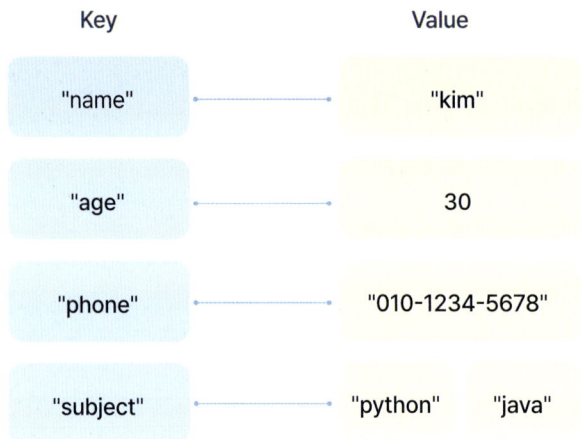

Key	Value
"name"	"kim"
"age"	30
"phone"	"010-1234-5678"
"subject"	"python" "java"

[그림7-2] person 딕셔너리 예시

다른 예시도 한 번 살펴볼까요? 이번에는 상품의 정보를 저장하는 딕셔너리를 만들어 보겠습니다.

Code

```
product = {
    "name" : "아이폰 15",
    "price" : 1,500,000,
    "color" : "silver",
    "storage" : 256GB
}
```

이처럼 딕셔너리는 상품 정보처럼 여러 가지 정보를 한꺼번에 저장하고 관리하는 데 유용합니다.

2 딕셔너리의 요소

딕셔너리에 포함된 항목들을 우리는 하나의 쌍 또는 페어(pair)라고 부릅니다.
다음 딕셔너리는 3개의 쌍을 가진 딕셔너리입니다.

Code

```
dic = {
    "a" : "abc",
    "b" : 3,
    4 : [1, 2, 3]
}
```

위 예시를 직접 출력해 볼까요?

소스코드 EX07_01.py

예제 07-1   딕셔너리 ①

```
01  dic = {
02      "a" : "abc",
03      "b" : 3,
04      4 : [1, 2, 3]
05  }
06
07  print(dic)
```

실행 결과 🖱️
{'a': 'abc', 'b': 3, 4: [1, 2, 3]}

리스트와 마찬가지로 dic 변수를 출력했더니 실행 결과와 같이 딕셔너리가 통째로 출력되었습니다. 하지만 우리는 딕셔너리에 저장된 데이터를 한 쌍씩 출력하고 싶습니다. 어떻게 해야 할까요?

리스트에서는 각 요소에 접근하기 위해 위치, 즉 인덱스(index)를 사용했습니다. 그러나 딕셔너리는 순서가 있는 자료구조가 아니므로 순서를 나타내는 인덱스 대신 key 값을 사용하여 원하는 값에 접근할 수 있습니다. 예를 들어, 〈예제 07-1〉 코드에서 'abc'에 접근하고 싶다면 'a'라는 key 값을 사용합니다.

📍 쉽게 말해, 리스트의 인덱스가 딕셔너리에서는 key라고 볼 수 있습니다.

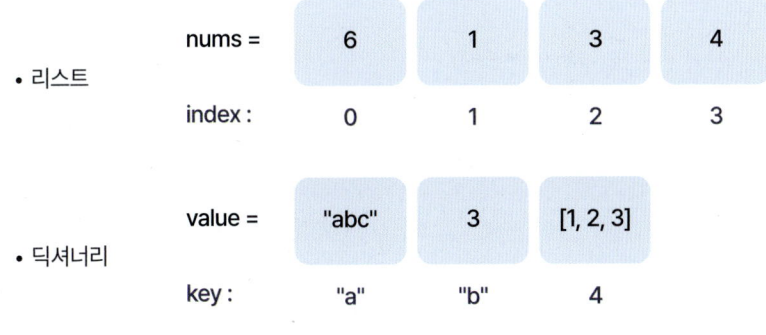

[그림7-3] 리스트 vs 딕셔너리

SECTION 07
딕셔너리

SECTION 08
튜플과 세트

SECTION 09
함수

SECTION 10
클래스

SECTION 11
예외 처리

SECTION 12
모듈

리스트가 하나의 값을 사용하기 위해 인덱스를 사용하는 것처럼, 딕셔너리는 key를 사용합니다. 딕셔너리의 한 쌍을 사용하기 위해서는 대괄호 [ ] 를 사용하여 다음과 같이 접근할 수 있습니다.

Code

```python
dic = {'a': 'abc', 'b': 3, 4: [1, 2, 3]}

print(dic['a'])
print(dic['b'])
print(dic[4])
```

다음 예제를 통해 직접 확인해 보겠습니다.

예제 07-2 딕셔너리 ②
소스코드 EX07_02.py

```python
01   dic = {
02       "a" : "abc",
03       "b" : 3,
04       4 : [1, 2, 3]
05   }
06
07   print(dic)        # dic 딕셔너리 출력
08   print(dic["a"])     # "a"에 해당하는 값 "abc" 출력
09   print(dic["b"])     # "b"에 해당하는 값 3 출력
10   print(dic[4])       # 4에 해당하는 값 리스트 [1, 2, 3] 출력
```

실행 결과 👆
{'a': 'abc', 'b': 3, 4: [1, 2, 3]}
abc
3
[1, 2, 3]

위 예제에서는 딕셔너리 dic을 만들고, 키를 사용하여 값에 접근하는 방법을 보여줍니다. dic 딕셔너리는 세 개의 key-value 쌍을 가지고 있습니다.

다음은 앞에서 살펴본 개인 정보를 저장하는 딕셔너리를 예제를 통해 살펴보겠습니다.

예제 07-3 딕셔너리 ③   소스코드 EX07_03.py

```python
01  person = {
02      "name" : "kim",
03      "age" : 30,
04      "phone" : "010-1234-5678",
05      "subject" : ["python", "java"]
06  }
07
08  print(person)
09  print(person["name"])
10  print(person["age"])
11  print(person["phone"])
12  print(person["subject"])
```

실행 결과 🖱
{'name': 'kim', 'age': 30, 'phone': '010-1234-5678', 'subject': ['python', 'java']}
kim
30
010-1234-5678
['python', 'java']

위 예제에서는 "name", "age", "phone", "subject"라는 key를 사용하여 사람의 이름, 나이, 전화번호, 관심 분야를 저장했습니다. key를 사용하여 데이터에 접근할 수 있기 때문에 "name" key로 사람의 이름을 쉽게 얻을 수 있으며, "subject" key를 사용하여 사람의 관심 분야를 빠르게 검색할 수 있습니다.

이처럼 딕셔너리는 서로 관련 있는 데이터를 key-value 쌍으로 묶어서 저장합니다. key는 데이터를 구분하는 식별자이며, value는 데이터의 실제 내용을 담고 있습니다. 이러한 구조로 인해 딕셔너리는 데이터 관리가 용이하고 key를 사용하여 효율적으로 원하는 데이터를 검색할 수 있는 유용한 자료구조입니다.

SECTION 07 딕셔너리

SECTION 08 튜플과 세트

SECTION 09 함수

SECTION 10 클래스

SECTION 11 예외 처리

SECTION 12 모듈

3 딕셔너리 KeyError

딕셔너리는 key-value 쌍으로 구성된 자료구조이지만, 모든 key가 항상 존재하는 것은 아닙니다. 만약 딕셔너리에 존재하지 않는 key로 접근하려고 하면 어떻게 될까요? 예를 들어, 〈예제 07-3〉 코드에서 person 딕셔너리에 존재하지 않는 key로 print() 메서드를 요청한다면, 무슨 일이 발생하는지 다음 예제를 통해 확인해 보겠습니다.

```python
01   person = {
02       "name" : "kim",
03       "age" : 30,
04       "phone" : "010-1234-5678",
05       "subject" : ["python", "java"]
06   }
07
08   print(person["gender"])
```

실행 결과

```
Traceback (most recent call last):
  File "C:\디렉토리\EX07_04.py", line 8, in <module>
    print(person["gender"])
KeyError: 'gender'
```

위 코드는 딕셔너리에 존재하지 않는 key 값으로 접근했기 때문에 KeyError가 발생했습니다. person 딕셔너리에는 gender라는 key가 존재하지 않습니다. 따라서 정상적인 실행 결과가 출력되지 않고, 위와 같이 빨간색 오류 구문이 출력되었습니다. 이처럼 존재하지 않는 key 값을 사용하면 에러가 발생하니 유의해야 합니다.

💡 위와 같은 문제를 해결하기 위해서는 get() 메서드나 try-except 구문을 사용하여 KeyError 예외를 처리하는 것이 안전합니다. 예외 처리는 'section11. 예외 처리'에서 자세히 학습할 수 있습니다.

02 딕셔너리 연산

● 빈 딕셔너리 생성 ● key-value 쌍 추가 ● key-value 쌍 삭제
● 딕셔너리 전체 삭제

SECTION 07
딕셔너리

SECTION 08
튜플과 세트

SECTION 09
함수

SECTION 10
클래스

SECTION 11
예외 처리

SECTION 12
모듈

딕셔너리는 다양한 연산을 지원하며, 이를 통해 딕셔너리를 자유롭게 조작하고 데이터를 활용할 수 있습니다. 파이썬에서 딕셔너리를 다루는 연산은 간단하고 직관적입니다.

1 빈 딕셔너리 생성

가장 기본적인 딕셔너리 연산은 빈 딕셔너리를 생성하는 것입니다. 빈 딕셔너리는 아직 어떤 데이터도 저장하지 않은 상태의 딕셔너리를 의미합니다. 개발자들은 빈 딕셔너리를 생성한 다음, 필요에 따라 key-value 쌍을 추가하는 방식을 주로 사용합니다.

빈 딕셔너리를 생성하는 방법은 다음과 같습니다.

Code

```
dic = { }
```

위 코드는 dic라는 이름의 빈 딕셔너리를 생성합니다. 이처럼 key-value 쌍을 아무것도 작성하지 않고 중괄호{}만 작성하면 빈 딕셔너리가 생성됩니다. 빈 딕셔너리는 다양한 데이터를 저장하기 위한 기반으로 활용될 수 있으며 필요에 따라 key-value 쌍을 추가하여 데이터를 저장하고 관리할 수 있습니다.

PLUS 학습 코너

빈 딕셔너리를 생성하는 가장 기본적인 방법은 중괄호{}만 사용하는 것입니다. 하지만 파이썬에서는 딕셔너리 생성을 명시적으로 표현하고 싶거나, 다른 자료구조를 딕셔너리로 변환하는 경우에는 dict() 함수를 사용하는 방법도 제공합니다.

dict() 함수를 이용한 빈 딕셔너리를 생성하는 방법은 다음과 같습니다.

Code

```
dic = dict()
```

dict() 함수를 사용하여 dic이라는 이름의 빈 딕셔너리를 생성합니다. dict() 함수는 별도의 인자 없이 호출될 수 있으며, 빈 딕셔너리를 반환합니다.

2 key-value 쌍 추가

딕셔너리는 빈 딕셔너리뿐만 아니라, 한 쌍 이상의 key-value 쌍을 포함하는 딕셔너리도 생성할 수 있습니다. 이 기능은 유용하게 활용될 수 있으므로, 리스트와 혼동하지 않도록 방법을 익혀두는 것이 좋습니다.

리스트에서는 + 연산자를 사용하여 리스트 간의 결합을 수행하거나 append() 메서드를 사용하여 요소를 추가하는 방법을 배웠습니다. 반면, 딕셔너리에서는 별도의 메서드나 연산자를 사용하지 않고 다음과 같이 보다 간단한 방식으로 key-value 쌍을 추가할 수 있습니다.

> **< Code**
>
> 딕셔너리 변수명[새로운 key 값] = 새로운 value 값

다음 예제를 통해 확인해 보겠습니다.

예제 07-5 key-value 쌍 추가하기 ①　　　　　　　　　　　　소스코드 EX07_05.py

```python
01  dic_color = {
02      "Red" : "apple",
03      "Yellow" : "banana",
04      "Purple" : "grape"
05  }
06
07  print(dic_color)      # 기존 딕셔너리 출력
08
09  dic_color["Orange"] = "orange"      # dic_color 딕셔너리에 새로운 key-value 쌍 추가
10  print(dic_color)      # 수정된 딕셔너리 출력
```

실행 결과

{'Red': 'apple', 'Yellow': 'banana', 'Purple': 'grape'}
{'Red': 'apple', 'Yellow': 'banana', 'Purple': 'grape', 'Orange': 'orange'}

09행에서 "Orange"라는 키에 "orange"라는 값을 새롭게 추가하면서 10행의 print() 메서드는 해당 key-value 쌍이 추가된 딕셔너리를 출력하고 있습니다.

여기서 주의할 점이 있습니다. 만약 기존 key에 value를 할당하면 어떻게 될까요?

즉, 09행에서 dic_color["Orange"]가 아니라 dic_color["Red"]에 "orange"를 대입하면 어떤 일이 발생하는지 다음 예제에서 확인해 보겠습니다.

소스코드 EX07_06.py

예제 07-6 기존 key 값에 value 대입하기

```
01  dic_color = {
02      "Red" : "apple",
03      "Yellow" : "banana",
04      "Purple" : "grape"
05  }
06
07  print(dic_color)      # 기존 딕셔너리 출력
08
09  dic_color["Red"] = "orange"
10  print(dic_color)      # 수정된 딕셔너리 출력
```

실행 결과 👆
{'Red': 'apple', 'Yellow': 'banana', 'Purple': 'grape'}
{'Red': 'orange', 'Yellow': 'banana', 'Purple': 'grape'}

실행 결과와 같이 기존에 존재하던 key "Red"의 value 값이 "orange"로 변경되었습니다. 새로운 key-value 쌍이 추가된 것이 아니라, 기존에 있는 key 값에 value가 수정된 것이죠. 이러한 특징을 이해하고 사용해야 기존 내용을 덮어쓰지 않고 원하는 결과를 얻을 수 있습니다.

만약 기존 내용을 유지하고 싶다면 새로운 key-value 쌍을 추가하는 방식을 사용해야 합니다. 반면, 기존 내용을 수정하고 싶다면 기존 key에 대한 값을 변경하는 방식을 사용해야 합니다.

소스코드 EX07_07.py

예제 07-7 key-value 쌍 추가하기 ②

```
01  dict = {
02      "a" : "apple",
03      "b" : "banana"
04  }
05
06  dict["c"] = "cherry"
07
08  print(dict)
```

SECTION 07
딕셔너리

SECTION 08
튜플과 세트

SECTION 09
함수

SECTION 10
클래스

SECTION 11
예외 처리

SECTION 12
모듈

{'a': 'apple', 'b': 'banana', 'c': 'cherry'}

3 key-value 쌍 삭제

딕셔너리에서 특정 key-value 쌍을 삭제하려면 리스트의 요소 삭제 방법과 동일하게 'del' 키워드를 사용합니다. del 키워드를 사용하여 key-value 쌍을 삭제하는 방법은 다음과 같습니다.

< Code

```
del 딕셔너리 변수명[삭제하고 싶은 key 값]
```

간단한 예제를 통해 확인해 보겠습니다.

예제 07-8 key-value 쌍 삭제하기   소스코드 EX07_08.py

```
01   sports_star = {
02       "축구": "손흥민",
03       "야구": "이정후",
04       "피겨스케이팅": "김연아",
05       "수영": "박태환"
06   }
07
08   print(sports_star)
09
10   del sports_star["야구"]    # 야구 쌍 삭제
11
12   print(sports_star)
```

실행 결과 ✏️

{'축구': '손흥민', '야구': '이정후', '피겨스케이팅': '김연아', '수영': '박태환'}
{'축구': '손흥민', '피겨스케이팅': '김연아', '수영': '박태환'}

📍 del 키워드는 리스트에서도 사용했던 키워드입니다. 파이썬에서는 하나의 키워드 또는 메서드가 다양한 상황에서 사용될 수 있습니다. 따라서, 하나의 기능만 이해하는 데 그치지 않고, 더 넓은 시각으로 이해하려는 노력이 필요합니다.

♥ 다음과 같이 pop() 메서드를 사용하여 key-value 쌍을 삭제할 수도 있습니다.
　· value = 딕셔너리 변수명.pop(삭제하고 싶은 key 값)

4 딕셔너리 전체 삭제

딕셔너리에서 모든 key-value 쌍을 삭제하려면 다음과 같이 clear() 메서드를 사용합니다.

< Code

```
딕셔너리 변수명.clear()
```

〈예제 07-8〉 코드에서 sports_star 변수에 clear() 메서드를 적용해 삭제해 보겠습니다.

예제 07-9   딕셔너리 전체 삭제하기　　　　　　　　　　　　　　소스코드 EX07_09.py

```
01  sports_star = {
02      "축구": "손흥민",
03      "야구": "이정후",
04      "피겨스케이팅": "김연아",
05      "수영": "박태환"
06  }
07
08  print(sports_star)
09
10  sports_star.clear( )     # 딕셔너리 전체 삭제
11
12  print(sports_star)
```

실행 결과 🖱️
{'축구': '손흥민', '야구': '이정후', '피겨스케이팅': '김연아', '수영': '박태환'}
{}

실행 결과와 같이 clear() 메서드를 수행한 딕셔너리 변수는 모든 key-value 쌍을 제거하고 빈 딕셔너리로 만듭니다.

SECTION 07
딕셔너리

SECTION 08
튜플과 세트

SECTION 09
함수

SECTION 10
클래스

SECTION 11
예외 처리

SECTION 12
모듈

03 딕셔너리의 메서드

파이썬의 딕셔너리는 리스트와 마찬가지로 다양한 작업을 수행하는 데 도움이 되는 여러 메서드를 제공합니다. 딕셔너리를 활용하기 위해 기본적으로 꼭 알아야 할 메서드를 살펴보겠습니다.

1 keys() 메서드

keys() 메서드는 딕셔너리의 모든 key 값들을 모아 리스트와 유사한 형태로 반환해주는 메서드입니다. keys() 메서드의 기본 형태는 다음과 같습니다.

◁ Code

```
딕셔너리.keys()
```

먼저 간단한 예제를 통해 keys() 메서드가 어떻게 작동하는지 살펴본 후, [Plus 학습 코너]에서 keys() 메서드가 반환하는 값이 리스트와 유사한 형태이지만 왜 실제로는 리스트가 아닌지 더욱 자세히 알아보겠습니다.

〈예제 07-8〉 코드의 sports_star 딕셔너리에 keys() 메서드를 적용해 보겠습니다.

예제 07-10 key() 메서드 ① 소스코드 EX07_10.py

```python
01   sports_star = {
02       "축구": "손흥민",
03       "야구": "이정후",
04       "피겨스케이팅": "김연아",
05       "수영": "박태환"
06   }
07
08   print(sports_star.keys())    # sports_star 딕셔너리의 모든 키 값을 추출
```

실행 결과 🖱

```
dict_keys(['축구', '야구', '피겨스케이팅', '수영'])
```

이와 같이 sports_star 딕셔너리의 key 값들을 모아 만든 리스트를 담은 dic_keys()라는 메서드를 반환합니다.

이번에는 dic_color 딕셔너리에 keys() 메서드를 적용해 보겠습니다.

소스코드 EX07_11.py

예제 07-11   key() 메서드 ②

```
01  dic_color = {
02      "Red" : "apple",
03      "Yellow" : "banana",
04      "Purple" : "grape"
05  }
06
07  print(dic_color.keys())
```

dic_keys()에 대한 자세한 내용은
Plus 학습 코너를 참고해 주세요.

실행 결과

dict_keys(['Red', 'Yellow', 'Purple'])

PLUS 학습 코너

파이썬은 1991년 2월 0.9 버전 발표 이후 꾸준히 버전이 업그레이드되어 현재까지 이르고 있습니다. 하지만 버전 2.x에서 3.0으로의 업그레이드 과정에서 특이하게도 버전 번호가 순차적으로 증가하지 않았다는 사실을 알고 계셨나요?

■ 버전 발표일

버전	발표일
2.6	2008-10-01
3.0	2008-12-03
3.1	2009-06-27
2.7	2010-07-03

표에서 확인할 수 있듯이, 버전 2.x와 3.x의 발표 순서가 뒤섞여 있습니다. 두 버전 간에는 다음과 같이 확실한 차이가 있지만 모든 차이점을 암기할 필요는 없습니다.

■ 버전 차이점

차이점	Python 2.x	Python 3.x
라이브러리	2.x와 3.x는 서로 다른 라이브러리를 사용하며, 호환성 문제가 발생할 수 있습니다.	
문자열 저장 방식	문자열을 ASCII로 저장합니다.	문자열을 Unicode로 저장합니다.
정수 나눗셈	5/2 는 2입니다. 정수의 나눗셈 결과를 반올림합니다.	5/2는 2.5입니다. 정수의 나눗셈 결과를 소수점까지 표현합니다.
print 문자열	print 'python 2'로 출력합니다.	print("python 3")으로 출력합니다.

SECTION 07
딕셔너리

SECTION 08
튜플과 세트

SECTION 09
함수

SECTION 10
클래스

SECTION 11
예외 처리

SECTION 12
모듈

이 외에도 다양한 차이점이 존재하지만, 모든 것을 기억할 필요는 없습니다. 중요한 것은 두 버전이 완벽히 순차적인 언어가 아니라는 점과 2018년 이후 python 2는 legacy(옛날 방식의, 고전의) 언어로 간주되고 있다는 점을 알고 python 3을 학습하는 것이 좋습니다.

간혹, 현재 학습하고 있는 딕셔너리의 dict_keys()와 같은 문법 간의 차이도 존재합니다. 이런 경우에는 일반적으로 python 3의 기능이 성능적으로 향상되었으므로 그 부분에 초점을 두고 학습하면 됩니다.

▪ 왜 리스트가 아닌 dict_keys() 메서드 형태로 반환하는 걸까요?

파이썬 2.7 버전까지는 keys() 메서드를 사용하면 완전한 리스트 형태로 반환되었습니다. 따라서 리스트의 모든 메서드(ex. append(), remove() 등)를 사용할 수 있었습니다. 하지만 반드시 리스트로 사용할 필요가 없는 경우에도 리스트로 반환해야 하는 측면에서 성능이 저하된다는 문제점을 발견했습니다. 이에 따라 파이썬 3.0부터는 dict_keys() 형태로 반환하게 되었습니다.

dict_keys() 형태는 리스트와 유사한 기능을 제공하지만, 실제로는 리스트가 아닌 딕셔너리의 key 목록을 나타내는 객체입니다. 따라서 리스트의 모든 메서드를 사용할 수는 없습니다.

다음 예제를 통해 확인해 보겠습니다.

예제 07-12   dict_keys( )   소스코드 EX07_12.py

```
01   fruit_colors = {
02       "Red" : "apple",
03       "Yellow" : "banana",
04       "Purple" : "blueberry"
05   }
06
07   print("1. keys() 출력")
08   print(fruit_colors.keys())
09
10   print()
11
12   print("2. test key 추가")
13   fruit_colors.keys().append("test")
14   print("에러가 발생하여 이 구문은 출력되지 않습니다.")
```

실행 결과

1. keys() 출력
dict_keys(['Red', 'Yellow', 'Purple'])

코드 13행에서 .append("test")를 사용하고 실행 버튼을 누르기 전까지는 에러가 발생하지 않았지만, 실행 버튼을 누르자마자 실행 결과와 같이 "'dict_keys'는 'append'를 사용할 수 없다"라는 에러 메세지를 확인할 수 있습니다.

♥ append() 메서드는 리스트에 요소를 추가할 때 사용했던 메서드입니다.

하지만, for 문과 keys() 메서드를 함께 사용하면 key 값들을 하나의 요소로 손쉽게 꺼내어 사용할 수 있다는 장점이 있습니다.

다음 예제를 통해 확인해 보겠습니다.

예제 07-13   for 문과 결합하여 사용하기   소스코드 EX07_13.py

```
01  fruit_colors = {
02      "Red" : "apple",
03      "Yellow" : "banana",
04      "Purple" : "blueberry"
05  }
06
07  print("1. keys()")
08  print(fruit_colors.keys())    # fruit_colors.keys() 메서드를 호출하여 딕셔너리의 키 값들을 출력
09  # for 문과 keys() 결합
10  print()
11
12  print("2. for 문 + keys() 결합")
13  for f in fruit_colors.keys():
14      print(f)
```

SECTION 07
딕셔너리

SECTION 08
튜플과 세트

SECTION 09
함수

SECTION 10
클래스

SECTION 11
예외 처리

SECTION 12
모듈

실행 결과 🪄

1. keys()
dict_keys(['Red', 'Yellow', 'Purple'])

2. for 문 + keys() 결합
Red
Yellow
Purple

for 문을 통해 딕셔너리의 모든 key 값을 순차적으로 하나씩 출력했습니다. 또한, dict_keys()를 리스트로 변환하고 싶다면 다음과 같이 list() 메서드의 인자로 넣어주면 됩니다.

⫷ Code

```
list(딕셔너리.keys())
```

다음 예제를 통해 확인해 보겠습니다.

예제 07-14 dict_keys( )를 리스트로 변환하기 ①   소스코드 EX07_14.py

```python
01  fruit_colors = {
02      "Red" : "apple",
03      "Yellow" : "banana",
04      "Purple" : "blueberry"
05  }
06
07  print("1. keys()")
08  print(fruit_colors.keys())
09  # 리스트 변환
10  print()
11
12  print("2. list() + keys() 결합")
13  color_list = list(fruit_colors.keys())  # keys() 메서드를 호출하여 반환된 객체를 list() 메서드에 인자로 전달
14  color_list.append("Blue")    # 리스트 메서드인 append()를 사용하여 새로운 값 "Blue"를 color_list 리스트에 추가
15  print(color_list)
```

실행 결과 ✨

1. keys()
dict_keys(['Red', 'Yellow', 'Purple'])

2. list() + keys() 결합
['Red', 'Yellow', 'Purple', 'Blue']

앞서 다뤘던 예제를 통해 다시 한번 실습하며 이해해 보겠습니다.

예제 07-15 dict_keys( )를 리스트로 변환하기 ②

소스코드 EX07_15.py

```python
01  sports_star = {
02      "축구": "손흥민",
03      "야구": "이정후",
04      "피겨스케이팅": "김연아",
05      "수영": "박태환"
06  }
07
08  print("1. keys()")
09  print(sports_star.keys())
10
11  print()
12
13  print("2. for문 + keys() 결합")
14  for sport in sports_star.keys():
15      print(sport)
16
17  print()
18  print("3. list() + keys() 결합")
19  sports_list = list(sports_star.keys())
20  sports_list.append("농구")
21  print(sports_list)
```

SECTION 08
튜플과 세트

SECTION 09
함수

SECTION 10
클래스

SECTION 11
예외 처리

SECTION 12
모듈

실행 결과 🖱️

1. keys()
dict_keys(['축구', '야구', '피겨스케이팅', '수영'])

2. for문 + keys() 결합
축구
야구
피겨스케이팅
수영

3. list() + keys() 결합
['축구', '야구', '피겨스케이팅', '수영', '농구']

2 values() 메서드

딕셔너리의 key 값을 리스트와 비슷한 형태로 반환해주는 keys() 메서드가 있듯이, 딕셔너리의 value 값만 모아서 리스트 형태로 반환해주는 메서드도 있습니다. 바로 values() 메서드입니다.
기본 형태는 다음과 같습니다.

```
🔗 Code
딕셔너리.values()
```

values() 메서드는 for 문과 결합하는 방법뿐만 아니라 리스트 형태로 변환하는 방법도 keys() 메서드와 동일합니다.
다음 예제를 통해 확인해 보겠습니다.

예제 07-16 values() 메서드   소스코드 EX07_16.py

```
01   abc_dic = {
02       "a": "alphabet",
03       "b": "best",
04       "c": "cheer"
05   }
06   # values() 메서드를 사용하여 딕셔너리 값 출력
07   print("1. values() 출력")
08   print(abc_dic.values())
```

```
09    # for 문과 values() 결합하여 딕셔너리 값 출력
10    print()
11
12    print("2. for문 + values() 결합")
13    for a in abc_dic.values():    # abc_dic 딕셔너리의 각 값을 반복하며, 각 값을 a 변수에 할당
14        print(a)    # for 문의 각 반복 단계에서 a 변수의 현재 값을 출력
15
16    print()
17    # list()와 values() 결합하여 리스트 만들고 값 제거
18    print("3. list() + values() 결합")
19    abc_list = list(abc_dic.values())    # values()와 list() 함수를 사용해 딕셔너리 값을 새로운 리스트로 변환
20    abc_list.remove("alphabet")    # 리스트 abc_list에서 값 "alphabet" 제거
21    print(abc_list)
```

실행 결과 ✨
1. values() 출력
dict_values(['alphabet', 'best', 'cheer'])

2. for문 + values() 결합
alphabet
best
cheer

3. list() + values() 결합
['best', 'cheer']

이처럼 values() 함수를 활용하면 딕셔너리의 값들을 효율적으로 다룰 수 있습니다.

3 items() 메서드

딕셔너리의 key 값과 value 값을 하나의 쌍으로 dict_*** 형태로 반환할 수 있는 메서드도 있습니다.
items() 메서드를 사용하면 손쉽게 해결할 수 있습니다.

<< Code

```
딕셔너리.items( )
```

SECTION 07
딕셔너리

SECTION 08
튜플과 세트

SECTION 09
함수

SECTION 10
클래스

SECTION 11
예외 처리

SECTION 12
모듈

items() 메서드는 key와 value 값을 하나의 쌍으로, 즉 하나의 튜플로 묶어 'dict_items()'라는 형태로 반환합니다. 다음 예제를 통해 확인해 보겠습니다.

예제 07-17　items( ) 메서드 ①　　　　　　　　　　　　　　　　　소스코드 EX07_17.py

```python
01  abc_dic = {
02      "a": "alphabet",
03      "b": "best",
04      "c": "cheer"
05  }
06  # items() 메서드를 사용하여 딕셔너리 항목 출력
07  print("1. items() 출력")
08  print(abc_dic.items())   # items() 메서드를 사용하여 abc_dic 딕셔너리의 모든 key-value 쌍을 가져옵니다.
09  # for 문과 items()를 사용하여 딕셔너리 항목 출력
10  print()
11
12  print("2. for문 + items() 결합")
13  for a in abc_dic.items():   # abc_dic 딕셔너리의 모든 키-값 쌍을 반복하며, 각 쌍을 a 변수에 할당
14      print(a)     # for 문의 반복 루프에서 매번 a 변수의 현재 값, 즉 key-value 쌍을 출력
15
16  print()
17  # 리스트 생성, 요소 추가 및 리스트 출력
18  print("3. list() + items() 결합")
19  abc_list = list(abc_dic.items())  # items() 메서드를 사용해 딕셔너리의 모든 키-값 쌍을 튜플 형태로 리스트에 복사
20  abc_list.append(("g", "good"))   # 새로운 key-value 쌍 ("g", "good")을 리스트 abc_list의 끝에 추가
21  print(abc_list)
```

실행 결과 🖱

1. items() 출력
dict_items([('a', 'alphabet'), ('b', 'best'), ('c', 'cheer')])

2. for문 + items() 결합
('a', 'alphabet')
('b', 'best')
('c', 'cheer')

3. list() + items() 결합
[('a', 'alphabet'), ('b', 'best'), ('c', 'cheer'), ('g', 'good')]

> (x, y) 형태의 자료형을 튜플이라고 합니다. 'section08. 튜플과 세트'에서 자세히 학습합니다.

앞서 다뤘던 예제를 통해 다시 한번 실습하며 이해해 보겠습니다.

```python
01  sports_star = {
02      "축구": "손흥민",
03      "야구": "이정후",
04      "피겨스케이팅": "김연아",
05      "수영": "박태환"
06  }
07
08  print("1. items() 출력")
09  print(sports_star.items())
10
11  print()
12
13  print("2. for문 + items() 결합")
14  for sport in sports_star.items():
15      print(sport)
16
17  print()
18
19  print("3. list() + items() 결합")
20  sports_list = list(sports_star.items())
21  sports_list.append(("배구", "김연경"))
22  print(sports_list)
```

실행 결과 🖱️

1. items() 출력
dict_items([('축구', '손흥민'), ('야구', '이정후'), ('피겨스케이팅', '김연아'), ('수영', '박태환')])

2. for문 + items() 결합
('축구', '손흥민')
('야구', '이정후')
('피겨스케이팅', '김연아')
('수영', '박태환')

SECTION 07
딕셔너리

SECTION 08
튜플과 세트

SECTION 09
함수

SECTION 10
클래스

SECTION 11
예외 처리

SECTION 12
모듈

3. list() + items() 결합
[('축구', '손흥민'), ('야구', '이정후'), ('피겨스케이팅', '김연아'), ('수영', '박태환'), ('배구', '김연경')]

4 sorted() 메서드

딕셔너리의 요소들을 key 값을 기준으로 정렬하려면 sorted() 메서드를 사용합니다. sorted() 메서드는 딕셔너리를 새로운 리스트로 변환하여 반환하며, 리스트의 요소들은 키 값에 따라 오름차순 또는 내림차순으로 정렬됩니다.

◁ Code

```
sorted(딕셔너리.items())
```

먼저 딕셔너리의 key 값을 기준으로 정렬해 보겠습니다.

예제 07-19 sorted( ) 메서드 소스코드 EX07_19.py

```
01   python_grade = {
02       "kelly": "B",
03       "json": "A",
04       "ian": "C",
05       "elly": "D"
06   }
07
08   # 오름차순 정렬
09   print(sorted(python_grade.items()))
10
11   # 내림차순 정렬
12   print(sorted(python_grade.items(), reverse=True))
```

실행 결과 🖱

[('elly', 'D'), ('ian', 'C'), ('json', 'A'), ('kelly', 'B')]
[('kelly', 'B'), ('json', 'A'), ('ian', 'C'), ('elly', 'D')]

리스트에서 내림차순으로 정렬했던 것과 같이 reverse 속성을 True로 작성하면, 딕셔너리의 key 값을 내림차순으로 정렬하여 출력합니다.

만약 딕셔너리의 value 값을 기준으로 정렬하려면 어떻게 해야 할까요? 딕셔너리의 value 값을 기준으로 정렬하려면 sorted() 함수와 함께 lambda 함수를 사용해야 합니다. lambda 함수는 익명 함수를 정의하는 간단한 방법입니다. 다만, 현재 섹션의 핵심 내용이 아니므로 간단히 속성만 살펴보고 넘어가겠습니다. lambda 함수는 'Section09. 함수'에서 다룹니다.

다음 예제를 통해 딕셔너리를 value 값 기준으로 오름차순 정렬하는 방법을 살펴보겠습니다.

예제 07-20 value 값으로 오름차순 정렬하기   소스코드 EX07_20.py

```python
01  python_grade = {
02      "kelly": "B",
03      "json": "A",
04      "ian": "C",
05      "elly": "D"
06  }
07
08  # 오름차순 정렬
09  print(sorted(python_grade.items(), key=lambda x: x[1]))
10
11  # 내림차순 정렬
12  print(sorted(python_grade.items(), key=lambda x: x[1], reverse=True))
```

실행 결과 🖱

[('json', 'A'), ('kelly', 'B'), ('ian', 'C'), ('elly', 'D')]
[('elly', 'D'), ('ian', 'C'), ('kelly', 'B'), ('json', 'A')]

해설

09행 : key=lambda x: x[1]은 정렬 기준을 지정하는 key 함수입니다. 각 튜플에서 두 번째 요소(성적)를 추출하여 정렬 기준으로 사용합니다.

12행 : reverse=True 매개 변수를 추가하여 내림차순으로 정렬합니다.

sorted() 메서드를 사용하여 딕셔너리를 정렬하더라도, 원본 딕셔너리는 변경되지 않는다는 점을 유의하세요.

SECTION 07
딕셔너리

SECTION 08
튜플과 세트

SECTION 09
함수

SECTION 10
클래스

SECTION 11
예외 처리

SECTION 12
모듈

응용문제

1. 다음 코드를 실행했을 때 콘솔창에 출력되는 내용은 무엇일까요?

```
01  person = {
02      "name" : "kim",
03      "age" : 30,
04      "phone" : "010-1234-5678",
05      "subject" : ["python", "java"]
06  }
07
08  print(person["name"])
```

실행 결과 ✨

2. 1번 문제의 출력 결과를 30으로 바꾸고 싶다면, 코드를 어떻게 수정하면 될까요?

코드 수정 ✨

3. 1번 문제의 딕셔너리에 주소가 서울인 데이터를 추가하려면 코드를 어떻게 수정하면 될까요?

코드 수정 ✨

4. 다음 두 가지 키워드의 차이점을 서술하세요.

- del :

- clear :

5. 어떤 중국 음식점의 이번 주말 할인 메뉴는 금요일은 탕수육, 토요일은 유산슬, 일요일은 팔보채입니다. 요일별 할인 메뉴를 딕셔너리(dict) 구조로 저장하고 다음과 같이 출력하는 프로그램을 구현하세요.

실행 예시

```
금요일 : 탕수육
토요일 : 유산슬
일요일 : 팔보채
```

6. 다음 중 딕셔너리의 key 값을 제외한 value 값만 모아서 리스트 형태로 반환해주는 메서드는 무엇일까요? (   )

① keys( )
② values( )
③ list( )
④ items( )

 응용문제

7. 다음 코드를 실행했을 때 콘솔창에 출력되는 내용은 무엇일까요?

```python
01  game_level = {
02      "kelly" : "D",
03      "json" : "A",
04      "ian" : "C",
05      "elly" : "D"
06  }
07
08  print(sorted(game_level.items()))
```

실행 결과 🖱

8. 7번 문제의 코드에서 8행을 다음과 같이 바꾸면 출력 결과가 어떻게 달라질까요?

```python
...
08  print(sorted(game_level.items(), reverse=True))
```

실행 결과 🖱

9. 파이썬으로 영어사전을 구현하고자 합니다. 다음과 같은 딕셔너리(dict)를 하나 생성하고 실행 예시와 같이 동작하는 프로그램을 구현하세요.

(HINT : 딕셔너리는 키(key) 값을 이용해서 저장된 값(value)을 호출해 사용할 수 있습니다.)

```
english_dict = {
    'flower' : '꽃',
    'fly' : '날다',
    'floor' : '바닥'
}
```

실행 예시

영어 단어를 입력하세요 >>> flower
flower : 꽃

10. 다음 표를 딕셔너리로 만들어 프로그램을 구현하세요.

항목	값
사번	1001
이름	김파이
부서	영업1팀
연락처	010-9000-1234

튜플과 세트는 서로 협력하는 파트너입니다.

튜플과 세트는 서로 다른 특징을 가지고 있지만,
튜플의 불변성을 존중하며, 세트의 유연성을 활용하여
더욱 효율적인 프로그래밍을 가능하게 합니다.

MISSION ◦ 튜플과 세트의 개념과 특징을 정확히 이해하고 있습니다.

◦ 각 자료형의 고유한 특성인 튜플의 불변성과 세트의 중복 허용 불가를 활용하여 다양한 데이터

처리 작업에 적용할 수 있습니다.

KEYWORD # 튜플 # 세트 # 튜플과리스트차이점

SECTION 08

튜플과
세트

01 튜플

지금까지 파이썬에서 제공하는 중요한 자료구조를 살펴봤습니다. 이제 파이썬 자료구조 학습을 마무리하며, 마지막으로 튜플(tuple)과 집합(세트,set)에 대해 알아보겠습니다.

1 튜플이란?

튜플(tuple)은 리스트와 유사한 형태를 가지는 자료구조입니다. 리스트와 마찬가지로 순서가 있는 데이터의 집합을 표현할 수 있습니다. 하지만 리스트와 달리 튜플은 불변(immutable)이라는 특징을 가지고 있습니다. 즉, 튜플은 한 번 생성된 후에는 요소의 값을 변경하거나 삭제할 수 없습니다.

튜플의 기본 형태는 다음과 같습니다.

```
Code

변수명 = ( 요소1, 요소2, 요소3, ... )    # 튜플
```

리스트의 기본 형태와 정말 비슷하죠?

```
Code

변수명 = [ 요소1, 요소2, 요소3, ... ]    # 리스트
```

가시적으로 눈에 띄는 차이점은 바로 괄호의 종류입니다. 리스트는 대괄호 [ ] 로 표현되는 반면, 튜플은 소괄호 ( ) 를 사용하여 표현합니다.

차이점	튜플	리스트
표현 형식	소괄호를 사용하여 표현	대괄호를 사용하여 표현
사용 예시	My_tuple = (1, 2, 3, 4)	My_list = [1, 2, 3, 4]

[그림8-1] 튜플과 리스트의 차이점

튜플은 리스트와 마찬가지로 쉼표 , 로 요소들을 구분하며, 숫자뿐만 아니라 우리가 원하는 모든 종류의 데이터를 담을 수 있습니다. 다음과 같이 문자, 논리값, 문자열 등을 자유롭게 담아 원하는 정보를 표현할 수 있습니다.

```
alphabets = ('a', 'b', 'c')    # 문자
bools_true = (True, True, True)    # 논리값
greetings = ("hi", "안녕하세요", "hello")    # 문자열
```

2 튜플의 요소

튜플에 담긴 각 항목을 우리는 하나의 '요소'라고 부릅니다. 튜플의 모든 요소는 고유한 인덱스(index)를 가지고 있으며, 인덱스는 0부터 시작하여 마지막 요소까지 순차적으로 부여됩니다.

튜플의 특정 요소를 사용하기 위해서는 대괄호[]를 사용하여 다음과 같이 접근할 수 있습니다.

```
names = ("kim", "lee", "park")

first_name = names[0]
second_name = names[1]
third_name = names[2]

print(first_name)    # kim
print(second_name)    # lee
print(third_name)    # park
```

또한, 튜플의 요소는 오른쪽 끝부터 반대로 셀 수도 있습니다. 이 경우 인덱스는 -1부터 시작하여 -n까지 음수 값을 사용합니다.

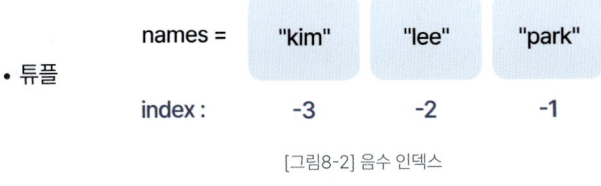

- 튜플

names =   "kim"   "lee"   "park"

index :   -3   -2   -1

[그림8-2] 음수 인덱스

– 인덱스를 부여할 때는 음수를 사용한다고 하여 '음수 인덱스'라고 부르기도 합니다.

SECTION 07 딕셔너리

SECTION 08 튜플과 세트

SECTION 09 함수

SECTION 10 클래스

SECTION 11 예외 처리

SECTION 12 모듈

위 코드를 음수 인덱스를 사용하여 출력해 보겠습니다.

예제 08-1　음수 인덱스 소스코드 EX08_01.py

```
01    names = ("kim", "lee", "park")
02
03    print(names[-3])
04    print(names[-2])
05    print(names[-1])
```

실행 결과 🖱

```
kim
lee
park
```

💛 튜플 요소에 접근하는 방법은 리스트와 마찬가지로 '인덱싱(indexing)'이라고 불립니다.

지금까지 살펴본 내용만으로는 튜플과 리스트가 별반 다르지 않아 보일 수 있습니다. 하지만 두 가지 데이터 구조는 불변성이라는 핵심적인 차이점을 가지고 있습니다. 리스트는 가변적인 데이터 구조입니다. 즉, 리스트 생성 후에도 요소를 추가하거나 삭제, 수정할 수 있습니다. 반면에 튜플은 불변성을 지닌 데이터 구조입니다. 즉, 튜플 생성 후에는 요소를 변경할 수 없습니다.
이러한 차이점을 명확하게 이해하기 위해 실제 코드를 통해 확인해 보겠습니다.

예제 08-2　리스트와 튜플 요소 수정하기 소스코드 EX08_02.py

```
01    list = [3, 0, 9]
02    tuple = (3, 0, 9)
03
04    # 전체 리스트, 튜플 출력
05    print(list)
06    print(tuple)
07
08    # 각 첫 번째 요소 수정 시도
09    list[0] = 30
10    tuple[0] = 30
```

SECTION 07
닥셔너리

SECTION 08
튜플과 세트

SECTION 09
함수

SECTION 10
클래스

SECTION 11
예외 처리

SECTION 12
모듈

실행 결과 🖰

Traceback (most recent call last):
    File "C:\디렉토리\EX08_02.py", line 10, in <module>
        tuple[0] = 30
TypeError: 'tuple' object does not support item assignment
[3, 0, 9]
(3, 0, 9)

실행 결과를 살펴보면, 09행의 리스트는 첫 번째 요소를 30으로 변경하는 데 문제가 없지만, 10행의 튜플은 요소 변경을 시도했더니 'tuple' object does not support item assignment라는 에러가 발생했습니다. 이는 튜플이 불변성이라는 특징을 가지고 있어 요소의 값을 변경할 수 없다는 것을 의미합니다.

그렇다면 튜플의 요소를 추가하거나 삭제하는 것은 가능할까요?
다음 예제를 통해 확인해 보겠습니다.

예제 08-3 리스트와 튜플 요소 추가하기   소스코드 EX08_03.py

```
01  list = [3, 0, 9]    # 리스트 선언
02  tuple = (3, 0, 9)    # 튜플 선언
03
04  # 리스트 요소 추가
05  list.append(7)
06  print("list 요소 추가 완료 :", list)
07
08  # 튜플 요소 추가
09  tuple.append(7)
10  print("tuple 요소 추가 완료 :", tuple)
```

실행 결과 🖰

Traceback (most recent call last):
    File "C:\디렉토리\EX08_03.py", line 9, in <module>
        tuple.append(7)
AttributeError: 'tuple' object has no attribute 'append'
list 요소 추가 완료 : [3, 0, 9, 7]

위 코드에서 확인할 수 있듯이, 리스트는 새로운 요소를 추가하는 데 문제가 없지만, 튜플은 요소를 직접 추가할 수 없습니다.

 혼자 코딩해보기

리스트와 튜플의 요소를 삭제하는 코드를 직접 작성해 보세요.
튜플 삭제의 경우 다음과 같은 오류가 발생합니다.

TypeError: 'tuple' object does not support item deletion

이처럼 튜플은 불변성이라는 특징을 가지고 있어 요소를 변경, 추가, 삭제할 수 없습니다. 하지만 이는 데이터 무결성을 보장하고 코드 안정성을 향상시키는 데 유용한 장점이 될 수 있습니다. 이러한 튜플의 특징을 이해하고 적절하게 활용함으로써 코드를 더욱 안정적이고 효율적으로 만들 수 있습니다.

3 튜플 슬라이싱

튜플은 리스트와 마찬가지로 인덱싱을 사용하여 원하는 요소를 추출하거나 슬라이싱을 사용하여 일부분을 편리하게 가져올 수 있습니다. 튜플 슬라이싱 방법은 리스트 슬라이싱과 동일하게 적용됩니다.
다음 예제를 통해 튜플 슬라이싱 방식을 살펴보겠습니다.

예제 08-4 튜플 슬라이싱   소스코드 EX08_04.py

```
01   example = (3, 9, "y", 2, "k", True)
02
03   print(example[1:4])     # 1번째 요소부터 4번째 요소까지 추출
04   print(example[2:6])     # 2번째 요소부터 6번째 요소까지 추출
05   print(example[0:5])     # 0번째 요소부터 5번째 요소까지 추출
```

실행 결과
[9, 'y', 2]
['y', 2, 'k', True]
[3, 9, 'y', 2, 'k']

위 예제에서 보여지는 대로, 튜플 슬라이싱은 튜플[start:stop] 형태로 사용합니다. 시작 인덱스와 종료 인덱스를 지정하여 원하는 범위의 요소들을 간편하게 추출할 수 있습니다. 주의해야 할 점은 종료 인덱스가 실제 요소 개수보다 크거나 같으면 실제 마지막 요소까지 추출된다는 것입니다. 예를 들어, example[2:6]의 경우 종료 인덱스 6은 실제 요소 개수 5보다 크지만, 마지막 요소까지 포함하여 ('y', 2, 'k', True)를 출력합니다.

💡 슬라이싱 범위를 지정하지 않고 빈 괄호[ ]만 사용하면 전체 튜플을 출력합니다.

4 튜플 IndexError

만약 인덱스 범위를 벗어나서 인덱싱과 슬라이싱을 시도하면 어떻게 될까요?
다음 예제를 통해 튜플 인덱싱 및 슬라이싱의 오류 상황을 살펴보겠습니다.

예제 08-5   튜플 indexError   소스코드 EX08_05.py

```
01    example = (3, 9, "y", 2, "k", True)
02
03    # 범위를 벗어난 슬라이싱
04    print(example[4:8])
05
06    # 범위를 벗어난 인덱싱
07    print(example[8])
```

실행 결과 🖐
Traceback (most recent call last):
  File "C:\디렉토리\EX08_05.py", line 7, in <module>
    print(example[8])
IndexError: tuple index out of range
('k', True)

리스트와 마찬가지로 튜플도 범위를 벗어나 부분 슬라이싱을 하면 에러가 발생하지 않지만, 특정 요소를 인덱싱하면 IndexError가 발생하는 것을 확인할 수 있습니다.

SECTION 07
믹셔너리

SECTION 08
튜플과 세트

SECTION 09
함수

SECTION 10
클래스

SECTION 11
예외 처리

SECTION 12
모듈

02 튜플의 메서드

파이썬은 튜플에도 다양한 데이터 구조에 유용한 메서드를 제공하여 개발자가 튜플을 유연하게 활용할 수 있도록 지원합니다. 특히, 튜플은 리스트와 공통으로 사용할 수 있는 메서드들이 많아 익숙한 방식으로 다룰 수 있다는 장점이 있습니다. 지금부터 튜플 활용에 도움이 되는 공통 메서드들을 살펴보겠습니다.

1 count() 메서드

튜플이나 리스트에서 특정 값을 찾는 상황이 발생할 때 유용하게 활용할 수 있는 메서드가 있습니다. 바로 count() 메서드입니다. 이 메서드는 자료구조를 순회하며 찾고자 하는 값을 가진 요소의 개수를 정확하게 세어 반환해줍니다.

◁ Code

```
튜플.count(찾고자 하는 값)
```

다음 예제를 통해 확인해 보겠습니다.

예제 08-6 count( ) 메서드 · 소스코드 EX08_06.py

```
01  # 튜플을 생성합니다.
02  tuple_alphabet = ("a", "a", "b", "c", "c", "a")
03
04  # tuple_alphabet 안에 있는 "a"의 개수
05  print(tuple_alphabet.count("a"))
06
07  # tuple_alphabet 안에 있는 "b"의 개수
08  print(tuple_alphabet.count("b"))
09
10  # tuple_alphabet 안에 있는 "c"의 개수
11  print(tuple_alphabet.count("c"))
```

실행 결과 🖱

```
3
1
2
```

이처럼 count() 메서드를 사용하여 특정 값의 개수를 손쉽게 확인할 수 있습니다.

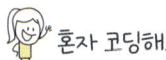 혼자 코딩해보기

동일한 요소를 포함하는 리스트를 만들고 count() 메서드를 이용하여 원하는 요소가 몇 번 등장하는지 확인해 보세요!

2 index() 메서드

파이썬에서는 튜플 안에서 특정 값을 찾고 싶을 때 index() 메서드를 사용합니다. index() 메서드를 사용하면 찾고자 하는 값이 튜플 안에서 어떤 인덱스에 위치하는지 정확하게 알 수 있습니다.

다음 예제를 통해 확인해 보겠습니다.

예제 08-7   index( ) 메서드   소스코드 EX08_07.py

```python
01   tuple_alphabet = ("a", "a", "b", "c", "c", "a")
02
03   # tuple_alphabet 안에 있는 "a"의 첫 인덱스
04   print(tuple_alphabet.index("a"))
05
06   # tuple_alphabet 안에 있는 "b"의 첫 인덱스
07   print(tuple_alphabet.index("b"))
08
09   # tuple_alphabet 안에 있는 "c"의 첫 인덱스
10   print(tuple_alphabet.index("c"))
```

실행 결과 🖱

```
0
2
3
```

SECTION 07
딕셔너리

SECTION 08
튜플과 세트

SECTION 09
함수

SECTION 10
클래스

SECTION 11
예외 처리

SECTION 12
모듈

실행 결과를 보면 index() 메서드는 인자로 받은 값이 튜플 안에 존재하는 첫 번째 인덱스를 반환합니다. 그렇다면 찾고자 하는 값이 튜플 안에 존재하지 않는다면 count()와 index() 메서드는 각각 어떤 결과를 반환할까요? 먼저 count() 메서드를 살펴보겠습니다.

예제 08-8 튜플 안에 값이 없을 때 count( ) 메서드　　　　　　　　　　　소스코드 EX08_08.py

```python
01  tuple_alphabet = ("a", "a", "b", "c", "c", "a")
02
03  # tuple_alphabet 안에 있는 "d"의 개수
04  print(tuple_alphabet.count("d"))
```

실행 결과

```
0
```

이미 살펴보았듯이, count() 메서드는 튜플 안에 특정 값이 몇 번 나타나는지 개수를 세는 역할을 합니다. 따라서 찾고자 하는 값이 존재하지 않더라도 0이라는 의미 있는 결과를 반환합니다.

이번에는 index() 메서드를 확인해 보겠습니다.

예제 08-9 튜플 안에 값이 없을 때 index( ) 메서드　　　　　　　　　　소스코드 EX08_09.py

```python
01  tuple_alphabet = ("a", "a", "b", "c", "c", "a")
02
03  # tuple_alphabet 안에 있는 "d"의 첫 인덱스
04  print(tuple_alphabet.index("d"))
```

실행 결과

```
Traceback (most recent call last):
  File "C:\디렉토리\EX08_09.py", line 4, in <module>
    print(tuple_alphabet.index("d"))
ValueError: tuple.index(x): x not in tuple
```

index() 메서드는 튜플 안에서 특정 값의 위치를 찾는 역할을 하지만, 찾고자 하는 값이 존재하지 않으면 ValueError를 발생시킵니다. 따라서, 튜플에 값이 없는 경우 count() 메서드는 0을 반환하고 index() 메서드는 ValueError 오류를 발생시킨다는 것을 기억해야 합니다.

03 튜플의 활용

 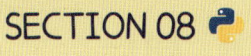
튜플은 메서드 외에도 다양한 기능을 통해 여러 가지 작업을 수행할 수 있습니다. 그중 하나가 바로 두 변수의 값을 간편하게 교환하는 기능입니다.

1 데이터 교환

튜플은 각 요소를 직접 수정할 수는 없지만, 두 튜플을 활용하여 간접적으로 튜플 요소의 값을 교환할 수 있습니다. 이는 새로운 튜플을 생성하고 = 연산자를 사용하여 새로운 튜플의 값을 기존 튜플 변수에 할당합니다. 이러한 방식으로 두 변수의 값을 간편하게 교환할 수 있습니다.

다음 예제를 통해 두 변수 'x'와 'y'의 값을 서로 바꿔보겠습니다.

예제 08-10 데이터 교환   소스코드 EX08_10.py

```
01   x = 10
02   y = 20
03
04   # 교환 전 출력
05   print("교환 전 : x =", x, ", y =", y)
06
07   # = 연산자를 활용하여 데이터 교환
08   (x, y) = (y, x)
09
10   # 교환 후 출력
11   print("교환 후 : x =", x, ", y =", y)
```

실행 결과
교환 전 : x = 10 , y = 20
교환 후 : x = 20 , y = 10

04 세트

파이썬은 리스트, 튜플, 딕셔너리와 같은 기본적인 자료구조 외에도 다양한 상황에 맞는 자료구조를 제공합니다. 마지막으로 소개할 자료구조는 바로 세트(set)입니다.

1 세트란?

세트는 순서가 없고, 중복된 값을 허용하지 않는 특별한 자료구조로, 수학에서 배우는 집합 개념과 유사합니다. 세트는 서로 다른 값들을 모아서 관리하는 데 적합합니다.

세트의 기본 형태는 다음과 같습니다.

```
변수명 = { 요소1, 요소2, 요소3, … }
```

리스트와 튜플은 각각 대괄호 [ ]와 소괄호 ( )를 사용하여 표현했지만, 세트는 중괄호 { }를 사용하여 표현합니다. 이 점이 가장 눈에 띄는 차이점입니다.

세트 또한 튜플과 리스트처럼 중괄호 안에 담고 싶은 요소들을 쉼표 , 로 구분하여 나열하면 됩니다. 숫자뿐만 아니라 문자열, 논리값 등 다양한 데이터를 저장할 수 있다는 공통점을 가지고 있습니다.

세트를 생성하는 또 다른 방법으로 set() 메서드를 사용할 수 있습니다. 다른 자료형을 세트로 변환하고자 할 때, 다음과 같이 set() 메서드를 사용합니다.

```
set(세트로 바꾸고 싶은 다른 자료형)
```

다음 예제를 통해 다양한 자료형을 세트로 변환해 보겠습니다.

```
01  str = "apple"
02  list = [1, 2, 3]
03  tuple = (1, 2, 3)
04
05  print("<각자의 형태를 가진 자료형들>")
06  print("str :", str)
07  print("list :", list)
08  print("tuple :", tuple)
09
10  # set으로 변환
11  set_str = set(str)      # 변수 str의 문자열 "apple"을 set 자료형으로 변환하여 변수 set_str에 할당
12  set_list = set(list)      # 변수 list의 리스트 [1, 2, 3]을 set 자료형으로 변환하여 변수 set_list에 할당
13  set_tuple = set(tuple)      # 변수 tuple의 튜플 (1, 2, 3)을 set 자료형으로 변환하여 변수 set_tuple에 할당
14  print()
15
16  print("<set로 변환한 자료형들>")
17  print("set_str :", set_str)
18  print("set_list :", set_list)
19  print("set_tuple :", set_tuple)
```

실행 결과 ✨

<각자의 형태를 가진 자료형들>
str : apple
list : [1, 2, 3]
tuple : (1, 2, 3)

<set로 변환한 자료형들>
set_str : {'e', 'p', 'a', 'l'}
set_list : {1, 2, 3}
set_tuple : {1, 2, 3}

🔸 set() 메서드의 결과는 실행할 때마다 달라질 수 있습니다. 따라서 이 책의 실행 결과와 여러분의 실행 결과가 다를 수 있다는 점을 참고하세요!

실행 결과를 살펴보면, 리스트와 튜플은 각각 세트로 변환되었을 때 괄호만 변경되었음을 확인할 수 있습니다. 하지만, 문자열 "apple"은 세트로 변환되었을 때 'e', 'p', 'a', 'l' 과 같이 문자의 순서가 지켜지지 않았을 뿐만 아니라 중복된 값인 'p'는 하나만 남았습니다.

왜 이런 일이 발생했을까요?

2 세트의 요소

앞서 설명했듯이, 세트는 다음과 같은 두 가지 특징을 가지고 있기 때문입니다.

- 중복된 값을 허용하지 않습니다.

- 순서가 없습니다.

💡 이와 같은 특성으로 세트는 중복을 제거하는 중간 매개체로 자주 활용됩니다.

그렇다면 세트의 요소 하나하나에 직접 접근하고 싶다면 어떻게 해야 할까요?
먼저, 리스트나 튜플과 같이 순서가 있는 자료형의 인덱싱 기능을 사용해 보겠습니다.

예제 08-12 세트 요소 접근 시도하기   소스코드 EX08_12.py

```
01   str_banana = "banana"
02   set_banana = set(str_banana)
03
04   print(set_banana[0])
```

실행 결과 🖱

Traceback (most recent call last):
    File "C:\디렉토리\EX08_12.py", line 4, in <module>
        print(set_banana[0])
TypeError: 'set' object is not subscriptable

실행 결과, 에러 메시지가 발생했습니다. 이는 세트가 'subscriptable'이라는 속성을 가지고 있지 않기 때문에 인덱싱을 사용할 수 없다는 의미입니다. 'subscriptable'이라는 용어는 "첨자 연산자를 사용할 수 있는"이라는 의미로, 인덱싱에 사용되는 대괄호 [] 를 첨자 연산자(subscript operator)로 표현하여 인덱싱이 불가능하다는 것을 나타냅니다.

그렇다면 세트의 각 요소에 어떻게 접근할 수 있을까요?

맞습니다. 세트의 각 요소에 접근하려면 세트를 리스트나 튜플로 변환한 후 인덱싱을 사용하여 접근하면 됩니다.

다음과 같이 코드를 수정하면 원하는 요소에 접근할 수 있습니다.

예제 08-13   리스트와 튜플로 변환하여 세트 요소에 접근하기   소스코드 EX08_13.py

```python
01  str_banana = "banana"
02  set_banana = set(str_banana)
03
04  # set_banana 출력
05  print(set_banana)
06
07  # 리스트와 튜플로 변환
08  list_banana = list(set_banana)
09  tuple_banana = tuple(set_banana)
10
11  # 인덱싱을 사용하여 원하는 요소에 접근
12  print(list_banana[0])
13  print(tuple_banana[1])
```

실행 결과 🖑

```
{'n', 'b', 'a'}
n
b
```

📍 리스트나 튜플로 변환하면 순서가 부여됩니다. 하지만 원래 세트의 순서는 유지되지 않습니다.

이번에는 무작위로 주어진 알파벳 문자열에서 중복된 문자는 제외하고, 알파벳을 오름차순으로 정렬한 후 n번째로 작은 알파벳을 출력하는 실습을 해보겠습니다.

예제 08-14   n번째로 작은 알파벳 출력하기   소스코드 EX08_14.py

```python
01  str_random = "apbdhwoernzhd"
02  str_random = set(str_random)    # 중복 제거
03
04  print(str_random)
```

SECTION 07 딕셔너리

SECTION 08 튜플과 세트

SECTION 09 함수

SECTION 10 클래스

SECTION 11 예외 처리

SECTION 12 모듈

```
05
06   # 다시 리스트로 변환
07   list_str = list(str_random)
08
09   print(list_str)
10
11   list_str.sort()   # 오름차순 정렬
12   print(list_str)
13   # 특정 순서의 알파벳 출력
14   print("3번째로 작은 알파벳은", list_str[3], "입니다.")
15   print("7번째로 작은 알파벳은", list_str[7], "입니다.")
16   print("5번째로 작은 알파벳은", list_str[5], "입니다.")
```

실행 결과 ☆

{'w', 'r', 'a', 'o', 'n', 'h', 'e', 'z', 'b', 'd', 'p'}
['w', 'r', 'a', 'o', 'n', 'h', 'e', 'z', 'b', 'd', 'p']
['a', 'b', 'd', 'e', 'h', 'n', 'o', 'p', 'r', 'w', 'z']
3번째로 작은 알파벳은 e 입니다.
7번째로 작은 알파벳은 p 입니다.
5번째로 작은 알파벳은 n 입니다.

세트는 순서가 없으므로
실행 결과는 다를 수 있다는 점을
참고해 주세요.

05 세트의 연산

세트(set)는 인덱스가 없는 자료구조이기 때문에 요소를 하나씩 꺼내 쓰기에는 다소 불편합니다. 파이썬이 세트를 지원하는 가장 큰 이유는 연산을 수행하기 위해서입니다. 세트의 연산은 사칙 연산이 아니라 집합 연산을 뜻합니다. 집합 연산은 사칙 연산과는 달리 집합이라는 개념을 기반으로 데이터를 조작하는 연산입니다. 파이썬에서는 교집합, 합집합, 차집합 등 3가지 기본적인 집합 연산을 제공하며, 이를 통해 다양한 데이터 처리 작업을 효율적으로 수행할 수 있습니다.

1 세트의 교집합

교집합은 두 개의 세트 A와 B를 비교하여 A와 B에 모두 속하는 요소들로 이루어진 새로운 세트입니다. 예를 들어, 세트 set_a = {2, 4, 6} 과 set_b = {3, 6, 9} 두 세트가 있다고 가정했을 때, 두 세트에 모두 속하는 요소는 6입니다. 따라서 두 세트의 교집합은 {6}이 됩니다.
교집합을 그림으로 나타내면 다음과 같습니다.

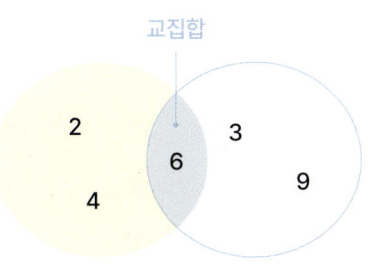

[그림8-3] 교집합 예시

교집합을 구하는 방법은 다음과 같이 크게 두 가지가 있습니다.
① intersection() 메서드 사용 : intersection() 메서드는 두 세트를 인자로 전달하여 교집합을 반환하는 메서드입니다.
② & 연산자 사용 : 두 세트를 & 연산자로 연결하여 새로운 세트를 만들며 이때, 중복된 요소는 제거됩니다.

다음 예제를 통해 intersection() 메서드와 & 연산자를 사용하여 두 세트의 교집합을 구해보겠습니다.

예제 08-15　세트의 교집합 구하기 ①　　　　　　　　　　　소스코드 EX08_15.py

```
01   set_a = {2, 4, 6}
02   set_b = {3, 6, 9}
03
04   #intersection() 메서드를 사용하여 두 세트의 교집합을 찾습니다.
05   intersection_AandB = set_a.intersection(set_b)
06   print(intersection_AandB)
07
08   # & 연산자를 사용하여 두 세트의 교집합을 찾습니다.
09   intersection_AandB = set_a & set_b
10   print(intersection_AandB)
```

실행 결과 🖱

{6}

{6}

또 다른 예제를 통해 연습해 보겠습니다.

예제 08-16　세트의 교집합 구하기 ②　　　　　　　　　　　소스코드 EX08_16.py

```
01   set_a = {'apple', 'banana', 'cherry'}
02   set_b = {'apple', 'banana', 'orange'}
03
04   # intersection() 메서드를 사용하여 두 세트의 교집합을 찾습니다.
05   intersection_AandB = set_a.intersection(set_b)
06   print(intersection_AandB)
07
08   # & 연산자를 사용하여 두 세트의 교집합을 찾습니다.
09   intersection_AandB = set_a & set_b
10   print(intersection_AandB)
```

실행 결과 🖱

{'apple', 'banana'}

{'apple', 'banana'}

2 세트의 합집합

합집합은 두 세트의 모든 요소를 포함하는 세트입니다. 다만, 세트는 중복을 허용하지 않으므로, 합집합의 결과에는 중복된 요소가 포함되지 않습니다.

예를 들어, 세트 set_a = {2, 4, 6} 과 set_b = {3, 6, 9} 의 합집합은 {2, 3, 4, 6, 9}가 됩니다. 이는 set_a와 set_b의 모든 요소를 포함하되, 6은 두 세트에 모두 포함되어 있으므로 합집합에는 하나만 포함됩니다. 또한, 합집합의 순서는 정해져 있지 않으므로, 숫자가 뒤죽박죽된 상태로 나올 수 있습니다. 합집합을 그림으로 나타내면 다음과 같습니다.

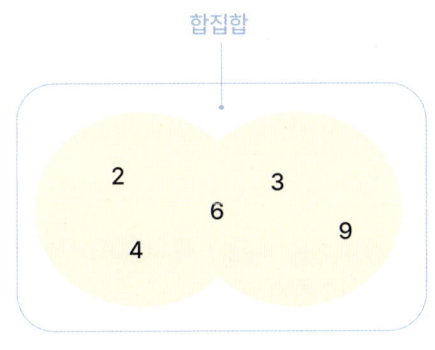

[그림8-4] 합집합 예시

합집합을 구하는 방법은 다음과 같이 두 가지가 있습니다.

① union() 메서드 사용 : union() 메서드는 두 세트를 인자로 전달하여 합집합을 반환하는 메서드입니다.

② | 연산자 사용 : 두 세트를 | 연산자로 연결하여 새로운 세트를 만듭니다.

다음 예제를 통해 union() 메서드와 | 연산자를 사용하여 두 세트의 합집합을 구해보겠습니다.

예제 08-17 세트의 합집합 구하기 ①　　　　　　　　　　소스코드 EX08_17.py

```
01  set_a = {2, 4, 6}
02  set_b = {3, 6, 9}
03
04  # union() 메서드를 사용하여 두 세트의 합집합을 찾습니다.
05  union_AandB = set_a.union(set_b)
06  print(union_AandB)
07
```

SECTION 07
딕셔너리

SECTION 08
튜플과 세트

SECTION 09
함수

SECTION 10
클래스

SECTION 11
예외 처리

SECTION 12
모듈

```
08    # | 연산자를 사용하여 두 세트의 합집합을 찾습니다.
09    union_AandB = set_a | set_b
10    print(union_AandB)
```

실행 결과 🖱

```
{2, 3, 4, 6, 9}
{2, 3, 4, 6, 9}
```

또 다른 예제를 통해 연습해 보겠습니다.

소스코드 EX08_18.py

예제 08-18 세트의 합집합 구하기 ②

```
01    set_a = {'apple', 'banana', 'cherry'}
02    set_b = {'apple', 'banana', 'orange'}
03
04    # union() 메서드를 사용하여 두 세트의 합집합을 찾습니다.
05    union_AandB = set_a.union(set_b)
06    print(union_AandB)
07
08    # | 연산자를 사용하여 두 세트의 합집합을 찾습니다.
09    union_AandB = set_a | set_b
10    print(union_AandB)
```

실행 결과 🖱

```
{'apple', 'banana', 'cherry', 'orange'}
{'apple', 'banana', 'cherry', 'orange'}
```

3 세트의 차집합

마지막으로 살펴볼 세트 연산은 차집합입니다. 차집합은 두 개의 세트 A와 B가 있을 때, 세트 A에 속하지만 세트 B에는 속하지 않는 요소들의 집합입니다. 예를 들어, 세트 set_a = {2, 4, 6} 과 set_b = {3, 6, 9} 두 세트가 있을 때, set_A 차집합 set_B를 구하면, set_a의 요소 중 set_b의 요소와 공통된 요소인 6을 제외한 {2, 4}라는 새로운 집합이 나옵니다. 마찬가지로 순서가 보장되지 않으므로 순서는 바뀔 수 있습니다.

차집합을 그림으로 나타내면 다음과 같습니다.

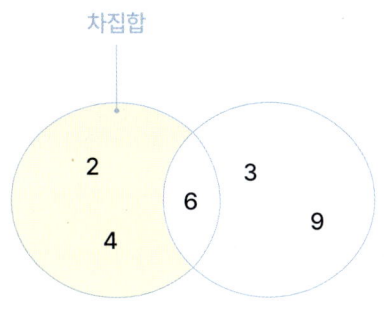

[그림8-5] 차집합 예시

차집합을 구하는 방법은 마찬가지로 다음과 같이 두 가지가 있습니다.

① difference() 메서드 사용 : difference() 메서드는 두 세트를 인자로 전달하여 차집합을 반환하는 메서드입니다.

② - 연산자 사용 : 두 세트를 - 연산자로 연결하여 새로운 세트를 만듭니다.

다음 예제를 통해 difference() 메서드와 - 연산자를 사용하여 차집합을 구해보겠습니다.

예제 08-19 세트의 차집합 구하기 ①   소스코드 EX08_19.py

```
01   set_a = {2, 4, 6}
02   set_b = {3, 6, 9}
03
04   # difference() 메서드를 사용하여 차집합을 찾습니다.
05   difference_AandB = set_a.difference(set_b)
06   print(difference_AandB)
07
08   # - 연산자를 사용하여 차집합을 찾습니다.
09   difference_AandB = set_a - set_b
10   print(difference_AandB)
```

실행 결과 🖱

{2, 4}

{2, 4}

SECTION 07
딕셔너리

SECTION 08
튜플과 세트

SECTION 09
함수

SECTION 10
클래스

SECTION 11
예외 처리

SECTION 12
모듈

또 다른 예제를 통해 연습해 보겠습니다.

예제 08-20 세트의 차집합 구하기 ② 소스코드 EX08_20.py

```python
01   set_a = {'apple', 'banana', 'cherry'}
02   set_b = {'apple', 'banana', 'orange'}
03
04   # difference() 메서드를 사용하여 차집합을 찾습니다.
05   difference_AandB = set_a.difference(set_b)
06   print(difference_AandB)
07
08   # - 연산자를 사용하여 차집합을 찾습니다.
09   difference_AandB = set_a - set_b
10   print(difference_AandB)
```

실행 결과 🖱

{'cherry'}
{'cherry'}

세트 연산의 교집합, 합집합, 차집합은 각각 두 가지 연산 방법이 있었습니다. 두 가지 방법 모두 동일한 결과를 반환합니다. 따라서 어떤 방법을 사용할지는 상황에 맞게 선택하면 됩니다.

06 세트의 메서드

세트는 다양한 연산뿐만 아니라 다양한 메서드를 제공하여 데이터 처리의 효율성을 높여줍니다. 지금부터 세트의 요소를 추가하거나 제거하는 데 사용되는 주요 메서드를 살펴보고, 실제 활용 예시를 통해 이해를 돕겠습니다.

1 요소 추가하기

세트에 요소를 추가하는 메서드는 다음과 같이 두 가지가 있습니다.

- add() 메서드
- update() 메서드

add() 메서드를 사용하면 한 번에 하나의 요소를 추가할 수 있습니다. 여러 개의 요소를 한 번에 추가하려면 update() 메서드를 사용합니다. 특히 update() 메서드는 리스트, 튜플 등과 같은 세트가 아닌 자료형도 인자로 받아들이는 유연성을 가지고 있습니다.
add() 메서드와 update() 메서드의 기본 형태는 다음과 같습니다.

< Code

```
세트.add(요소1)
세트.update(세트, 리스트, 튜플 등)
```

다음 예제를 통해 확인해 보겠습니다.

예제 08-21 세트의 요소 추가하기 　　　　　　　　　　소스코드 EX08_21.py

```
01   set = {1, 2, 3}
02   set.add(4)
03   print(set)
04
05   set.update({5, 6})
06   print(set)
```

실행 결과 ✨

{1, 2, 3, 4}

{1, 2, 3, 4, 5, 6}

2 요소 삭제하기

세트에 요소를 삭제할 때 사용되는 메서드는 다음과 같이 네 가지가 있습니다.

- remove( ) 메서드
- discard( ) 메서드
- pop( ) 메서드
- clear( ) 메서드

remove()와 discard() 메서드

먼저 remove()와 discard() 메서드의 기능과 차이점에 대해 알아보겠습니다. 두 메서드 모두 세트에서 특정 요소를 삭제하는 기능을 수행합니다. 하지만, 삭제하려는 요소가 세트에 없을 경우 발생하는 오류의 유무에 따라 차이가 있습니다.

먼저 삭제하려는 요소가 세트에 있을 때 remove()와 discard() 메서드를 사용하여 실행 결과를 확인해 보겠습니다.

예제 08-22　remove( )와 discard( ) 메서드를 사용하여 요소 삭제하기　　소스코드 EX08_22.py

```
01   set_c = {"s", "a", "g", "z", "u", "b", "t", "m", "r"}
02
03   # 세트에 있는 요소 삭제
04   set_c.remove("a")
05   set_c.discard("r")
06
07   # 세트 출력
08   print(set_c)
```

실행 결과 ✨

{'z', 't', 'u', 'b', 's', 'g', 'm'}

두 메서드 모두 문제없이 요소를 삭제했습니다. 이번에는 세트에 없는 요소를 삭제하는 경우 두 메서드의 차이점을 확인해 보겠습니다.

먼저 discard() 메서드를 사용해 보겠습니다.

예제 08-23　discard( ) 메서드를 사용하여 세트에 없는 요소 삭제하기　　소스코드 EX08_23.py

```python
01  set_c = {"a", "b", "c"}
02
03  # 세트에 없는 요소 삭제
04  set_c.discard("j")
05
06  # 세트 출력
07  print(set_c)
```

실행 결과 🖱

{'a', 'c', 'b'}

set_c에 삭제하려는 요소 "j"가 없으므로, 아무런 요소도 삭제되지 않고 실행 결과가 출력되었습니다. 즉, 특정 요소가 세트에 없더라도 에러가 발생하지 않습니다.

다음은 동일한 상황에서 remove() 메서드를 사용해 보겠습니다.

예제 08-24　remove( ) 메서드를 사용하여 세트에 없는 요소 삭제하기　　소스코드 EX08_24.py

```python
01  set_c = {"a", "b", "c"}
02
03  # 세트에 없는 요소 삭제
04  set_c.remove("j")
05
06  # 세트 출력
07  print(set_c)
```

실행 결과 🖱

Traceback (most recent call last):
　File "C:\디렉토리\EX08_24.py", line 4, in <module>
　　set_c.remove("j")
KeyError: 'j'

실행 결과를 확인해 보면, remove() 메서드를 사용하여 세트에 없는 요소를 삭제하려고 할 경우 KeyError 오류가 발생한다는 것을 알 수 있습니다. 반면, discard() 메서드는 세트에 존재하지 않는 요소를 삭제해도 아무런 오류가 발생하지 않습니다. 따라서, 코드의 안정성을 고려한다면 일반적으로 discard() 메서드 사용을 권장합니다. 하지만, 삭제하려는 요소 존재 여부를 명확히 알아야 하는 경우에는 remove() 메서드를 사용하여 명시적으로 오류를 발생시켜 처리하는 방법도 유용할 수 있습니다. 이와 같이 두 메서드의 차이점을 명확히 이해하고 구분하여 활용하면 개발 과정에서 효율성을 높일 수 있습니다.

pop() 메서드

이번에는 세트에서 랜덤으로 임의의 요소를 삭제하는 pop() 메서드를 살펴보겠습니다. 우선 간단한 예제를 통해 어떻게 동작하는지 확인해 보겠습니다.

예제 08-25 pop() 메서드를 사용하여 요소 삭제하기　　　　　소스코드 EX08_25.py

```
01  set_d = {"b", "l", "u", "e"}
02
03  # pop() 메서드를 사용하여 요소를 랜덤으로 제거
04  set_d.pop()
05  print(set_d)
```

실행 결과 🖱
{'u', 'l', 'e'}

pop() 메서드는 임의의 요소를 하나 제거하는 역할을 수행할 뿐만 아니라, 제거된 요소를 반환하기도 합니다. 예를 들어, 〈예제 08-25〉 코드에서 랜덤으로 "b" 요소가 삭제되었다면, 04행 코드에 print(set_d.pop())을 수행하면 "b"가 출력될 것입니다.

다음 예제를 통해 다시 한번 확인해 보겠습니다.

예제 08-26 제거된 요소 반환하기　　　　　소스코드 EX08_26.py

```
01  set_d = {"b", "l", "u", "e"}
02
03  print(set_d.pop())
04  print(set_d)
```

SECTION 07
딕셔너리

SECTION 08
튜플과 세트

SECTION 09
함수

SECTION 10
클래스

SECTION 11
예외 처리

SECTION 12
모듈

실행 결과

u

{'e', 'l', 'b'}

> pop() 메서드는 랜덤으로 하나의 요소를 제거하는 메서드이기 때문에, 실행할 때마다 제거되는 요소가 달라집니다. 실행 버튼을 여러 번 눌러서 직접 확인해 보세요!

해설

03행 : 랜덤으로 하나의 요소를 제거하고, 그 요소를 반환합니다.

04행 : 랜덤으로 제거한 하나의 요소를 제외한 세트가 출력됩니다.

실행 결과를 살펴보면, set_d.pop()의 반환값이 바로 'u'임을 확인할 수 있습니다. 이 기능은 앞으로 코딩 테스트에서 랜덤성을 요구하는 문제를 해결하는 데 유용하게 활용될 수 있습니다.

clear() 메서드

마지막으로, clear() 메서드를 살펴보겠습니다. clear() 메서드는 세트에 있는 모든 요소를 한 번에 제거하는 기능을 수행합니다.

다음 예제를 통해 확인해 보겠습니다.

예제 08-27 clear( ) 메서드를 사용하여 요소 제거하기   소스코드 EX08_27.py

```
01   set_last = {1, 2, 3, 4}
02
03   # clear() 메서드를 사용하여 세트 요소 모두 제거
04   set_last.clear()
05   print(set_last)
```

실행 결과

set()

실행 결과, 세트에 포함된 요소를 모두 제거하여 세트를 빈 집합으로 만들었습니다.

PLUS 학습 코너

빈 세트는 중괄호 { }로 표현할 수도 있지만, set() 메서드로 표현할 수도 있습니다. 두 가지 방법 모두 동일한 빈 세트를 생성합니다.

❶ 중괄호를 사용하여 빈 세트 표현 : set_last = { }

❷ set() 메서드로 빈 세트 표현 : set_last = set( )

응용문제

1. 다음 중 파이썬에서 제공하는 자료구조가 아닌 것은 무엇일까요? (   )

   ① 튜플
   ② 리스트
   ③ 딕셔너리
   ④ 모두 제공

2. 다음 코드는 컴파일 에러가 발생합니다. 발생하는 이유와 해결 방법을 작성해 보세요.

```
01   list = [ 3, 0, 9 ]
02   tuple = ( 3, 0, 9 )
03
04   list[-1] = 30
05   tuple[-1] = 30
```

발생 이유와 해결 방법

3. 두 개의 튜플이 주어졌을 때, 이 두 튜플을 결합하여 하나의 튜플로 반환하는 함수를 작성하세요.

   실행 예시

   print(combine_tuples((1, 2, 3), (4, 5, 6)))   # 출력: (1, 2, 3, 4, 5, 6)

4. 아래 코드를 실행하면 다음과 같은 결과가 출력됩니다. 해당 결과를 출력하는 코드를 완성하세요.

```
01   tuple_alphabet = ( "a", "a", "a", "a", "c", "a")
02   print(tuple_alphabet.[        ]("a"))
```

실행 결과 🖱

5

5. 아래 코드를 실행하면 다음과 같은 결과가 출력됩니다. 해당 결과를 얻기 위해 코드의 빈칸을 채워
주세요.

```
01   tuple_alphabet = ( "a", "a", "a", "a", "c", "a")
02   print(tuple_alphabet.[        ]("a"))
```

실행 결과 🖱

0

6. 다음은 비어있는 자료구조를 초기화하는 코드입니다. 서로 맞는 것끼리 연결해 주세요.

python_a = []   ·   · 리스트

python_b = {}   ·   · 튜플

python_c = ()   ·   · 딕셔너리

Section 08 **응용문제**

7. 다음 코드를 실행했을 때 콘솔창에 출력되는 내용은 무엇일까요?

```
01  x = 30
02  y = 90
03  print("x =", x, ", y =", y)
04
05  (x, y) = (y, x)
06  print("x =", x, ", y =", y)
```

실행 결과 ✨

8. 수학여행을 어디로 갈지 결정하기 위해 학생들이 희망하는 모든 수학여행 장소를 조사하기로 했습니다. 학생들이 원하는 장소를 입력받아 동일한 입력은 무시하고 모든 입력을 저장하려고 합니다. 학생을 3명으로 가정하고 실행 예시와 같이 동작하는 프로그램을 구현하세요.
(HINT : 중복된 데이터의 저장을 회피하려면 세트(set)를 이용하면 편리합니다.)

실행 예시

희망하는 수학여행지를 입력하세요 >>> 제주
희망하는 수학여행지를 입력하세요 >>> 제주
희망하는 수학여행지를 입력하세요 >>> 민속촌
희망하는 수학여행지는 {'제주', '민속촌'} 입니다.

9. 다음 튜플에서 두 번째 요소와 마지막 요소를 출력하는 프로그램을 구현하세요.

```
my_tuple = ("사과", "바나나", "포도", "딸기", "수박")
```

10. 다음 두 튜플을 비교하여 공통 요소와 서로 다른 요소를 찾는 프로그램을 구현하세요.

```
tuple1 = ("사과", "바나나", "포도", "딸기")
tuple2 = ("수박", "바나나", "오렌지", "딸기")
```

파이썬 함수에는 흥미로운 역사가 있습니다.

초기 파이썬 버전에서는 함수 정의가 현재와 달랐습니다.
def 키워드 대신 lambda 키워드를 사용했고, 매개변수도 괄호 없이 사용했습니다.

MISSION

∘ 함수의 개념을 정확히 이해하고, 함수를 정의하고 호출하는 방법을 설명할 수 있습니다.

∘ 매개변수와 인수의 차이점을 명확히 구분하며, 필요에 따라 람다 함수를 활용하여 코드를 간결하게

  작성할 수 있습니다.

KEYWORD   # 함수   # 매개변수   # 콜백함수   # 람다함수

SECTION 09

함수

01 함수

1 함수란?

프로그래밍 세상에서 함수는 가장 중요한 개념 중 하나이며, 모든 프로그래밍 언어에서 필수적으로 사용하는 기능입니다. 함수는 특정 기능을 수행하는 여러 줄의 코드를 하나의 블록으로 묶어 놓은 것으로, 단순히 코드를 묶는 역할을 넘어 다음과 같은 다양한 장점을 제공합니다.

반복적인 코드 제거 및 재사용성 향상
함수는 특정 기능을 한 번만 구현해 놓으면, 필요할 때마다 호출하여 사용할 수 있습니다. 이는 반복적인 코드를 제거하고 코드의 재사용성을 높여 중복을 줄이며 개발 작업의 효율성을 높입니다.

코드의 가독성 및 유지보수 향상
함수는 특정 기능을 수행하는 코드를 한눈에 파악할 수 있도록 묶어 놓습니다. 이는 코드의 가독성을 높이고, 각 함수의 역할을 명확하게 파악하여 유지보수를 용이하게 합니다.

오류 추적 및 디버깅 용이
오류가 발생했을 때, 해당 함수에서만 오류를 찾으면 되므로 오류의 원인을 빠르게 파악하고 디버깅 작업을 효율적으로 수행할 수 있습니다.

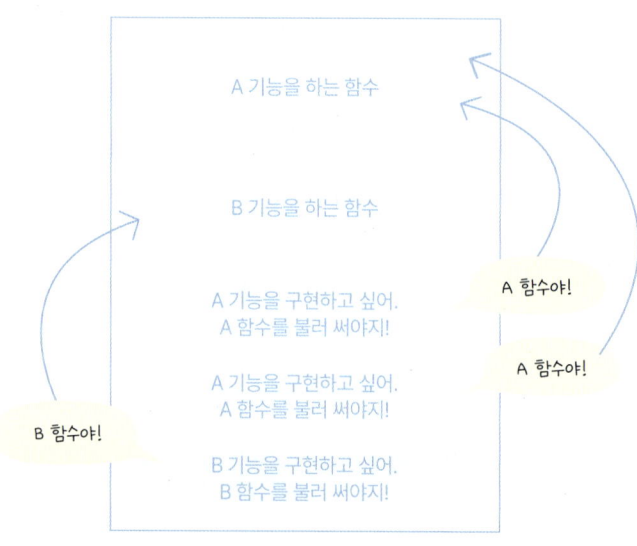

[그림9-1] 함수의 이해

한번 구현한 코드를 여러 번 활용할 수 있다는 장점은 코드의 재사용성을 극대화하여 여러 가지 측면에서 긍정적인 효과를 발휘합니다. 위 그림에서 보는 바와 같이, 원하는 기능을 수행할 때마다 해당 함수 이름을 호출하면 코드 블록에 작성된 명령들을 자동으로 실행할 수 있습니다.

함수는 이름과 코드 블록으로 구성되어 있으며, 각 함수는 특정한 기능을 수행하도록 설계되어 있습니다.

💟 함수는 명확한 이름을 통해 그 기능을 쉽게 파악할 수 있도록 하는 것이 중요합니다. 코드 블록은 함수의 역할을 구체적으로 구현하는 코드를 담고 있는 공간입니다.

함수의 기본 형태는 다음과 같습니다.

```
◀ Code

def 함수 이름():
    코드1
    코드2
    코드3
    ...
```

- 파이썬 함수는 def 키워드를 사용하여 정의합니다. definition 즉, 정의한다는 뜻을 가지고 있습니다.
- 콜론 : 은 함수 정의 후 코드 블록의 시작을 나타냅니다.
- 함수의 코드 블록은 콜론 : 다음에 4칸 들여쓰기를 해서 시작해야 합니다. 만약 들여쓰기 없이 def 키워드와 같은 세로줄에서 코드를 시작하면 자동으로 함수가 종료된 것으로 간주됩니다.

💟 파이썬은 다른 프로그래밍 언어에 비해 들여쓰기가 매우 중요합니다. 들여쓰기로 인해 어떤 오류가 발생하는지 이후 예제들을 통해 확인해 보겠습니다.

다음 예제를 통해 함수를 어떻게 선언하고 사용하는지 확인해 보겠습니다.

예제 09-1 함수 선언 및 사용하기   소스코드 EX09_01.py

```
01    #함수 선언
02    def hello():
03        print("안녕하세요.")
04        print("제 이름은 김파이입니다.")
05        print("만나서 반갑습니다.")
06        print()
07
08    #함수 호출
```

SECTION 07 딕셔너리

SECTION 08 튜플과 세트

SECTION 09 함수

SECTION 10 클래스

SECTION 11 예외 처리

SECTION 12 모듈

```
09   hello()
10   hello()
11   hello()
```

실행 결과 🖱

안녕하세요.
제 이름은 김파이입니다.
만나서 반갑습니다.

안녕하세요.
제 이름은 김파이입니다.
만나서 반갑습니다.

안녕하세요.
제 이름은 김파이입니다.
만나서 반갑습니다.

해설

02~06행 : 함수를 선언합니다. hello라는 이름을 가진 함수로, "안녕하세요" ,"제 이름은 김파이입니다." ,"만나서 반갑습니다."를 출력하는 기능을 가지고 있습니다.

09~11행 : 함수를 총 3번 호출합니다. 함수를 호출하면 함수의 코드 블록이 실행됩니다.

💙 함수를 만들고 정의하는 과정을 '구현하다' 또는 '선언하다'라고 표현합니다. 또한 함수를 사용하기 위해 함수를 부를 때는 함수를 '호출한다'는 용어를 사용합니다.

만약 〈예제 09-1〉 코드에서 함수를 사용하지 않았다면 어떻게 되었을까요? 아마 다음과 같은 코드가 되었을 것입니다.

◁ Code

```
print("안녕하세요.")
print("제 이름은 김파이입니다.")
print("만나서 반갑습니다.")
print()

print("안녕하세요.")
print("제 이름은 김파이입니다.")
```

```
    print("만나서 반갑습니다.")
    print()


    print("안녕하세요.")
    print("제 이름은 김파이입니다.")
    print("만나서 반갑습니다.")
    print()
```

위 코드와 〈예제 09-1〉 코드를 비교해보니 어떤 장점이 느껴지시나요?

물론 세 번만 반복한다고 생각하면 장점이 크게 느껴지지 않을 수 있습니다. 하지만 1,000번, 10,000번 반복한다고 생각해 보면 함수 사용으로 인한 효과는 뚜렷하게 드러납니다.

맞습니다. 함수는 가독성을 높이고 유지보수를 용이하게 하며, 코드를 재사용하여 중복을 방지할 수 있다는 점에서 많은 장점을 가진 멋진 문법입니다. 따라서 프로그래밍 효율성을 높이기 위해 함수를 적극적으로 활용하는 것이 중요합니다.

2 함수의 들여쓰기

파이썬에서 들여쓰기는 코드 블록을 구분하는 중요한 역할을 합니다. 다음과 같이 크게 두 가지 방식으로 들여쓰기를 할 수 있습니다.

- 4칸 들여쓰기
- 1번 탭 사용

4칸 들여쓰기는 가장 일반적으로 사용되는 방식으로 공백 4개를 사용하여 들여쓰기를 합니다. 반면, 탭 한 번 사용은 들여쓰기의 길이를 일정하게 유지하는 데 편리하지만, 탭의 들여쓰기 길이가 편집기에 따라 다르게 표시될 수 있습니다.

파이썬 자체는 들여쓰기에 대한 명확한 규칙을 정하지 않습니다. 하지만, 코드의 일관성을 위해 4칸 들여쓰기를 사용하는 것을 권장합니다.

SECTION 07
딕셔너리

SECTION 08
튜플과 세트

SECTION 09
함수

SECTION 10
클래스

SECTION 11
예외 처리

SECTION 12
모듈

〈예제 09-1〉 코드를 다시 한번 살펴보겠습니다.

```
01   #함수 선언
02   def hello():
03   print("안녕하세요.")
```

만약 위 코드처럼 03행에서 들여쓰기를 하지 않고 실행 버튼을 누르면 다음과 같은 에러 메세지가 출력됩니다.

```
File "C:\디렉토리\EX09_01.py", line 3
  print("안녕하세요.")
  ^
IndentationError: expected an indented block
```

- IndentationError : 들여쓰기 오류를 의미합니다.
- expected an indented block : 들여쓰기 블록을 기대한다는 의미입니다.

이는 들여쓰기(Indentation) 오류임을 나타냅니다. 함수를 시작하는 첫 번째 코드는 올바른 들여쓰기가 필요하다는 문법 규칙입니다.

이번에는 05행에서 들여쓰기를 하지 않고 실행 버튼을 눌러볼까요? 무슨 일이 발생했나요?

```
01   #함수 선언
02   def hello():
03       print("안녕하세요.")
04       print("제 이름은 김파이입니다.")
05   print("만나서 반갑습니다.")
06       print()
```

코드를 실행하면 05행이 아닌 06행에서 다음과 같은 에러 메시지가 발생합니다.

<Code

```
File "C:\디렉토리\EX09_01.py", line 6
    print()
    ^
IndentationError: expected an indented block
```

위와 같은 에러 메시지가 발생하는 이유는 다음과 같습니다.

- 5행 들여쓰기 누락으로 인해 함수 영역 오류 발생 : def 키워드와 동일한 세로줄에 코드가 위치하므로 함수 영역이 아닌 것으로 판단합니다. 즉, 함수는 4행까지라고 생각하는 것이죠.
- 6행 들여쓰기 있어 혼란 야기 : 그렇다면 6행도 함수의 영역이 아니어야 하는데 들여쓰기가 되어 있어 혼돈을 초래한 것입니다.

이처럼 파이썬에서 들여쓰기는 코드의 구조를 나타내는 중요한 요소입니다. 들여쓰기를 통해 코드 블록을 구분하고 코드 실행 순서를 제어합니다. 들여쓰기 오류는 코드 실행을 방해할 수 있으므로 주의해야 합니다.

이제 들여쓰기의 중요성을 이해했다면, 함수 선언 및 호출 예제를 통해 실제로 어떻게 사용하는지 살펴보겠습니다.

예제 09-2   함수 선언 및 호출하기   소스코드 EX09_02.py

```
01   #함수 선언
02   def plus():
03       a = 10
04       b = 20
05
06       print(a+b)
07
08   #함수 호출
09   plus()
10   plus()
11   plus()
```

SECTION 07
딕셔너리

SECTION 08
튜플과 세트

SECTION 09
함수

SECTION 10
클래스

SECTION 11
예외 처리

SECTION 12
모듈

실행 결과 🖱️

```
30
30
30
```

05행은 코드가 없는 개행(Enter 키로 행을 띄움)이지만, 06행은 함수로 인식된 것을 확인할 수 있습니다. 이는 들여쓰기의 세로줄이 def의 시작과 맞춰진 코드가 없어 아직 함수가 끝나지 않았음을 인터프리터가 인지하고 있기 때문입니다.

함수를 사용하다 보니 한 가지 아쉬운 점이 생겼습니다. 〈예제 09-1〉 코드에서는 이름을 "김파이"로 고정해야 했고, 〈예제 09-2〉 코드에서는 10과 20을 더하는 기능만 수행할 수 있었습니다. 이러한 점은 코드의 활용도를 떨어뜨리는 요인이 됩니다. 다행히 앞으로 배우게 될 매개변수를 통해 이러한 문제를 해결할 수 있습니다.

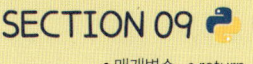
02 매개변수와 return

1 매개변수

파이썬에서 함수는 코드를 재사용하고 깔끔하게 정리하는 강력한 도구입니다. 하지만 기본적인 함수만으로는 다양한 상황에 맞춰 사용하기에는 다소 제약적일 수 있습니다. 이때 매개변수라는 마법 도구가 등장합니다. 마치 도구 상자에 추가 옵션을 넣는 것처럼, 매개변수를 사용하면 함수의 기능을 더욱 유연하고 다양하게 활용할 수 있습니다.

매개변수는 함수를 호출할 때 전달되는 값을 저장하는 변수로 함수의 동작을 조절하거나 특정 데이터를 입력하는 데 사용됩니다. 함수를 호출할 때 매개변수를 전달하려면, 함수를 선언할 때 미리 매개변수를 받을 준비를 해야 합니다.

다음과 같이 함수를 선언할 때 소괄호 ( ) 안에 매개변수를 정의합니다.

```
◀ Code

def 함수 이름(매개변수1, 매개변수2, … ):
    코드1
    코드2
    코드3
    …
```

♥ 매개변수 개수와 순서는 자유롭게 설정할 수 있습니다.

이렇게 매개변수를 받을 수 있도록 선언해두면, 우리는 함수를 호출할 때 소괄호 안에 매개변수를 넣어서 전달할 수 있습니다.

함수를 호출할 때, 매개변수를 전달하는 방법은 다음과 같습니다.

```
◀ Code

함수 이름(매개변수1, 매개변수2, … )
```

이제부터 함수는 전달받은 매개변수를 사용하여 코드 블록을 수행할 수 있게 됩니다.

다음 예제를 통해 직접 실행해 보겠습니다. 〈예제 09-1〉 코드에서 "김파이" 이름을 변경해 보겠습니다.

소스코드 EX09_03.py

예제 09-3 　 매개변수 ①

```python
01  #함수 선언
02  def hello(name):
03      print("안녕하세요.")
04      print("제 이름은", name, "입니다.")  # name은 함수의 매개변수로 함수가 호출될 때 전달되는 값을 나타냅니다.
05      print("만나서 반갑습니다.")
06      print()
07
08
09  #함수 호출
10  hello("김송아")
11  hello("김코딩")
12  hello("박우주")
```

실행 결과

안녕하세요.
제 이름은 김송아 입니다.
만나서 반갑습니다.

안녕하세요.
제 이름은 김코딩 입니다.
만나서 반갑습니다.

안녕하세요.
제 이름은 박우주 입니다.
만나서 반갑습니다.

어떤가요? 매개변수를 사용하니 더욱 코드를 다양하게 활용할 수
있게 되었습니다.

여러분들의 이름을 넣어서
함수를 사용해 보세요.

다음은 〈예제 09-2〉 코드에서 plus 함수에 다양한 숫자를 전달하여 계산해 보겠습니다.

소스코드 EX09_04.py

```
01  #함수 선언
02  def plus(a, b):   # plus 함수를 이용해 a와 b라는 이름의 두 매개변수를 받아 더한 결과를 계산합니다.
03      print(a+b)
04
05
06  #함수 호출
07  plus(20, 50)
08  plus(306, 204)
09  plus(5, 7)
```

실행 결과 👆
```
70
510
12
```

이번에는 다양한 타입으로 매개변수를 전달해 보겠습니다.

소스코드 EX09_05.py

```
01  #함수 선언
02  def introduce(name, age):   # name과 age라는 이름의 두 매개변수를 사용합니다.
03      print("안녕하세요, 제 이름은", name, "입니다.")
04      print("나이는", age, "살 입니다.")
05      print("잘 부탁 드립니다.")
06      print()
07
08  #함수 호출
09  introduce("제니", 20)
10  introduce("켈리", 10)
11  introduce("쏭", 7)
```

SECTION 07 닥셔너리

SECTION 08 튜플과 세트

SECTION 09 함수

SECTION 10 클래스

SECTION 11 예외 처리

SECTION 12 모듈

매개변수로 이름과 나이를 전달하여, 함수 내에서 사용할 수 있었습니다.
이처럼 함수는 기본적인 기능만 제공하지만, 매개변수를 통해 다양한 데이터를 전달하여 원하는 결과를
만들어낼 수 있습니다.

2 return

이제 함수는 매개변수를 통해 하나의 기능을 다양한 값에 적용하여 수행할 수 있게 되었습니다. 하지만
더 나아가 함수 내에서 계산한 결과를 함수 외부에서 사용하고 싶다면 어떻게 해야 할까요?
이때 활용할 수 있는 키워드가 바로 return입니다. return은 함수 내에서 계산된 결과값을 함수 외부로
전달하는 데 사용되는 키워드입니다. 함수 코드 블록 내에서 return 키워드를 만나면, 함수는 종료되고
return 뒤에 따라오는 값이 함수를 호출한 위치로 전달됩니다.
return을 적용한 함수의 형태는 다음과 같습니다.

```
Code

def 함수 이름(매개변수1, 매개변수2, … ):
    코드1
    코드2
    코드3
    …
    return 함수 밖으로 전달하고 싶은 값
```

〈예제 09-4〉 코드에 return을 활용하여 실행 결과를 확인해 보겠습니다.

예제 09-6   return

```python
01  #함수 선언
02  def plus(a, b):
03      return a + b      # return 키워드를 사용하여 계산된 결과값을 함수 외부로 전달합니다.
04
05
06  #함수를 호출하여 전달받은 값을 sum 변수에 저장합니다.
07  sum = plus(5, 10)
08  print(sum)
09
10  sum = plus(6, 13)
11  print(sum)
12
```

실행 결과 🖱

```
15
19
```

해설

03행 : a + b의 값을 함수를 호출한 위치로 전달합니다. 즉, 함수를 호출한 7행에는 5 + 10의 값을 전달하고, 10행에는 6 + 13의 값을 전달합니다.
07, 10행 : 전달받은 값을 sum에 저장합니다.

이제 우리는 함수의 기본 개념과 작동 방식을 이해하며, 매개변수와 return 키워드를 활용하여 함수를 더욱 유연하고 강력하게 만들 수 있습니다.
몇 가지 예제를 통해 함수 활용 능력을 한 단계 더 높여볼까요?

SECTION 07 딕셔너리

SECTION 08 튜플과 세트

SECTION 09 함수

SECTION 10 클래스

SECTION 11 예외 처리

SECTION 12 모듈

```python
01  #함수 선언
02  def multiple_seven(num):
03      result = num * 7
04      return result      # result 변수에 저장된 값을 함수 외부로 전달합니다.
05
06
07  #함수 호출
08  print(multiple_seven(3))
09  print(multiple_seven(10))
10  print(multiple_seven(1))
```

실행 결과 🖱

```
21
70
7
```

이번에는 함수에 조건문을 활용하여 더욱 유연한 기능을 구현해 보겠습니다.

함수에 매개변수를 전달하면, 7의 배수인지 아닌지 판단해주는 함수를 만들어 보겠습니다.

```python
01  #함수 선언
02  def check_divide_seven(num):
03      if num % 7 == 0:
04          return True
05      else:
06          return False
07
08
09  #함수 호출
10  print(check_divide_seven(3))
11  print(check_divide_seven(14))
12  print(check_divide_seven(21))
```

SECTION 07
딕셔너리

SECTION 08
튜플과 세트

SECTION 09
함수

SECTION 10
클래스

SECTION 11
예외 처리

SECTION 12
모듈

실행 결과 🖰

False

True

True

해설

02행 : check_divide_seven 함수는 매개변수 num을 받아 7의 배수인지 판단합니다.

03행 : if 문을 사용하여 num을 7로 나눈 나머지가 0인지 검사합니다.

04~06행 : 조건에 따라 True 또는 False 값을 반환합니다.

이번에는 함수 안에 반복문을 활용하여 팩토리얼을 반환하는 함수를 만들어 보겠습니다. n 팩토리얼이란 1부터 n까지의 숫자를 모두 곱한 값을 의미합니다. 예를 들어, 3 팩토리얼은 1부터 3까지의 숫자를 모두 곱한 1*2*3=6이고 5 팩토리얼은 1부터 5까지의 숫자를 모두 곱한 1*2*3*4*5=120을 의미합니다.

| 예제 09-9 팩토리얼 반환 | 소스코드 EX09_09.py |

```
01   #함수 선언
02   def factorial(num):
03       sum = 1
04
05       for n in range(num):
06           sum = sum * (n+1)
07
08       return sum
09
10
11   #함수 호출
12   print(factorial(5))
13   print(factorial(3))
14   print(factorial(7))
```

실행 결과 🖰

120

6

5040

해설

02행 : factorial 함수는 매개변수 num을 받아 n 팩토리얼 값을 계산합니다.

03행 : sum 변수를 1로 초기화 합니다.

05~06행 : for 반복문을 사용하여 1부터 n+1까지 반복하며 각 숫자를 sum에 곱합니다.

매개변수와 return의 자료형을 다양화하는 것은 함수의 활용 범위를 넓힐 수 있는 좋은 방법입니다. 다음은 리스트로 학생의 점수를 전달받아, 평균을 반환하는 프로그램입니다.

예제 09-10 리스트로 평균 반환하기
소스코드 EX09_10.py

```python
01   #함수 선언
02   def calculate_average(scores):
03       sum = 0
04
05       for score in scores:
06           sum += score
07
08       average = sum / len(scores)
09
10       return average
11
12
13   #함수 호출
14   average1 = calculate_average([55, 70, 100])
15   average2 = calculate_average([100, 99, 88])
16   average3 = calculate_average([80, 70, 60])
17
18   print(average1)
19   print(average2)
20   print(average3)
```

실행 결과 🖱

```
75.0
95.66666666666667
70.0
```

03 콜백 함수

1 콜백 함수

지금까지 함수의 매개변수와 return 값을 통해 다양한 자료형을 활용하는 방법을 살펴봤습니다. 이번에는 콜백 함수라는 개념을 소개하여 함수 활용의 폭을 더욱 넓혀보겠습니다.

콜백 함수는 파이썬에서 제공하는 강력한 기능으로, 함수를 매개변수로 전달하여 필요할 때 호출하도록 하는 개념입니다. 즉, 어떤 함수가 실행되는 도중 필요한 시점에 미리 정의된 다른 함수를 실행하도록 하는 역할을 합니다.

다음 예제를 통해 콜백 함수를 활용해 보겠습니다.

예제 09-11 콜백 함수   소스코드 EX09_11.py

```
01  #함수 선언
02  def calculator(x, y, operation):
03      return operation(x, y)
04
05  def plus(x,y):
06      return x+y
07
08  def minus(x,y):
09      return x-y
10
11  def multiple(x,y):
12      return x*y
13
14  def divide(x,y):
15      return x/y
16
17
```

SECTION 07
딕셔너리

SECTION 08
튜플과 세트

SECTION 09
함수

SECTION 10
클래스

SECTION 11
예외 처리

SECTION 12
모듈

```
18    #함수 호출
19    plus_result = calculator(2, 3, plus)
20    minus_result = calculator(2, 3, minus)
21    multi_result = calculator(2, 3, multiple)
22    divide_result = calculator(2, 3, divide)
23
24    print(plus_result)
25    print(minus_result)
26    print(multi_result)
27    print(divide_result)
```

실행 결과 🖱

```
5
-1
6
0.6666666666666666
```

해설

02행~03행 : 선언된 calculator() 함수는 매개변수로 전달받은 operation 변수에 담긴 함수를 함수 내부에서 다시 호출하고
있습니다.

19행~22행 : 모두 calculator() 함수를 공통적으로 호출하고 있지만, 함수의 매개변수로 각각 plus(), minus(), multiple(),
divide()라는 다른 함수를 전달하였습니다.

이처럼 콜백 함수는 함수의 매개변수로 또 다른 함수를 전달할 수 있는 유연한 기능입니다.

2 콜백 함수의 활용

콜백 함수는 다양한 상황에서 활용될 수 있으며, 특히 비동기적인 작업을 처리할 때 매우 유용하게 사용
됩니다. '비동기적'이라는 개념이 낯설 수 있지만, 간단히 말하면 '시간차가 있는 호출 방법'이라고 생각
하면 됩니다. 동기적인 호출 방식은 함수를 호출하면 바로 결과를 받아오는 반면, 비동기적인 호출은 함
수를 호출한 후 나중에 결과를 받아오는 방식입니다.

다음 예제는 timer라는 함수를 정의하고, 이 함수를 호출하여 특정 시간 후에 원하는 함수를 실행하는 프로그램입니다.

```python
01  import time
02
03  #함수 선언
04  def timer(pause_second, callback):
05      print("타이머가 시작됩니다.")
06      print(pause_second,"초 뒤 요청하신 함수가 호출됩니다.")
07
08
09      time.sleep(pause_second)    # 매개변수 값(초) 만큼 코드 실행을 멈춥니다.
10      callback()      # 전달받은 함수를 호출합니다.
11      print("타이머가 종료됩니다.")
12
13  def callback():
14      print("요청하신 함수가 호출되었습니다.")
15
16
17  #함수 호출
18  timer(5, callback)
```

실행 결과 🖱

타이머가 시작됩니다.
5 초 뒤 요청하신 함수가 호출됩니다.
...(5초 후)
요청하신 함수가 호출되었습니다.
타이머가 종료됩니다.

📍 01행의 import 키워드는 time이라는 모듈을 사용하기 위한 코드입니다. 모듈에 대한 학습은 'Section12. 모듈'에서 자세히 다룹니다.

SECTION 07
딕셔너리

SECTION 38
튜플과 세트

SECTION 09
함수

SECTION 10
클래스

SECTION 11
예외 처리

SECTION 12
모듈

04 람다 함수

1 람다 함수

람다 함수는 일반 함수를 좀 더 간결하게 표현하는 방법으로 익명 함수라고도 불립니다. 특히, 특정 범위 내에서만 사용되거나 호출되는 횟수가 한 번인 경우에 매우 유용합니다. 람다 함수를 사용하면 코드를 훨씬 더 명확하고 효율적으로 만들 수 있습니다. 간단한 로직을 구현할 때 사용되는 람다 함수를 살펴보겠습니다.

다음과 같이 def 키워드를 사용하지 않고 lambda 키워드를 사용하여 정의합니다.

Code

```
lambda 매개변수1, 매개변수2, ... : 함수 내부 코드
```

💡 람다 함수는 강력한 도구이지만, 난이도가 높은 문법입니다. 따라서 학습하기 전에 반드시 일반 함수의 기본 개념과 사용법을 숙지하는 것이 좋습니다.

filter 함수를 예시로 확인해 보겠습니다. filter 함수는 시퀀스 자료형에서 특정 조건을 만족하는 요소를 필터링하여 반환하는 함수입니다. 다음과 같은 매개변수를 가지고 있습니다.

- 조건 : 특정 조건을 만족하는지 여부를 판단하는 함수 또는 식
- 시퀀스 자료형 : 필터링할 대상이 되는 시퀀스 자료형

다음 예제를 통해 살펴보겠습니다.

예제 09-13 filter 함수를 활용한 람다 함수 소스코드 EX09_13.py

```
01   # range() 함수로 0~19까지 리스트 생성
02   numbers = list(range(20))
03
04   even_numbers = list(filter(lambda x: x % 2 == 0, numbers))
05   print(even_numbers)
```

SECTION 07
딕셔너리

SECTION 08
튜플과 세트

SECTION 09
함수

SECTION 10
클래스

SECTION 11
예외 처리

SECTION 12
모듈

실행 결과 🖱️

[0, 2, 4, 6, 8, 10, 12, 14, 16, 18]

매개변수로 조건을 대입하는 자리에 람다 함수를 사용하여 2로 나누어지는 수 즉, 짝수라는 의미로 조건을 만들어주었습니다.

이번에는 람다 함수를 사용하여 정렬 기준을 직접 정의해 보겠습니다. 기본적으로 sorted() 함수는 조건을 별도로 지정하지 않으면 튜플의 첫 번째 요소를 기준으로 정렬합니다. 하지만 람다 함수를 사용하면 원하는 기준에 따라 정렬 조건을 자유롭게 설정할 수 있습니다.

다음 예제를 통해 람다 함수를 사용하여 두 번째 요소를 기준으로 정렬해 보겠습니다.

예제 09-14 람다 함수를 이용한 정렬　　　　　　　　　　　소스코드 EX09_14.py

```
01  tuple_num = [(1, 10), (4, 2), (99, 6), (5, 1), (8, 12), (-3, 20)]
02
03  sorted_tuple = sorted(tuple_num)
04  # sorted 함수는 두 번째 매개변수가 없으면, 튜플의 경우 첫 번째 요소로 정렬
05
06  print(sorted_tuple)
07
08  sorted_tuple = sorted(tuple_num, key=lambda x: x[1])
09  # 튜플의 두 번째 요소를 기준으로 정렬
10
11  print(sorted_tuple)
```

실행 결과 🖱️

[(-3, 20), (1, 10), (4, 2), (5, 1), (8, 12), (99, 6)]
[(5, 1), (4, 2), (99, 6), (1, 10), (8, 12), (-3, 20)]

이처럼 람다 함수의 활용법은 다양합니다. 하지만 앞서 확인한 바와 같이 람다 함수를 효과적으로 활용하기 위해서는 먼저 일반 함수에 대한 탄탄한 이해가 필요합니다. 일반 함수는 프로그래밍의 기본 토대이며, 람다 함수는 이 기반 위에서 구축되어 더욱 간결하고 효율적인 코드를 작성할 수 있도록 도와줍니다. 따라서, 반드시 일반 함수를 꼼꼼히 학습한 다음 람다 함수를 사용해 보시기 바랍니다.

05 파일 입출력

파이썬은 다양한 분야에서 활용되는 프로그래밍 언어로, 특히 데이터 분석 및 처리 분야에서 탁월한 성능을 발휘합니다. 이는 파이썬이 데이터를 다루는 데 필요한 다양한 라이브러리와 함수를 제공하며, 사용하기 쉽고 직관적인 문법을 갖추고 있기 때문입니다.

파이썬의 또 다른 장점은 파일 입출력 작업을 쉽게 수행할 수 있다는 점입니다. 파일 입출력은 프로그램과 파일 간에 데이터를 주고받는 과정을 의미하며, 파일에 저장된 데이터를 읽거나 새로운 데이터를 파일에 저장하는 등 다양한 상황에서 사용됩니다.

1 파일 열기

파일에 내용을 입력하거나 출력하기 위해서는 가장 먼저 '파일 열기' 작업을 수행해야 합니다. 파이썬에서 파일을 열기 위해서는 open() 함수를 사용합니다.

open() 함수는 다음과 같은 형식으로 사용됩니다.

```
< Code

open(파일명, 모드)
```

파일명은 문자열로 "파일명.확장자"까지 작성합니다. 모드는 파일을 어떤 방식으로 열 것인지 지정하는 매개변수입니다. 다양한 모드가 있지만 대표적으로 다음과 같은 세 가지 모드를 사용합니다.

파일 열기 모드	기능	설명
r	읽기 모드(기본값)	파일을 읽기 전용으로 엽니다.
w	쓰기 모드	파일에 새로운 내용을 쓰기 위해 엽니다. 기존 파일의 내용은 덮어쓰여집니다.
a	추가 모드	파일에 새로운 내용을 추가하기 위해 엽니다. 기존 파일의 내용은 유지됩니다.

[그림6-2] 파일 열기 모드

💛 입출력 모드를 생략하면 기본적으로 'r' 모드로 파일이 열립니다. 'w' 모드나 'a' 모드와 같이 파일 출력을 목적으로 한다면 반드시 해당 모드를 명시해야 합니다.

위와 같은 파일 열기 모드를 활용하여 다음과 같이 표현할 수 있습니다.

< Code
```
open("test.txt", "r")    # "test.txt"라는 파일을 읽기 모드로 열겠다는 구문입니다.
```

🔊 PLUS 학습 코너

파일을 열 때 발생하는 오류 중 대표적인 것이 바로 FileNotFoundError입니다.

< Code
```
Traceback (most recent call last):
File "/디렉토리/파일명.py", line 1, in <module>
open("test.txt", "r")
FileNotFoundError: [Errno 2] No such file or directory: 'test.txt'
```

이 에러는 파일 시스템에서 해당 파일을 찾을 수 없음을 의미하며, 프로그램이 정상적으로 작동하지 못하도록 방해하는 원인이 됩니다. 만약 이러한 에러를 처리하지 않고 방치한다면 프로그램은 중단되고 원하는 결과를 얻을 수 없게 됩니다. 이를 방지하기 위해 예외 처리라는 기술을 활용하여 에러 발생 시에도 프로그램이 안정적으로 작동하도록 해야 합니다. 예외 처리는 'Section11. 예외 처리'에서 학습할 수 있습니다.

---

2 파일 읽기

파일을 열었으니, 이번에는 열린 파일의 내용을 읽어보겠습니다. 파이썬은 파일 내용을 읽는 데 다양한 메서드를 제공합니다. 상황에 맞는 메서드를 선택하여 필요한 데이터를 효율적으로 추출할 수 있습니다.

- 변수명.read() : 파일 전체 내용 읽기
- 변수명.readline() : 파일 한 줄씩 읽기
- 변수명.readlines() : 파일의 모든 줄을 읽어 리스트로 반환하기

우리는 이 중에서 read() 함수를 예제로 만나보겠습니다. 파일 내용이 짧거나 전체 내용을 한 번에 처리해야 하는 경우에 유용합니다. 우선 예제 실습을 위해, 같은 패키지 내에 다음과 같이 "test.txt" 파일을 생성하고 내용을 입력해 보겠습니다.

SECTION 07
딕셔너리

SECTION 08
튜플과 세트

SECTION 09
함수

SECTION 10
클래스

SECTION 11
예외 처리

SECTION 12
모듈

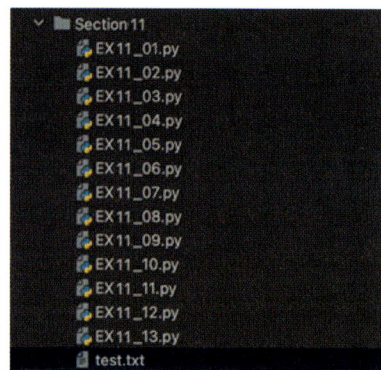

다음 내용을 작성해 주세요.

- AAA
- BBB
- CCC

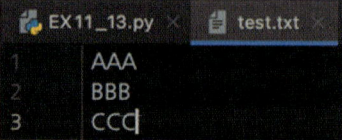
예제 09-15 read 함수   소스코드 EX09_15.py

```
01   file = open("test.txt", "r")    # 읽기 모드로 파일을 열어 변수에 담기
02
03   all = file.read()    # 파일 내용 전체 읽기
04
05   print(all)
```

실행 결과

AAA
BBB
CCC

3 파일 쓰기

이번에는 파일을 쓰기 모드로 열어서 직접 파일에 텍스트를 작성해 보겠습니다. 파일에 내용을 쓰는 것은 생각보다 쉽습니다. write() 함수를 활용하면 손쉽게 원하는 내용을 파일에 담을 수 있습니다.

다음 예제를 통해 확인해 보겠습니다.

예제 09-16 　 write 함수 　　　　　　　　　　　　　　　　　 소스코드 EX09_16.py

```
01   file = open("test.txt", "w")   # 쓰기 모드로 파일을 열어 변수에 담기
02
03   file.write("ABCDEF")
```

실행 결과 🖱

코드를 실행하면 알 수 있듯이, 실행 결과는 화면에 출력되지 않습니다. 그 대신 "test.txt" 파일을 직접 열어보면 다음과 같은 내용을 확인할 수 있습니다.

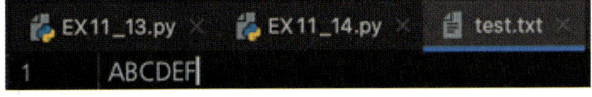

무슨 일이 일어났나요? 맞습니다. "test.txt" 파일에 "ABCDEF" 문자열을 기록하면서, 기존에 있던 "AAA BBB CCC" 문자열이 사라졌습니다. write() 함수는 기존 파일에 새로운 내용을 쓰는 함수이지만, 기존 내용을 덮어쓰는 특징을 가지고 있으므로 주의해서 사용해야 합니다.

📍 파일에 여러 줄을 작성하려면 윈도우에서는 \n, 리눅스에서는 \r\n 문자를 사용하여 줄 바꿈을 추가해야 합니다.

4 파일 닫기

앞서 파일을 열고, 읽고, 쓰는 과정을 성공적으로 마쳤습니다. 하지만 여기서 끝이 아닙니다. 마지막으로 반드시 해야 할 중요한 단계가 있습니다. 바로 파일을 닫는 것입니다.

왜 파일을 닫아야 할까요?

파일을 닫으면 프로그램이 사용하던 메모리를 해제하여 다른 작업에 사용할 수 있어 메모리 사용량을 감소할 수 있습니다. 또한 파일을 닫지 않으면 프로그램 종료 시 변경된 내용이 저장되지 않을 수도 있기 때문에 반드시 닫아 주는 것이 좋습니다.

SECTION 07 딕셔너리

SECTION 08 튜플과 세트

SECTION 09 함수

SECTION 10 클래스

SECTION 11 예외 처리

SECTION 12 모듈

파일을 닫는 방법은 매우 간단합니다. 다음과 같이 close() 함수를 사용합니다.

◁ Code

```
변수명.close( )
```

〈예제 09-15〉 코드에서 close() 함수를 이용하여 파일을 닫아보겠습니다.

예제 09-17 close 함수

소스코드 EX09_17.py

```
01   file = open("test.txt", "r")
02
03   all =  file.read( )
04
05   print(all)
06   file.close( )  # 파일 닫기
```

♥ 파일을 닫는 것은 프로그램의 안정성과 효율성을 위해 필수적인 과정입니다. 잊지 말고 항상 close() 함수를 사용하여 파일을 닫아 주세요.

PLUS 학습 코너

with 문을 사용하면 파일을 닫는 것을 잊어버릴 위험 없이 파일을 사용할 수 있습니다.

ex `with open("test.txt", "r") as file:`
　　　　`all = file.read( )`

예시와 같이 with 문을 사용하는 경우 file.close() 함수를 직접 호출할 필요가 없습니다. with 블록을 벗어나는 순간 열린 파일 객체가 자동으로 닫힙니다. 하지만 with 문 블록 안에서 예외가 발생하면 파일이 자동으로 닫히지 않을 수 있습니다.

 혼자 코딩해보기

<예제 09-16> 코드에서 close( ) 함수를 사용하여 파일을 닫아 주세요.

06 사용자 입력

1 사용자 입력이란?

지금까지 우리는 파일 읽기/쓰기 등 다양한 파일 활용 방법을 살펴봤습니다. 이제 한 단계 더 나아가 사용자로부터 직접 입력을 받아 프로그램에서 활용하는 방법을 알아보겠습니다.

사용자 입력이란, 말 그대로 사용자가 프로그램 실행 시 직접 값을 입력하는 것을 의미합니다. 예를 들어, 이전 예제에서 우리는 [Run] ▶ 탭을 통해 프로그램을 실행하고 출력 결과를 확인했습니다. 이때, 사용자는 원하는 값을 직접 입력하여 프로그램의 동작을 조절할 수 있었습니다.

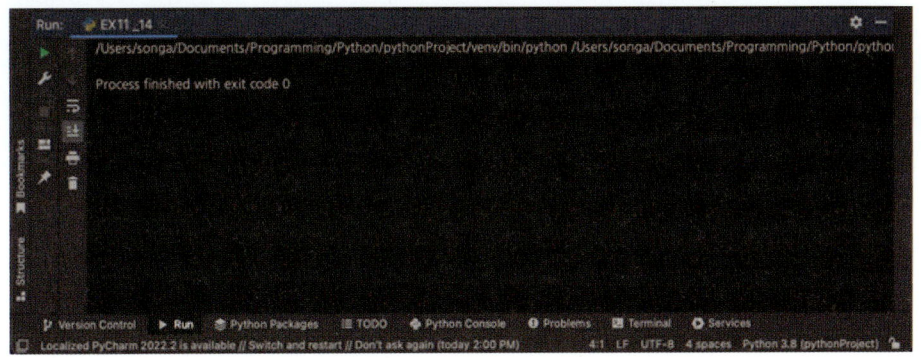

[그림9-3] 사용자 입력 예시

파이썬에서는 다양한 방법으로 사용자 입력을 받을 수 있습니다. 가장 일반적인 방법은 input() 함수를 사용하는 것입니다.

2 input() 함수

파이썬은 input() 함수를 제공하여 사용자 입력을 간편하게 처리할 수 있도록 지원합니다. input() 함수를 사용하면 사용자가 직접 키보드를 통해 값을 입력할 수 있으며, 입력된 값은 모두 문자열 형태로 반환합니다.

📍 문자열 형태로 반환한다는 점은 매우 중요한 포인트입니다. 숫자를 입력받고 싶다면, int() 함수를 사용하여 문자열을 숫자로 변환해야 합니다.

다음 예제를 통해 직접 확인해 보겠습니다.

예제 09-18   input( ) 함수 ①   소스코드 EX09_18.py

```
01    name = input("이름을 입력하세요 : ")
02
03    print(name, "님 환영합니다!")
```

위 예제 코드에서 함수를 구현하고 실행 버튼을 누르면 다른 함수와는 달리 차이점이 있습니다. 아래 [Run] ▶ 탭을 확인해볼까요?

실행 결과 ✨

화면에 [빨간 네모] 🔳 버튼이 활성화됩니다. 화면을 클릭하면 커서가 깜빡이는데, 이는 프로그램이 아직 실행 중이라는 의미로 사용자가 직접 값을 입력할 수 있는 준비가 되었음을 의미합니다.

그럼 이제 원하는 값을 입력해 볼까요? 이름을 입력하고 [Enter] 키를 누릅니다.

실행 결과와 같이 ■ 버튼이 사라지고, 우리가 원하던 출력 결과를 확인할 수 있습니다. 또한 'Process finished with exit code 0' 문구가 함께 나타나 프로그램이 정상적으로 종료되었음을 알 수 있습니다.

이번에는 또 다른 예제로 실습해 보겠습니다.

예제 09-19   input( ) 함수 ②   소스코드 EX09_19.py

```python
01   num = input("숫자를 입력하세요 : ")
02
03   if num > 10:
04       print("입력하신 숫자가  10보다 크네요.")
05   else:
06       print("입력하신 숫자가  10보다 작거나 같네요.")
```

코드를 실행한 후 [Run] 창에 숫자를 입력해 보겠습니다. 어떤 결과가 나타났나요?

맞습니다. 위와 같은 에러 메시지가 발생합니다.

앞서 설명한 대로, input() 함수는 모든 입력값을 문자열 형태로 받아들입니다. 이는 예제 코드에서 num 변수에 저장된 값이 숫자 10이 아닌 문자열 "10"이라는 것을 의미합니다. 따라서 코드 03행에서 num이 10보다 큰지 비교하려는 시도는 문자열과 숫자를 비교하는 것이기 때문에 에러가 발생합니다. 이러한 에러를 해결하기 위해서는 입력된 문자열을 숫자로 변환해야 합니다. 이를 위해 int() 함수를 사용할 수 있습니다.

int() 함수를 활용하여 〈예제 09-19〉 코드를 고도화해 보겠습니다.

SECTION 07
닥셔너리

SECTION 08
튜플과 세트

SECTION 09
함수

SECTION 10
클래스

SECTION 11
에외 처리

SECTION 12
모듈

```python
01   num = int(input("숫자를 입력하세요 : "))
02
03   if num > 10:
04       print("입력하신 숫자가  10보다 크네요.")
05
06   else:
07       print("입력하신 숫자가  10보다 작거나 같네요.")
```

이번에도 [Run] 창에 숫자를 입력해 보도록 하겠습니다.

이번 예제에서는 여러분이 입력하신 숫자에 따라서 다음과 같은 정상적인 실행 결과를 만날 수 있습니다.

실행 결과 🖱️

숫자를 입력하세요 : 17
입력하신 숫자가 10보다 크네요.

실행 결과 🖱️

숫자를 입력하세요 : 9
입력하신 숫자가 10보다 작거나 같네요.

이처럼 int() 함수를 사용하여 문자열을 숫자로 변환함으로써 발생했던 에러를 방지했습니다. 이제 이전에 다룬 예제들을 사용자 입력을 활용하여 좀 더 재미있게 복습해 보는 것은 어떨까요?

```python
01   num = int(input("숫자를 입력하세요 : "))
02
03   if num > 0:
04       print("양수 입니다.")
05   elif num == 0:
06       print("0입니다.")
07   else:
08       print("음수 입니다.")
```

숫자를 입력하세요 : 18
양수 입니다.

예제 09-22 사용자 입력 ②

```python
01    #함수 선언
02    def introduce(name, age):
03        print("안녕하세요, 제 이름은", name, "입니다.")
04        print("나이는", age, "살 입니다.")
05        print("잘 부탁 드립니다.")
06        print()
07
08    #함수 호출
09    name = input("이름을 입력하세요 : ")
10    age = int(input("숫자를 입력하세요 : "))
11    introduce(name, age)
```

실행 결과 👆

이름을 입력하세요 : 제리
숫자를 입력하세요 : 21
안녕하세요, 제 이름은 제리 입니다.
나이는 21 살 입니다.
잘 부탁 드립니다.

SECTION 07 넥셔너리

SECTION 08 튜플과 세트

SECTION 09 함수

SECTION 10 클래스

SECTION 11 예외 처리

SECTION 12 모듈

1. 다음 문장이 맞으면 O, 틀리면 X로 표시하세요.

   ① 특정 기능을 수행하기 위한 여러 줄의 코드들을 하나의 블록으로 묶어 놓은 코드 블록을 함수라고 합니다. (　　)

   ② 함수는 특정 기능을 수행하도록 구현하면, 한 번만 사용할 수 있습니다. (　　)

   ③ 함수 호출 시 데이터를 전달할 수 있는 변수를 매개변수라고 부릅니다. (　　)

   ④ 매개변수의 개수는 제한이 있습니다. (　　)

2. 다음 코드는 컴파일 에러가 발생합니다. 발생하는 이유와 해결 방법을 작성해 보세요.

   ```
   01    # 함수 선언
   02    def bye( ):
   03    print("안녕히 계세요.")
   ```

   발생 이유와 해결 방법 👆

3. 다음 빈칸에 알맞은 단어를 작성하세요.

   [　　　　　] 란, 매개변수로 함수를 전달할 수 있는 파이썬의 유용한 기능 중 하나로, 대표적으로 time.
   sleep() 이 있습니다.
   추가로 [　　　　　] 란, 일반 함수를 좀 더 간단하게 표현하는 방법으로 대표적으로 filter 함수와 같이 사
   용합니다. 특정 범위 안에서만 사용되는 함수이거나 호출되는 횟수가 한 번일 때 사용하는 방법입니다.

4. 다음 코드를 실행했을 때 콘솔창에 출력되는 내용은 무엇일까요?

```
01  #함수 선언
02  def minus(a, b):
03      return a - b
04
05  result = minus(5, 5)
06  print(result)
07
08  result = minus(6, 3)
09  print(result)
```

실행 결과 🖱

5. 파이썬에서 제공하는 대표적인 파일 입출력 모드는 다음과 같습니다. 각각 어떤 모드인지 작성해 주세요.

· "r":

· "w":

· "a":

객체 지향 프로그래밍의 시초! 클래스의 탄생

1960년대 후반, Kristen Nygaard와 Ole-Johan Dahl 이라는 두 명의 노르웨이 과학자는
Simula라는 새로운 프로그래밍 언어를 개발했습니다.
Simula는 당시로서는 혁신적인 기능들을 가지고 있었는데,
그중 하나가 바로 클래스였습니다.

MISSION

- 클래스가 무엇인지 설명할 수 있으며, 클래스를 이용하여 객체를 생성하는 과정을 알고 있습니다.

- 슈퍼 클래스의 속성과 메서드를 서브 클래스가 물려받는 상속 개념을 이해하고 있으며, 클래스 간
  의 계층 구조를 파악할 수 있습니다.

KEYWORD　#클래스　#객체　#생성자　#메서드　#상속

클래스

01 클래스와 객체

변수라는 멋진 개념 덕분에 우리는 프로그래밍에서 하나 또는 시퀀스 형태의 데이터를 담아 다양한 작업을 수행할 수 있습니다. 학생의 이름, 나이, 주소 등 변수에 담을 수 있는 데이터는 무궁무진합니다. 하지만 아쉬운 점이 있습니다. 현실 세계에서는 이러한 데이터들이 각 학생마다 개별적으로 존재하며, 각 학생은 자신의 데이터를 사용하여 다양한 행동을 수행합니다.

이러한 현실 세계의 상황을 프로그래밍 세계에서도 그대로 반영할 수 있는 방법은 없을까요?

1 객체란?

객체(Object)는 현실 세계의 모든 대상을 프로그래밍 세계에서 표현하는 데 사용되는 개념입니다. 현실 세계에서 우리가 눈으로 볼 수 있는 것뿐만 아니라, 실제로 존재하는 모든 것을 객체라고 표현합니다.

| 학생 | 휴대폰 | 자동차 |

[그림10-1] 객체 예시 1

위 그림처럼 핸드폰이나 자동차와 같은 물리적인 대상도 객체라고 할 수 있으며, 학생, 선생님과 같은 사람도 객체가 될 수 있습니다. 그뿐만 아니라, 눈에 보이지 않는 개념이나 정보까지도 객체로 표현할 수 있습니다.

다음 그림을 통해 객체의 다양한 예시를 살펴보겠습니다.

| 시험 | 수강 신청 | 티켓팅 |

[그림10-2] 객체 예시 2

이처럼 무형의 존재까지도 세상에 존재하는 모든 것을 우리는 객체라고 표현할 수 있습니다. 객체는 다음과 같은 주요 특징을 가지고 있습니다.

- 상태(State) : 객체는 데이터와 상태를 가지고 있습니다. 학생의 경우 이름, 나이, 학과 등이 상태에 해당됩니다.
- 행동(Behavior) : 객체는 특정한 기능이나 행동을 수행할 수 있습니다. 학생의 경우 공부하기, 책 읽기, 운동하기 등 이 행동에 해당됩니다.

컵을 예시로 살펴보겠습니다. 컵은 가격, 브랜드, 색상, 재질 등 다양한 데이터를 가지고 있습니다.

[그림10-3] 컵 객체의 다양한 데이터

그럼, 컵의 기능은 어떤 것들이 있을까요? 컵이 능동적으로 하는 행동과 수동적으로 하는 행동이 있을 수 있겠죠. 먼저, 컵 객체의 기능을 살펴보면, '물을 담는다', '컵이 깨진다', '컵이 움직인다'와 같은 기능을 수행할 수 있습니다. 또한 컵 객체는 다음과 같은 상태를 나타낼 수 있습니다. '컵이 떨어진다' '컵이 만들어진다' '컵에 물이 차 있는 상태이다' '컵에 물이 비어 있는 상태이다'

[그림10-4] 컵 객체의 다양한 상태

이처럼 객체는 현실 세계의 사물을 추상화하여 프로그래밍 코드로 표현하는 데 사용되는 중요한 개념입니다. 객체는 단순히 데이터를 저장하는 변수와는 달리, 데이터와 행동을 함께 표현하여 현실 세계를 더욱 정확하게 반영할 수 있도록 합니다. 우리는 다양한 객체들을 프로그래밍 코드로 구현하여 현실 세계를 시뮬레이션하고 문제를 해결하는 프로그램을 만들 수 있습니다. 이제, 프로그래밍 세상에서 이러한 객체들을 구현해 보겠습니다.

SECTION 07 딕셔너리

SECTION 08 튜플과 세트

SECTION 09 함수

SECTION 10 클래스

SECTION 11 예외 처리

SECTION 12 모듈

2 클래스란?

프로그래밍 세상에서 객체를 구현하는 방법은 '클래스'라는 개념을 활용하는 것입니다. 클래스는 마치 와플을 만드는 와플 머신처럼, 객체를 만드는 하나의 틀이라고 생각할 수 있습니다. 와플 머신은 반죽을 넣고 굽는 과정을 통해 와플이라는 완성된 객체를 만들어내는 역할을 합니다.

객체   클래스

[그림10-5] 클래스와 객체 예시

하지만 클래스는 단순히 찍어내는 틀 역할만 하는 것은 아닙니다. 자동차 설계도처럼 어떤 객체를 만들고자 하는지, 어떤 특징과 기능을 가져야 하는지를 명확하게 정의하는 역할을 합니다. 즉, 자동차 클래스로 객체를 만들면, 다음과 같은 설계 내용이 포함되어 있습니다.

자동차 클래스로 객체를 만드는 방법	=	생성자

또한, 객체가 완성되었을 때 가져야 할 내용들도 다음과 같이 작성되어 있습니다.

자동차의 브랜드, 모델, 색상, 연비 등과 같은 데이터를 가지게 됩니다.	=	변수 또는 클래스 변수
출발, 정지, 운전과 같은 기능을 수행하게 됩니다.	=	메서드

이처럼 클래스는 객체의 설계도 역할을 함으로써 객체를 일관되고 효율적으로 만들 수 있도록 도와줍니다.

생성자와 클래스 변수의 개념은 본 섹션 후반부에서 학습합니다.

3 클래스의 정의

자, 이제 파이썬 코드로 클래스를 어떻게 정의하는지 알아보겠습니다.

클래스를 정의하는 기본 형태는 다음과 같습니다.

```
class 클래스명:
    클래스 변수
    생성자
    메서드
```

💡 함수가 클래스 안에 들어가면 우리는 메소드라고 부릅니다.

모든 클래스가 이 세 가지 요소를 모두 가지고 있는 것은 아닙니다. 상황에 따라 필요한 요소만 선택하여 정의할 수 있습니다. 하지만 다른 프로그래밍 언어를 배우기 위해서는 세 가지 요소를 모두 작성하는 방식을 익히는 것이 좋습니다.

백문이 불여일코!! 우리는 이미 다양한 메서드를 활용한 경험이 있으므로, 가장 친숙한 메서드만을 요소로 가진 클래스를 만들어 보겠습니다.

```
class Person:

    def introduce(self):
        print("안녕하세요.")
```

위 코드는 'Person'이라는 클래스를 정의합니다. 이 클래스는 사람을 나타내는 객체를 생성할 수 있도록 설계되었습니다. 클래스명은 일반적으로 해당 클래스가 생성할 객체의 종류를 나타내는 이름으로 작성합니다.

Person 클래스는 'introduce'라는 메서드를 가지고 있으며, 이 메서드는 호출될 때마다 "안녕하세요."라는 문구를 출력합니다. 이전에 학습한 메서드와 다른 점은 매개변수 소괄호( )안에 'self'라는 매개변수가 기본적으로 포함된다는 것입니다. 'self'는 객체 자체를 의미하는 특별한 변수로, 메서드 내에서 객체의 속성이나 메서드를 사용할 때 활용됩니다. 앞으로 필드와 생성자를 학습하면서 이 개념을 더 자세히 알아보겠습니다.

SECTION 07 딕셔너리

SECTION 08 튜플과 세트

SECTION 09 함수

SECTION 10 클래스

SECTION 11 예외 처리

SECTION 12 모듈

이제 Person 클래스를 사용하여 객체를 생성하고 메서드를 호출하는 방법을 확인해 보겠습니다. 다음 예제를 통해 방법을 확인한 후 기본 형태를 학습하겠습니다.

소스코드 EX10_01.py

예제 10-1 Person 클래스

```python
01   class Person:      # Person 클래스 정의
02
03       def introduce(self):
04           print("안녕하세요.")
05
06
07   minsu = Person()
08   minsu.introduce()
```

실행 결과

안녕하세요.

위 코드는 Person 클래스를 사용하여 사람을 나타내는 객체를 생성하고, 그 객체의 메서드를 호출하는 방법을 보여줍니다. 01~04행 코드는 앞서 살펴본 Person 클래스를 구현한 부분입니다. 07행에서는 minsu라는 변수에 Person 객체를 담아 저장했습니다.

객체를 생성하는 기본 형태는 다음과 같습니다.

◁ Code

```
객체를 담을 변수명 = 클래스명( )
```

메서드를 호출하는 방법과 마찬가지로, 클래스명과 소괄호( )를 사용하면 객체를 생성할 수 있습니다. 따라서 [실행 결과]와 같이 "안녕하세요."라는 문구를 출력할 수 있었습니다. 08행에서 minsu 변수에 담긴 객체의 메서드를 호출한 것이죠.

객체의 메서드를 사용하는 방법은 다음과 같습니다.

◁ Code

```
객체명(변수명).메서드명( )
```

이번에는 메서드에 매개변수를 추가하여 minsu의 introduce 메서드를 좀 더 고도화해 보겠습니다. 단순히 "안녕하세요"라고 출력하는 대신, "안녕하세요, 저는 민수입니다."라고 출력되도록 변경해 보겠습니다.

소스코드 EX10_02.py

예제 10-2 메서드에 매개변수 추가

```python
01   class Person:
02
03       def introduce(self, name):
04           print("안녕하세요. 저는", name, "입니다.")
05
06
07   minsu = Person()
08   minsu.introduce("민수")
```

실행 결과 ✨
안녕하세요. 저는 민수 입니다.

파이썬의 introduce 메서드에 name이라는 매개변수를 추가하여, 객체를 소개할 때 사용할 이름을 받을 수 있게 되었습니다. 이를 활용하여 print 문에서 "민수"라는 이름을 출력하도록 변경했습니다.

이번에는 또 다른 예제를 통해 클래스를 생성하는 연습을 해보겠습니다.
다음은 동물을 나타내는 'Animal' 클래스를 생성하고, 이를 사용하여 cat과 dog 객체를 생성한 후 "울음소리" 메서드를 호출하는 프로그램입니다.

소스코드 EX10_03.py

예제 10-3 클래스 생성

```python
01   class Animal:
02
03       def cry(self, sound):
04           print("저의 울음소리는", sound, "입니다.")
05
06
07   cat = Animal()
08   cat.cry("야옹")
09
```

SECTION 07 딕셔너리

SECTION 08 튜플과 세트

SECTION 09 함수

SECTION 10 클래스

SECTION 11 예외 처리

SECTION 12 모듈

```
10   dog = Animal()
11   dog.cry("멍멍")
```

실행 결과 🖱

저의 울음소리는 야옹 입니다.
저의 울음소리는 멍멍 입니다.

4 self

'self'라는 변수는 언제 사용할까요? self는 객체 자신을 가리키는 특별한 변수입니다. 즉, 메서드 내에서 객체의 속성이나 다른 메서드에 접근하고 이를 변경할 때 사용됩니다. self가 어떤 의미를 가지고 있는지 코드를 통해 직접 확인해 보겠습니다.

먼저 self를 사용하지 않은 〈예제 10-2〉 코드에서 minsu.name을 출력해 보겠습니다.

예제 10-4 self ①   소스코드 EX10_04.py

```
01   class Person:
02
03      def introduce(self, name):
04          print("안녕하세요. 저는", name, "입니다.")
05
06
07   minsu = Person()
08   minsu.introduce("민수")
09
10   print(minsu.name)
```

실행 결과 🖱

Traceback (most recent call last):
  File "C:\디렉토리\EX10_04.py", line 10, in <module>
    print(minsu.name)
AttributeError: 'Person' object has no attribute 'name'
안녕하세요. 저는 민수 입니다.

에러가 발생했습니다. 위 코드에서 발생한 AttributeError는 'Person' 객체에 'name'이라는 변수가 없다는 의미입니다.

즉, "민수"라는 이름을 출력할 수 있었지만, 이는 객체가 실제로 가진 데이터가 아니라는 뜻입니다. introduce 메서드는 name이라는 매개변수를 받지만, 이 매개변수는 메서드 내에서만 사용되고 객체 자체에는 저장되지 않습니다. 따라서 print(minsu.name) 코드는 존재하지 않는 속성에 접근하려고 하기 때문에 오류가 발생합니다.

그렇다면 어떻게 객체에 이름을 부여할 수 있을까요? 이 문제를 해결하려면 self 변수를 사용하여 name 속성을 객체에 직접 저장해야 합니다.

다음 예제는 self를 사용하여 수정한 코드입니다.

예제 10-5　self ②　　　　　　　　　　　　　　　　　　　　소스코드 EX10_05.py

```python
01  class Person:
02
03      def introduce(self, name):
04          self.name = name
05          print("안녕하세요. 저는", name, "입니다.")
06
07
08  minsu = Person()
09  minsu.introduce("민수")
10
11  print(minsu.name)
```

실행 결과 🖱
안녕하세요. 저는 민수 입니다.
민수

04행에서 코드 한 줄만 추가되었을 뿐인데, 에러가 사라지고 minsu라는 객체는 "민수" 이름을 가지게 되었습니다. 어떻게 동작하게 된 것일까요? 메서드를 자세히 살펴보면 다음과 같습니다.

◁ Code

```python
def introduce(self, name):
```
→ 클래스로 객체가 만들어지면, 자동으로 'self'라는 매개변수에 그 객체가 저장됩니다.

① self.name = ② name

① 생성된 객체에 'name'이라는 변수를 생성하여
② 'introduce' 메서드 호출 시 전달받은 'name' 변수의 값을 대입합니다.

SECTION 07 딕셔너리

SECTION 08 튜플과 세트

SECTION 09 함수

SECTION 10 클래스

SECTION 11 예외 처리

SECTION 12 모듈

즉, self라는 매개변수는 클래스로 생성된 객체를 파이썬이 자동으로 넣어주는 변수를 뜻합니다. 따라서 메서드 내에서 self를 사용하여 객체의 속성이나 메서드에 직접 접근하고 변경할 수 있습니다.

〈예제 10-3〉 코드도 self 매개변수를 사용하여 수정해 보겠습니다.

예제 10-6 self ③

소스코드 EX10_06.py

```python
01  class Animal:
02
03      def cry(self, sound):
04          self.sound = sound    # 객체의 sound 속성에 sound 매개변수 값을 저장합니다.
05          print("저의 울음소리는", sound, "입니다.")
06
07
08  cat = Animal()    # Animal 클래스로 'cat' 객체를 생성합니다.
09  cat.cry("야옹")    # 'cat' 객체의 cry 메서드를 호출하고, 매개변수로 "야옹"이라는 문자열을 전달합니다.
10  print(cat.sound)
11
12  dog = Animal()    # Animal 클래스로 'dog' 객체를 생성합니다.
13  dog.cry("멍멍")    # 'dog' 객체의 cry 메서드를 호출하고, 매개변수로 "멍멍"이라는 문자열을 전달합니다.
14  print(dog.sound)
```

실행 결과 🖱

저의 울음소리는 야옹 입니다.
야옹
저의 울음소리는 멍멍 입니다.
멍멍

self 변수는 객체 지향 프로그래밍에서 필수적인 개념이며, 객체의 속성과 메서드를 제어하는 데 중요한 역할을 합니다. 올바르게 사용하면 코드를 더욱 명확하고 효율적으로 만들 수 있습니다.

02 생성자와 소멸자

현실 세계에서 대부분의 객체는 생성되면서 고유한 데이터를 가지고 태어나는 경우가 많습니다. 마치 우리가 태어날 때부터 이름과 나이라는 고유한 데이터를 가지고 있는 것처럼 말이죠. 객체 또한 생성 과정에서 초깃값을 설정하여 고유한 데이터를 부여할 수 있습니다.

이 과정을 담당하는 것이 바로 생성자입니다. 이번 섹션에서는 객체가 생성될 때 데이터를 가지고 태어나는 방법, 즉 생성자를 사용하는 방법을 알아보겠습니다.

1 생성자란?

생성자는 다음과 같은 특징을 가진 특별한 메서드입니다.

- 객체를 생성할 때 자동으로 호출됩니다.

- 생성자를 선언할 때와 호출할 때 서로 다른 이름을 사용합니다.

  ❶ 생성자 선언 : __init__() 메서드를 사용하여 선언합니다.

  ❷ 생성자 호출 : 클래스 이름을 사용하여 호출합니다.

위의 특징을 고려하면, 여러분들은 직접 연습해 본 〈예제 10-5〉 코드에서 생성자 호출을 찾을 수 있습니다. 맞습니다. 바로 Person() 부분입니다.

생성자는 반드시 필요한 것은 아니며, 사용하지 않을 경우 생략할 수 있습니다. 하지만 우리가 직접 구현하지 않는다고 해서 그 클래스에 생성자가 없는 것은 아닙니다. 모든 클래스에는 기본 생성자가 존재합니다. 기본 생성자는 별도의 코드 없이도 자동으로 만들어지는 생성자이며, 객체를 생성할 때 아무런 초깃값도 설정하지 않습니다.

따라서 객체가 생성될 때 필요한 초깃값을 설정해야 하는 경우에는 직접 생성자를 정의하는 것이 좋습니다.

다시 한번 〈예제 10-5〉 코드를 살펴볼까요?

Code

```
class Person:

    def introduce(self, name):
        self.name = name
        print("안녕하세요. 저는", name, "입니다.")

minsu = Person()
minsu.introduce("민수")

print(minsu.name)
```

위 코드를 보면, class Person을 선언할 때, 우리는 __init__() 메서드를 명시적으로 구현하지 않았습니다. 하지만 파이썬은 기본적으로 내용이 비어있을 뿐 아니라 매개변수(파라미터)도 비어 있는 생성자(기본 생성자)를 제공하기 때문에, Person()을 호출하여 객체를 생성할 수 있었습니다.

이번에는 〈예제 10-5〉 코드를 고도화하여 생성자를 추가해 보겠습니다.
사실 인사를 하면서 이름을 부여받는다는 것이 조금 어색하게 느껴지므로, 객체를 생성하면서 minsu 객체에 이름을 부여해 보겠습니다.

예제 10-7   생성자 ①   소스코드 EX10_07.py

```
01   class Person:
02
03       def __init__(self, name):      # __init__ 메서드는 객체 생성 시 자동으로 호출되는 메서드입니다.
04           self.name = name
05
06       def introduce(self):
07           print("안녕하세요. 저는", self.name, "입니다.")
08
09
10   minsu = Person("민수")
11   minsu.introduce()
```

SECTION 07
딕셔너리

SECTION 08
튜플과 세트

SECTION 09
함수

SECTION 10
클래스

SECTION 11
예외 처리

SECTION 12
모듈

실행 결과 🖱️

안녕하세요. 저는 민수 입니다.

이전 코드에서는 minsu.introduce("민수")처럼 별도의 메서드를 호출하여 이름을 지정했지만, 이번에는 생성자 (__init__)를 이용하여 객체 생성 시 직접 이름을 지정할 수 있도록 개선했습니다. 즉, minsu = Person("민수")와 같이 객체를 생성하는 동시에 이름을 부여할 수 있습니다. 이처럼 introduce 메서드는 객체가 가진 name 변수를 출력하여 마치 현실 세계의 객체처럼 구현할 수 있게 되었습니다.

다음은 〈예제 10-6〉 코드를 생성자를 이용하여 보다 자연스럽게 구현해 보겠습니다.

예제 10-8 생성자 ②   소스코드 EX10_08.py

```python
01   class Animal:
02
03       def __init__(self, sound):    # 객체 생성 시 자동으로 호출되는 생성자입니다.
04           self.sound = sound        # 객체 생성 시 sound 속성에 값을 할당합니다.
05
06       def cry(self):
07           print(self.sound * 2)     # 객체의 sound 속성 값을 두 번 반복하여 출력합니다.
08
09
10   cat = Animal("야옹")
11   cat.cry()
12
13   dog = Animal("멍멍")
14   dog.cry()
```

실행 결과 🖱️

야옹야옹
멍멍멍멍

생성자를 이용하면 객체 생성과 동시에 각 객체의 속성 값을 손쉽게 지정할 수 있습니다. 또한, 생성된 객체마다 각각 다른 값을 부여하여 코드의 유연성을 높일 수 있습니다.

예를 들어, 다음 예제처럼 여러 명의 사람을 나타내는 Person 객체를 생성하고 각각 다른 이름을 부여할 수 있습니다.

예제 10-9   생성자 ③   소스코드 EX10_09.py

```python
01   class Person:
02
03       def __init__(self, name):
04           self.name = name
05
06       def introduce(self):
07           print("안녕하세요. 저는", self.name, "입니다.")
08
09
10   minsu = Person("민수")
11   minsu.introduce()
12
13   younghee = Person("영희")
14   younghee.introduce()
15
16   soohyun = Person("수현")
17   soohyun.introduce()
```

실행 결과

안녕하세요. 저는 민수 입니다.
안녕하세요. 저는 영희 입니다.
안녕하세요. 저는 수현 입니다.

minsu = Person("민수") 코드를 통해 민수라는 이름을 가진 minus 객체를 생성할 수 있습니다. 이렇게 생성된 객체는 introduce() 메서드에서 self.name 변수를 출력할 때마다 각 객체의 이름을 출력하게 됩니다. 마치 실제 사람이 자신의 이름을 소개하는 것처럼 말이죠!
이제 코드가 훨씬 현실 세계와 가까워졌습니다.

이번에는 사람 대신 컵이라는 객체를 예제로 연습해 보겠습니다.

```python
01  class Cup:
02      def __init__(self, color, brand):
03          self.color = color
04          self.brand = brand
05
06  # 객체 생성 및 속성 출력
07  starCafeCup = Cup('green', 'starCafe')
08  print("컵의 색상은", starCafeCup.color)
09  print("컵의 브랜드는", starCafeCup.brand)
10
11  print()
12
13  angelCafeCup = Cup('gold', 'angelCafe')
14  print("컵의 색상은", angelCafeCup.color)
15  print("컵의 브랜드는", angelCafeCup.brand)
16
17  print()
18
19  blueCafeCup = Cup('blue', 'blueCafe')
20  print("컵의 색상은", blueCafeCup.color)
21  print("컵의 브랜드는", blueCafeCup.brand)
```

실행 결과 🖱️

컵의 색상은 green
컵의 브랜드는 starCafe

컵의 색상은 gold
컵의 브랜드는 angelCafe

컵의 색상은 blue
컵의 브랜드는 blueCafe

SECTION 07
딕셔너리

SECTION 08
튜플과 세트

SECTION 09
함수

SECTION 10
클래스

SECTION 11
예외 처리

SECTION 12
모듈

Cup 클래스를 사용하여 starCafeCup, angelCafeCup, blueCafeCup이라는 세 개의 객체를 생성했습니다. 각 객체는 color와 brand 속성을 가지고 있으며, 이 속성들은 생성자 메서드에서 전달된 값이 저장됩니다. print 문장을 사용하여 각 객체의 color와 brand 속성 값을 출력했습니다. 이처럼 생성자를 통해 객체의 초기 상태를 설정하고, 객체의 속성을 통해 객체의 상태를 확인할 수 있습니다.

2 소멸자란?

객체가 생성될 때 생성자를 호출하는 것처럼, 객체가 소멸될 때 호출되는 메서드를 소멸자라고 합니다. 소멸자는 객체가 더 이상 사용되지 않고 메모리에서 제거되기 전에 마지막으로 수행되는 코드 블록입니다. 생성자와 마찬가지로 소멸자도 기본적으로 존재하며, 별도의 선언 없이도 사용할 수 있습니다. 물론, 필요에 따라 직접 정의하여 사용할 수도 있습니다.

소멸자는 다음과 같은 특징을 가지고 있습니다.

- 소멸자 선언 : __del__() 메서드를 사용하여 선언합니다.
- 소멸자 호출 : 메서드 형태로 호출하지 않고 del 키워드를 사용합니다.

소멸자를 호출하는 방법은 다음과 같이 del 키워드 뒤에 클래스명을 작성합니다.

◁ Code

```
del 클래스명
```

〈예제 10-10〉 코드를 수정하여 확인해 보겠습니다. 먼저 생략된 소멸자를 호출해 볼까요?

예제 10-11 소멸자 호출   소스코드 EX10_11.py

```
01   class Cup:
02       def __init__(self, color, brand):
03           self.color = color
04           self.brand = brand
05
06
07   starCafeCup = Cup('green', 'starCafe')
08   print("컵의 색상은", starCafeCup.color)
09   print("컵의 브랜드는", starCafeCup.brand)
10
```

```
11    del starCafeCup      # del 키워드를 사용하여 starCafeCup 객체를 삭제합니다.

12

13    print()

14

15    angelCafeCup = Cup('gold', 'angelCafe')

16    print("컵의 색상은", angelCafeCup.color)

17    print("컵의 브랜드는", angelCafeCup.brand)

18

19    del angelCafeCup      # del 키워드를 사용하여 angelCafeCup 객체를 삭제합니다.

20

21    print()

22

23    blueCafeCup = Cup('blue', 'blueCafe')

24    print("컵의 색상은", blueCafeCup.color)

25    print("컵의 브랜드는", blueCafeCup.brand)

26

27    del blueCafeCup       # del 키워드를 사용하여 blueCafeCup 객체를 삭제합니다.
```

실행 결과 🖱

컵의 색상은 green
컵의 브랜드는 starCafe

컵의 색상은 gold
컵의 브랜드는 angelCafe

컵의 색상은 blue
컵의 브랜드는 blueCafe

생성자를 사용한 예제와 마찬가지로, 소멸자를 직접 선언하지 않았음에도 불구하고 정상적으로 작동하고 에러가 발생하지 않았습니다. 이는 우리가 직접 선언하지 않아도 기본적으로 소멸자가 존재하며, 객체가 소멸될 때 자동으로 호출된다는 것을 의미합니다.

SECTION 07
딕셔너리

SECTION 08
튜플과 세트

SECTION 09
함수

SECTION 10
클래스

SECTION 11
예외 처리

SECTION 12
모듈

이번에는 소멸자를 직접 정의해 보겠습니다.

〈예제 10-11〉 코드에서 각각 어떤 소멸자들이 호출되었고 어떤 객체가 소멸되었는지 확인하기 위해 소멸자를 구현해 보겠습니다.

예제 10-12 소멸자 구현 및 호출 ① 　　　　　　　　　소스코드 EX10_12.py

```python
01  class Cup:
02      def __init__(self, color, brand):
03          self.color = color
04          self.brand = brand
05
06      def __del__(self):
07          print(self.brand, "컵 객체가 소멸되었습니다.")
08
09
10  starCafeCup = Cup('green', 'starCafe')
11  print("컵의 색상은", starCafeCup.color)
12  print("컵의 브랜드는", starCafeCup.brand)
13
14  del starCafeCup
15
16  print()
17
18  angelCafeCup = Cup('gold', 'angelCafe')
19  print("컵의 색상은", angelCafeCup.color)
20  print("컵의 브랜드는", angelCafeCup.brand)
21
22  del angelCafeCup
23
24  print()
25
26  blueCafeCup = Cup('blue', 'blueCafe')
27  print("컵의 색상은", blueCafeCup.color)
28  print("컵의 브랜드는", blueCafeCup.brand)
29
30  del blueCafeCup
```

SECTION 07
딕셔너리

SECTION 08
튜플과 세트

SECTION 09
함수

SECTION 10
클래스

SECTION 11
예외 처리

SECTION 12
모듈

실행 결과 🖱️

컵의 색상은 green
컵의 브랜드는 starCafe
starCafe 컵 객체가 소멸되었습니다.

컵의 색상은 gold
컵의 브랜드는 angelCafe
angelCafe 컵 객체가 소멸되었습니다.

컵의 색상은 blue
컵의 브랜드는 blueCafe
blueCafe 컵 객체가 소멸되었습니다.

해설

02행 : __init__ 메서드는 객체 생성 시 자동으로 호출되는 생성자 메서드입니다.
06행 : __del__ 메서드는 객체 소멸 시 자동으로 호출되는 소멸자 메서드입니다.
14,22,30행 : del 키워드를 사용하여 starCafeCup, angelCafeCup, blueCafeCup 객체를 삭제합니다.

각 객체가 소멸될 때, __del__ 메서드에서 정의된 print 문장이 실행되어 컵의 브랜드와 함께 소멸 메시지가 출력되었습니다. 이제 우리는 소멸자 메서드를 사용하여 어떤 객체가 언제 소멸되었는지 그 시점을 확인할 수 있게 되었습니다. 하지만 객체 소멸을 위해 반드시 del 키워드를 직접 사용해야 하는 것은 아닙니다. 사실, 프로그램이 종료될 때에는 모든 객체의 소멸자가 자동으로 호출됩니다.

〈예제 10-12〉 코드에서 모든 소멸자 호출 코드를 삭제한 후 실행 버튼을 눌러볼까요?
다음과 같은 실행 결과가 출력됩니다. 이는 모든 소멸자가 프로그램 종료 시 한 번에 호출된다는 것을 의미합니다.

실행 결과 🖱️
컵의 색상을 green
컵의 브랜드는 starCafe

컵의 색상을 gold
컵의 브랜드는 angelCafe

컵의 색상을 blue
컵의 브랜드는 blueCafe

이번에는 〈예제 10-8〉 코드에서 소멸자를 구현하고 호출해 보겠습니다.

예제 10-13   소멸자 구현 및 호출 ②   소스코드 EX10_13.py

```python
01    class Animal:
02
03        def __init__(self, name, sound):
04            self.name = name
05            self.sound = sound
06
07        def __del__(self):
08            print(self.name, "Animal 객체가 소멸되었습니다.")
09
10        def cry(self):
11            print(self.sound * 2)
12
13
14    cat = Animal("나비", "야옹")
15    cat.cry()
16
17    dog = Animal("껌둥이", "멍멍")
18    dog.cry()
```

실행 결과 🖱

야옹야옹
멍멍멍멍
나비 Animal 객체가 소멸되었습니다.
껌둥이 Animal 객체가 소멸되었습니다.

소멸자는 객체 소멸 과정에서 발생하는 메모리 해제, 데이터 정리, 확인 메시지 출력 등 다양한 작업을 수행하는 데 활용될 수 있는 중요한 메커니즘입니다. 객체가 사용하는 리소스를 효율적으로 관리하고 객체 소멸 과정을 안전하게 처리하기 위해 적절하게 소멸자를 활용하는 것이 중요합니다.

03 클래스 변수란?

한 가지 상상을 해볼까요? 여러 개의 객체가 항상 동일한 값을 가져야 하는 데이터가 있다면 어떨까요? 예를 들어, 같은 반에 다니는 세 명의 학생이 있다고 가정해 보겠습니다. 이 반의 학급 시간표에서 1교시 과목이 미술에서 국어로 변경되었습니다. 만약 학생들이 1교시 과목에 대한 데이터를 개별적으로 가지고 있다면, 1교시 과목 변경 시 모든 객체의 데이터를 일일이 수정해야 할 것입니다. 이처럼 개별 객체에 동일한 데이터를 저장하고 관리하는 것은 매우 불편하고 비효율적입니다. 이러한 문제를 해결하기 위해 파이썬에서는 클래스 변수라는 개념을 제공합니다.

1 클래스 변수란?

클래스 변수는 파이썬에서 클래스에 속한 모든 객체들이 공유하는 변수입니다.
먼저, 간단한 예시를 통해 클래스 변수의 동작 방식을 살펴보겠습니다.

예제 10-14 클래스 변수   소스코드 EX10_14.py

```
01  class Student:
02      def __init__(self, name, ban, subject):
03          self.name = name
04          self.ban = ban
05          self.subject = subject
06
07      def introduce(self):
08          print("안녕하세요, 제 이름은", self.name, "입니다.")
09          print("저는", self.ban, "반 입니다.")
10          print("1교시 수업은", self.subject, "입니다.")
11          print()
12
13      def talk_about_subject(self):
14          print("저는", self.ban, "반", self.name, "입니다.")
15
```

```python
16              if(self.subject == "Art"):
17                  print("1교시 수업은 그대로", self.subject, "입니다.")
18                  print()
19              else:
20                  print("1교시 수업은 변경되어", self.subject, "입니다.")
21                  print()
22
23
24  # 같은 1반 학생 3명 객체 생성
25  kelly = Student("kelly", 1, "Art")
26  jason = Student("jason", 1, "Art")
27  tom = Student("tom", 1, "Art")
28
29  # 자기 소개와 1교시 과목 안내
30  kelly.introduce()
31  jason.introduce()
32  tom.introduce()
33
34  # kelly, jason 객체의 1교시 과목 변경
35  kelly.subject = "Korean"
36  jason.subject = "Korean"
37
38  # 세 학생의 1교시 과목 안내
39  kelly.talk_about_subject()
40  jason.talk_about_subject()
41  tom.talk_about_subject()
```

실행 결과 🖱

안녕하세요, 제 이름은 kelly 입니다.
저는 1반 입니다.
1교시 수업은 Art 입니다.

안녕하세요, 제 이름은 jason 입니다.
저는 1반 입니다.
1교시 수업은 Art 입니다.

SECTION 07
믹셔너리

SECTION 08
튜플과 세트

SECTION 09
함수

SECTION 10
클래스

SECTION 11
예외 처리

SECTION 12
모듈

```
안녕하세요, 제 이름은 tom 입니다.
저는 1 반 입니다.
1교시 수업은 Art 입니다.

저는 1 반 kelly 입니다.
1교시 수업은 변경되어 Korean 입니다.

저는 1 반 jason 입니다.
1교시 수업은 변경되어 Korean 입니다.

저는 1 반 tom 입니다.
1교시 수업은 그대로 Art 입니다.
```

위 코드는 같은 반에 다니는 세 명의 학생 객체를 생성한 후, 모두 1교시를 미술(Art)로 설정했습니다. 이후 1교시 과목을 국어(Korean)로 변경했지만, tom의 과목은 변경하지 않았습니다. 그 결과 tom은 여전히 1교시 수업이 미술(Art)이라고 얘기하고 있습니다.

이 코드는 3개의 객체만 다뤘지만, 만약 수백, 수천 명의 학생 데이터를 모두 변경해야 한다면 어떻게 해야 할까요? 아마도 '그걸 언제 다 바꾸지..'라는 생각이 들 것입니다. 이런 상황에서 개별 데이터를 하나씩 수정하는 것은 비효율적이고 시간 낭비일 뿐만 아니라, 데이터 누락이나 오류 발생 가능성까지 높아집니다.

이러한 문제를 해결하기 위해 파이썬에서는 클래스 변수라는 개념을 제공합니다. 클래스 변수는 같은 클래스로 생성된 모든 객체가 공유하는 변수입니다. 즉, 클래스 변수의 값을 변경하면 해당 클래스에 속한 모든 객체의 데이터가 자동으로 변경됩니다.

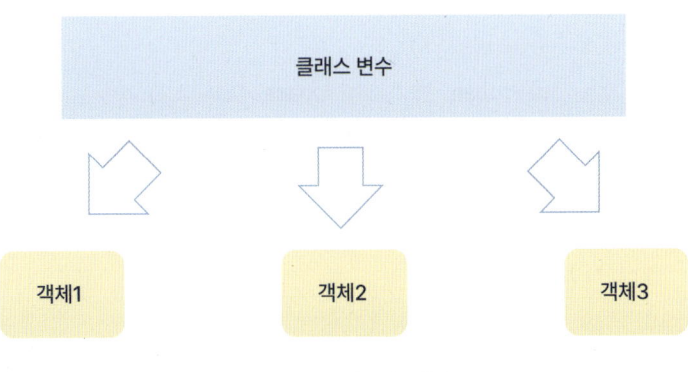

[그림10-6] 클래스 변수 예시

클래스 변수는 클래스 정의 내에서 다음과 같이 선언하며, 클래스 이름을 사용하여 접근합니다.

< Code

```
class 클래스명:

    클래스 변수명 = 값


    def __init__(self):    #생성자
        ...
```

〈예제 10-14〉 코드에서 클래스 변수를 추가하여 활용해 보겠습니다.

예제 10-15   클래스 변수 추가   소스코드 EX10_15.py

```
01   class Student:
02
03       subject = "Art"    # 클래스 변수 선언
04
05       def __init__(self, name, ban):
06           self.name = name
07           self.ban = ban
08
09       def introduce(self):
10           print("안녕하세요, 제 이름은", self.name, "입니다." )
11           print("저는", self.ban, "반 입니다.")
12           print("1교시 수업은", self.subject, "입니다.")
13           print()
14
15       def talk_about_subject(self):
16           print("저는", self.ban, "반", self.name, "입니다.")
17
18           if(self.subject == "Art"):
19               print("1교시 수업은 그대로", self.subject, "입니다.")
20               print()
21           else:
22               print("1교시 수업은 변경되어", self.subject, "입니다.")
```

```
23            print()
24
25
26    # 같은 1반 학생 3명 객체 생성
27    kelly = Student("kelly", 1)
28    jason = Student("jason", 1)
29    tom = Student("tom", 1)
30
31    # 자기 소개와 1교시 과목 안내
32    kelly.introduce()
33    jason.introduce()
34    tom.introduce()
35
36    # 모든 객체의 1교시 과목 변경
37    Student.subject = "Korean"  # 클래스 변수 값 변경
38
39    # 세 학생의 1교시 과목 안내
40    kelly.talk_about_subject()
41    jason.talk_about_subject()
42    tom.talk_about_subject()
```

실행 결과 🖱

안녕하세요, 제 이름은 kelly 입니다.
저는 1 반 입니다.
1교시 수업은 Art 입니다.

안녕하세요, 제 이름은 jason 입니다.
저는 1 반 입니다.
1교시 수업은 Art 입니다.

안녕하세요, 제 이름은 tom 입니다.
저는 1 반 입니다.
1교시 수업은 Art 입니다.

저는 1 반 kelly 입니다.
1교시 수업은 변경되어 Korean 입니다.

저는 1 반 jason 입니다.

1교시 수업은 변경되어 Korean 입니다.

저는 1 반 tom 입니다.

1교시 수업은 변경되어 Korean 입니다.

〈예제 10-14〉 코드에서 느꼈던 비효율성과 수작업의 번거로움을 해결하기 위해 37행 코드에서는 클래스 변수를 사용하여 한 번에 모든 객체의 subject 값을 변경했습니다. 클래스 변수를 사용하여 모든 객체의 데이터를 한 번에 손쉽게 변경할 수 있게 되었고, 코드의 간결성도 크게 향상되었습니다.

클래스 변수를 사용할 때는 클래스가 가지고 있는 데이터 값으로 다음과 같은 형식으로 접근합니다.

⬳ Code

```
클래스명.변수명
```

> **PLUS 학습 코너**
>
> **클래스 변수는 다음과 같이 두 가지 방식으로 접근할 수 있습니다.**
>
> ❶ '객체.변수명' : 특정 객체의 클래스 변수 값만 변경할 수 있으며 다른 객체에는 영향을 미치지 않습니다.
> ❷ '클래스.변수명' : 모든 객체에 영향을 미치는 클래스 변수 값을 변경하는 데 사용됩니다.
>
> 클래스 변수를 모든 객체가 동일한 값을 공유하는 변수로 사용하려면 '클래스.변수명' 형식으로 사용합니다. 이는 모든 객체에 동일한 값을 적용하고 데이터 일관성을 유지하기 때문입니다.

클래스 변수는 여러 객체가 공통적으로 사용하는 데이터를 관리하는 데 매우 유용합니다. 특히 다음과 같은 상황에서 클래스 변수를 활용하면 코드의 효율성과 유지 관리성을 크게 향상시킬 수 있습니다.

- 모든 객체가 공유하는 데이터를 저장해야 하는 경우
- 특정 값으로 모든 객체에 초기화해야 하는 경우

04 상속

SECTION 10

• 상속이란? • 상속 관계 정의 • super() • 오버라이딩

SECTION 07
딕셔너리

SECTION 08
튜플과 세트

SECTION 09
함수

SECTION 10
클래스

SECTION 11
예외 처리

SECTION 12
모듈

클래스를 활용하여 객체를 생성하면 프로그램이 훨씬 풍성해진다는 것을 느꼈을 것입니다. 하지만, 파이썬은 객체 생성에 그치지 않고, 한 번 정의한 클래스를 기반으로 새로운 클래스를 만들 수 있는 강력한 기능인 상속을 제공합니다. 상속을 통해 기존 클래스의 기능을 재사용하고, 새로운 기능을 추가하여 더욱 다양한 객체를 만들 수 있습니다.

지금부터 상속의 개념과 활용 방식에 대해 알아보겠습니다.

1 상속이란?

상속은 파이썬뿐만 아니라 자바, C++ 등 다양한 객체 지향 프로그래밍 언어에서 제공하는 중요한 기능입니다. 마치 현실 세계에서 부모가 자식에게 유산이나 재산을 물려주는 것처럼, 기존 클래스가 가지고 있는 기능과 데이터를 그대로 물려받아 새로운 클래스를 만들 수 있다는 점에서 상속이라는 단어가 사용됩니다.

상속은 다음과 같은 두 가지 주요 역할을 수행합니다.

- 기능과 데이터를 물려주는 '부모' 역할
- 기능과 데이터를 물려받는 '자식' 역할

PLUS 학습 코너

부모와 자식이라는 표현 외에도 다음과 같은 용어를 사용할 수 있습니다.

상속해 주는 클래스	상속 받는 클래스
부모 클래스	자식 클래스
슈퍼 클래스	서브 클래스
기반 클래스	파생 클래스

이러한 용어들은 프로그래머마다 다르게 부를 수 있으므로 외우기보다는 개념을 이해하는 것이 중요합니다. 특히 파이썬에서는 super() 키워드를 사용하여 부모 클래스를 지칭하기 때문에 이 책에서는 이해를 돕기 위해 슈퍼 클래스와 서브 클래스라는 용어를 사용하겠습니다.

2 상속 관계 정의

프로그래밍 세계에서도 현실 세계처럼 클래스 간의 유기적인 관계가 존재합니다. 마치 부모로부터 유전자가 자식에게 전달되듯이, 상속이라는 개념을 통해 슈퍼 클래스(부모 클래스)의 특징과 기능들이 서브 클래스(자식 클래스)에게 물려받아집니다.

하지만 현실 세계와 달리, 프로그래밍에서는 서브 클래스가 스스로 슈퍼 클래스를 선택해야 한다는 차이점이 있습니다. 즉, 서브 클래스는 어떤 슈퍼 클래스의 기능과 속성을 상속받을지 스스로 선택해야 합니다.

상속 관계를 정의하는 기본 형태는 다음과 같습니다.

```
Code

class 슈퍼 클래스명:
    …
class 서브 클래스명(슈퍼 클래스명):
    …
```

상속 관계를 정의하기 위해서는 클래스를 선언할 때 서브 클래스 이름 뒤에 소괄호( )를 작성한 후, 괄호 안에 슈퍼 클래스명을 작성하면 됩니다. 마치 서브 클래스의 객체를 생성할 때는 조금 다른 문법을 사용해야 할 것 같지만, 다행히 일반 객체를 생성하는 방식과 동일합니다.

다음 예제를 통해 직접 확인해 보겠습니다.

예제 10-16　상속 관계 정의하기　　　　　　　　　　　　　　　소스코드 EX10_16.py

```
01   class Parent:
02
03       def hello(self):
```

```
04              print("안녕하세요.")
05
06
07   class Child(Parent):
08
09       def bye(self):
10              print("안녕히 가세요.")
11
12
13   parent = Parent()
14   parent.hello()
15
16   child = Child()
17   child.hello()
18   child.bye()
```

실행 결과 🖱️

안녕하세요.
안녕하세요.
안녕히 가세요.

해설

07행 : Child 클래스는 Parent 클래스를 상속받습니다.

13행 : parent 변수에는 Parent 클래스의 객체가 저장됩니다.

16행 : Child 변수에는 Child 클래스의 객체가 저장됩니다.

17행 : Child가 직접 선언한 메서드가 아니라, Parent의 메서드를 상속받습니다.

위 코드에서 Child 클래스는 Parent 클래스를 상속받습니다. 즉, Child 객체는 Parent 객체가 가지고 있는 모든 속성과 메서드를 자동으로 물려받게 됩니다.

이처럼, child 변수에 담긴 Child 객체는 직접 hello() 메서드를 구현하지 않았지만, Parent 클래스로 부터 상속받은 hello() 메서드를 사용할 수 있었습니다.

SECTION 07
딕셔너리

SECTION 08
튜플과 세트

SECTION 09
함수

SECTION 10
클래스

SECTION 11
예외 처리

SECTION 12
모듈

이번에는 생성자를 추가해 보겠습니다. Parent 클래스에 생성자를 추가하고 name이라는 변수를 받아 이름을 지정해 줍니다. 더 나아가 hello() 메서드를 추가하여 이름까지 함께 출력해 보겠습니다.

예제 10-17 생성자 추가하기 소스코드 EX10_17.py

```python
01  class Parent:
02
03      def __init__(self, name):
04          self.name = name        # 인스턴스 변수 name 생성 및 초기화
05
06      def hello(self):
07          print("안녕하세요. 저는", self.name, "입니다.") # self.name 변수를 사용하여 이름까지 함께 출력
08
09
10  class Child(Parent):
11
12      def bye(self):
13          print("안녕히 가세요.")
14
15
16  parent = Parent("김슈퍼")
17  parent.hello()
18
19  child = Child("김서브")
20  # Child는 생성자를 구현하지 않았지만, Parent의 생성자를 상속 받았습니다.
21
22  child.hello()        # Child가 직접 선언한 메서드가 아니라, Parent의 메서드를 상속 받았습니다.
23  child.bye()
```

실행 결과 👆

안녕하세요. 저는 김슈퍼 입니다.
안녕하세요. 저는 김서브 입니다.
안녕히 가세요.

위 예제를 통해 서브 클래스가 슈퍼 클래스로부터 모든 것을 상속받아 활용할 수 있다는 것을 명확하게 확인했습니다.

3 super()

앞서 살펴본 예시에서는 서브 클래스가 슈퍼 클래스의 모든 것을 상속받아 활용할 수 있었습니다. 하지만 서브 클래스가 슈퍼 클래스보다 더 많은 데이터를 필요로 하는 경우에는 어떻게 해야 할까요? 메서드는 추가로 구현하면 되지만, 슈퍼 클래스의 생성자를 그대로 상속받는 서브 클래스 입장에서는 별도의 생성자를 만들수 있을지 의문입니다.

이러한 문제를 해결하기 위해 파이썬에서는 super() 메서드를 제공합니다.

super() 메서드의 사용 방법은 다음과 같습니다.

```
class 서브 클래스(슈퍼 클래스):
    def __init__(self, A, B):
        super().__init__(A):
        self.B = B
```

- A : 슈퍼 클래스의 생성자를 호출할 때 필요한 변수
- B : 서브 클래스가 추가로 갖고 싶은 변수

앞서 학습한 바와 같이, super() 키워드는 슈퍼 클래스를 의미합니다. 서브 클래스는 슈퍼 클래스의 생성자를 상속받기 때문에 서브 클래스로 객체를 생성할 때는 반드시 슈퍼 클래스의 생성자를 먼저 호출해야 합니다. 즉, super().__init__(A) 코드는 서브 클래스 객체 생성 과정에서 먼저 슈퍼 클래스 객체를 생성하고 필요한 데이터를 전달하는 역할을 합니다. 이후 self.B = B 코드는 서브 클래스만 가지고 있는 데이터를 self 객체에 추가로 할당합니다.

따라서 슈퍼 클래스가 필요한 데이터는 슈퍼 클래스의 생성자를 호출하여 전달하고, 서브 클래스가 추가로 필요한 데이터는 self 객체를 통해 할당할 수 있습니다. 이를 통해 서브 클래스는 슈퍼 클래스의 기능을 활용하면서도 필요한 데이터를 추가로 가질 수 있습니다.

SECTION 07
딕셔너리

SECTION 08
튜플과 세트

SECTION 09
함수

SECTION 10
클래스

SECTION 11
예외 처리

SECTION 12
모듈

다음 예제를 통해 확인해 보겠습니다.

```python
01    class Car:
02
03        def __init__(self, color):
04            self.color = color
05
06        def ride(self):
07            print(self.color, "car is riding")
08
09
10    class Bus(Car):
11
12        def __init__(self, color, bell_sound):
13    # 슈퍼 클래스에 필요한 color, 서브 클래스가 추가로 필요한 bell_sound
14            super().__init__(color)     # 슈퍼 메서드를 통해서 color 전달 및 슈퍼 생성자 호출
15            self.bell_sound = bell_sound
16
17        def press_bell(self):
18            print(self.bell_sound)
19
20
21    bus = Bus("Red", "Ding-Dong")
22    bus.ride()
23    bus.press_bell()
```

실행 결과 🖱

Red car is riding
Ding-Dong

위 코드에서 Bus 클래스는 Car 클래스를 상속받아 확장되었습니다. Bus 클래스는 Car 클래스의 모든 기능을 가지고 있으며, 추가로 bell_sound 속성을 가지도록 설계되었습니다. 이처럼, 서브 클래스는 슈퍼 클래스에서 확장하여 별도의 데이터를 가질 수 있습니다.

4 오버라이딩(overriding)

마지막으로, 오버라이딩이라는 개념을 살펴보겠습니다.

〈예제 10-18〉 코드를 다시 살펴보면, 슈퍼 클래스 Car의 ride() 메서드는 현재 "car is riding"이라는 문구를 출력하고 있습니다. 서브 클래스인 Bus는 이 ride() 메서드를 그대로 상속받았기 때문에 동일하게 "car is riding"으로 출력될 수 밖에 없습니다.

하지만 Bus 객체는 "bus is riding"이라고 출력해야 합니다. 어떻게 해결해야 할까요?

물론 메서드를 별도로 추가 구현하는 방법도 있겠지만, 파이썬에서는 이러한 상황을 위해 오버라이딩이라는 기능을 제공합니다.

- 오버라이딩(overriding) : 슈퍼 클래스의 메서드를 덮어쓰고 서브 클래스만의 기능을 구현할 수 있는 것

오버라이딩을 사용하는 방법은 간단합니다. 서브 클래스에서 슈퍼 클래스의 메서드와 동일한 형태로 메서드를 선언하고, 메서드 구현 부분만 서브 클래스가 원하는 형태로 변경하면 됩니다.

다음 예제를 통해 직접 확인해 보겠습니다.

예제 10-19 오버라이딩 ①   소스코드 EX10_19.py

```python
01   class Car:
02
03       def __init__(self, color):
04           self.color = color
05
06       def ride(self):
07           print(self.color, "차가 달립니다.")
08           print("쌩쌩")
09
10
11   class Bus(Car):
12
13       def __init__(self, color, bell_sound):
14           super().__init__(color)
15           self.bell_sound = bell_sound
16
```

SECTION 07 딕셔너리

SECTION 08 튜플과 세트

SECTION 09 함수

SECTION 10 클래스

SECTION 11 예외 처리

SECTION 12 모듈

```
17    def ride(self):
18        print(self.color, "버스가 달립니다.")
19        print("살금살금")
20
21
22    def press_bell(self):
23        print(self.bell_sound)
24
25
26  car = Car("Blue")
27  car.ride()      # 슈퍼 클래스의 ride
28  print()
29
30
31  bus = Bus("Red", "Ding-Dong")
32  bus.ride()      # 서브 클래스의 ride
33  bus.press_bell()
```

실행 결과 🖱
Blue 차가 달립니다.
쌩쌩

Red 버스가 달립니다.
살금살금
Ding-Dong

ride 메서드는 슈퍼 클래스와 서브 클래스에서 오버라이딩되어 각 클래스의 특징에 맞는 출력을 수행하도록 구현되었습니다.

다음 예제를 통해 다시 한번 상속과 오버라이딩을 사용하여 클래스를 설계하는 방법을 연습해 보겠습니다.

```python
01  class Person:
02      def __init__(self, name):
03          self.name = name
04
05      def introduce(self):
06          print("안녕하세요, 제 이름은", self.name, "입니다.")
07
08      def go_to_school(self):
09          print("저는 학교에 안 갑니다!")
10
11      def eat(self):
12          print("저는 집에서 밥을 먹습니다.")
13
14
15  class Teacher(Person):
16      def __init__(self, name):
17          self.name = name
18
19      def introduce(self):
20          print("안녕하세요, 저는 선생님입니다.")
21          print("제 이름은", self.name, "입니다.")
22
23      def go_to_school(self):
24          print("저는 학교에 출근합니다.")
25          print("퇴근하고 싶습니다.")
26
27      def eat(self):
28          print("저는 교직원 식당에서 밥을 먹습니다.")
29
30
31  class Student(Person):
32      def __init__(self, name):
33          self.name = name
```

SECTION 07 딕셔너리

SECTION 08 튜플과 세트

SECTION 09 함수

SECTION 10 클래스

SECTION 11 예외 처리

SECTION 12 모듈

```python
34
35      def introduce(self):
36              print("안녕하세요, 저는 학생입니다.")
37              print("제 이름은", self.name, "입니다.")
38
39      def go_to_school(self):
40              print("저는 학교에 등교합니다.")
41              print("집 가고 싶습니다.")
42
43      def eat(self):
44              print("저는 학생 식당에서 친구들과 밥을 먹습니다.")
45
46
47  person = Person("김일반")
48  person.introduce()
49  person.go_to_school()
50  person.eat()
51
52  print()
53
54  student = Student("김파이")
55  student.introduce()
56  student.go_to_school()
57  student.eat()
58
59  print()
60
61  teacher = Teacher("김객체")
62  teacher.introduce()
63  teacher.go_to_school()
64  teacher.eat()
```

실행 결과 ✨

안녕하세요, 제 이름은 김일반 입니다.
저는 학교에 안 갑니다!
저는 집에서 밥을 먹습니다.

안녕하세요, 저는 학생입니다.

제 이름은 김파이 입니다.

저는 학교에 등교합니다.

집 가고 싶습니다.

저는 학생 식당에서 친구들과 밥을 먹습니다.

안녕하세요, 저는 선생님입니다.

제 이름은 김객체 입니다.

저는 학교에 출근합니다.

퇴근하고 싶습니다.

저는 교직원 식당에서 밥을 먹습니다.

이처럼 오버라이딩을 사용하면 서브 클래스는 슈퍼 클래스의 기본 기능을 활용하면서, 필요한 부분만 자체적으로 구현하여 코드를 효율적으로 구성할 수 있습니다.

지금까지 파이썬의 클래스와 객체에 대한 다양한 개념들을 살펴봤습니다. 이제 여러분은 상속과 오버라이딩을 활용하여 직접 클래스를 설계하고, 프로그램을 개발할 수 있습니다.

여러분의 아이디어를 현실로 구현하는 데
더욱 가까워졌습니다.
객체 지향 프로그래밍의 세계에
한 걸음 더 발걸음을 내딛으셨습니다.

SECTION 07 딕셔너리

SECTION 08 튜플과 세트

SECTION 09 함수

SECTION 10 클래스

SECTION 11 예외 처리

SECTION 12 모듈

Section 10 · 응용문제

1. 다음과 같은 특징을 가지고 있으며, 세상에 존재하는 모든 것을 통용하는 단어는 무엇일까요?

데이터들을 가지고 있으며, 상태를 가지고 있습니다.

특정 기능, 행동 등 움직임을 수행할 수 있습니다.

(   )

2. 다음은 클래스의 기본 형태입니다. 다음 중 반드시 작성해야 하는 요소는 무엇일까요? (   )

class 클래스명:
   1) 클래스 변수
   2) 생성자
   3) 메서드

3. 다음은 소멸자라는 특별한 메서드의 특징입니다. 빈 칸에 공통으로 들어갈 키워드는 무엇일까요?

선언할 때 이름은 무조건 __[   ]__ 입니다.

호출할 때는 메서드 형태로 사용하는 것이 아니라 [   ]이라는 키워드를 사용합니다.

4. 다음 코드는 컴파일 에러가 발생합니다. 발생하는 이유와 해결 방법을 작성해보세요.

```
01   class Person:
02
03       def introduce(self, name):
04           print("안녕하세요. 저는", name, "입니다.")
05
06   minsu = Person()
07   minsu.introduce("민수")
08
09   print(minsu.name)
```

발생 이유와 해결 방법 🖱️

5. 다음 지시사항을 읽고 책 제목과 저자 정보를 저장할 수 있는 Book 클래스를 생성하세요.

[지시사항]

1. 책 제목과 책 저자 정보를 출력하는 print_info() 메서드를 구현하세요.

2. 다음과 같은 방법으로 book1과 book2 인스턴스를 생성하세요.

```
# book1, book2 인스턴스 생성
book1 = Book()
book2 = Book()
```

```
# book1, book2 제목과 저자 정보 저장
book1.set_info('어린왕자', '생텍쥐페리')
book2.set_info('꽃을 보듯 너를 본다', '나태주')
```

실행 예시

```
책 제목 : 어린왕자
책 저자 : 생텍쥐페리
책 제목 : 꽃을 보듯 너를 본다
책 저자 : 나태주
```

6. 다음 코드를 실행하면 어떤 결과가 나올지 예측해 보세요.

```python
01  class Car:
02
03      def __init__(self, color):
04          self.color = color
05
06      def ride(self):
07          print(self.color, "차가 달립니다.")
08
09
10  class Bus(Car):
11
12      def __init__(self, color, bell_sound):
13          super().__init__(color)
14          self.bell_sound = bell_sound
15
16      def ride(self):
17          print(self.color, "버스가 달립니다.")
18
19      def press_bell(self):
20          print(self.bell_sound)
21
22
23  car = Car("Black")
24  car.ride()
25
```

```
26   print()
27
28   bus = Bus("Yellow", "Ding-Dong")
29   bus.ride()
30   bus.press_bell()
```

실행 결과 ✨

2001년, 파이썬 2.1 버전에서 심각한 버그가 발견되었어요.

이 버그는 예외 처리 기능과 관련된 것으로 프로그램 충돌과 데이터 손실을
초래할 수 있었습니다. 이는 파이썬 개발 커뮤니티에서 큰 논란을 불러일으켰지만,
빠르게 해결되었습니다. 이후 개발자들은 더욱 강력하고 유연한 예외 처리 기능을 통해
안정적이고 효율적인 프로그램을 개발할 수 있게 되었습니다.

MISSION
○ 예외의 개념과 발생 원인을 정확히 이해하고 있습니다.

○ try-except 구문을 활용하여 예외 상황을 처리하는 방법을 알고 있습니다.

○ 필요에 따라 사용자 정의 예외 클래스를 생성하여 보다 세분화된 예외 처리를 수행할 수 있습니다.

KEYWORD   # 예외   # 예외처리   # try-except   # finally   # else   # 커스텀예외클래스

예외 처리

01 예외 처리

사용자 입장에서 프로그램을 사용하다 보면 예기치 못한 상황이 발생할 수 있습니다. 예를 들어, 잘못된 값을 입력하거나, 인터넷 연결이 끊기는 경우 등이 있습니다. 반면, 개발자 입장에서도 버그가 발생하거나 시스템에 문제가 생기는 등 예상하지 못한 상황에 직면할 수 있습니다. 이러한 상황이 발생했을 때 어떻게 처리할 것인지 미리 고민하고 대비책을 마련하는 것이 중요합니다.

1 예외란?

프로그램을 실행하는 도중에 예상치 못한 상황이 발생하여 정상적으로 실행을 완료할 수 없는 경우를 예외라고 합니다. 이러한 예외는 프로그램의 오류로 인한 경우도 있지만, 사용자의 입력 오류에 따라 발생하는 경우도 있습니다.

예외는 다음과 같이 크게 두 가지로 분류할 수 있습니다.

- 에러(Error) : 프로그램 오류 또는 시스템 문제로 발생하는 예외입니다. 개발자가 직접 해결해야 하는 문제입니다.
- 예외(Exception) : 사용자의 입력 오류에 따라 발생하는 예외입니다.

에러와 예외는 모두 프로그램의 정상적인 실행을 방해하는 요소이지만, 몇 가지 차이점이 있습니다. 다음 예시를 통해 확인해 보겠습니다.

◁ Code

```
7/0
```

언뜻 보기에는 문제없어 보이지만, 사실 0으로 나눗셈을 할 수 없죠. 따라서 다음과 같이 코드를 작성한 후 실행 버튼을 누르면, 실행이 시작되기도 전에 'ZeroDivisionError'라는 오류가 발생합니다.

예제 11-1 에러 메시지　　　　　　　　　　　　　　　　　　소스코드 EX11_01.py

```
01   print(7/0)
```

SECTION 07
딕셔너리

SECTION 08
튜플과 세트

SECTION 09
함수

SECTION 10
클래스

SECTION 11
예외 처리

SECTION 12
모듈

실행 결과 🖱️

```
Traceback (most recent call last):
    File "C:\디렉토리\EX11_01.py", line 1, in <module>
        print(7/0)
ZeroDivisionError: division by zero
```

이 메시지는 일반적으로 '에러'라고 표현합니다. 이는 0으로 나누려고 했기 때문에 발생하는 예외 상황입니다. 프로그램이 예상치 못한 상황에 직면했기 때문에 실행이 중단되었으며, 코드를 수정해야만 정상적으로 작동합니다.

이제 사용자로부터 값을 입력받아 나눗셈을 수행하는 예제를 살펴보겠습니다.

예제 11-2　　사용자 입력 기반 나눗셈　　　　　　　　　　　　　　소스코드 EX11_02.py

```
01    num1 = int(input("첫 번째 정수를 입력하세요: "))
02    num2 = int(input("두 번째 정수를 입력하세요: "))
03    print("num1 나누기 num2의 결과는", num1/num2, "입니다.")
```

실행 결과 🖱️

```
첫 번째 정수를 입력하세요: 8
두 번째 정수를 입력하세요: 3
num1 나누기 num2의 결과는 2.6666666666666665 입니다.
```

위 코드에서 사용자는 두 개의 정수를 입력하도록 요청받습니다. 입력된 값들이 나눗셈에 적합한 경우, 정상적으로 결과가 출력됩니다. 하지만, 만약 사용자가 두 번째 정수로 0을 입력하면 예상치 못한 상황으로 인해 ZeroDivisionError 예외가 발생합니다.

실행 결과 🖱️

```
첫 번째 정수를 입력하세요: 7
두 번째 정수를 입력하세요: 0
Traceback (most recent call last):
    File "C:\디렉토리\EX11_02.py", line 3, in <module>
        print("num1 나누기 num2의 결과는", num1/num2, "입니다.")
ZeroDivisionError: division by zero
```

이것이 바로 '예외'입니다.

개발자는 사용자가 0을 입력할 가능성을 생각하지 못했습니다. 즉, 개발자가 예상하지 못한 일이 발생하면 실행 도중 에러 메시지가 발생할 수 있습니다. 이러한 상황을 우리는 '예외'라고 표현합니다.

2 예외 처리

만약 사용자가 입력할 값을 미리 예측할 수 있었다면 어땠을까요?

〈예제 11-2〉 코드에서 발생했던 오류를 예방하기 위해 조건문을 사용하여 흐름을 제어해 보겠습니다.

예제 11-3　예외 처리　　　　　　　　　　　　　　　소스코드 EX11_03.py

```python
01  num1 = int(input("첫 번째 정수를 입력하세요: "))
02  num2 = int(input("두 번째 정수를 입력하세요: "))
03
04  if num2 == 0:      # num2가 0인지 아닌지를 확인합니다.
05      print("0으로 나눌 수 없습니다.")      # 만약 num2가 0이라면, "0으로 나눌 수 없습니다."라는 문자열을 출력합니다.
06  else:
07      print("num1 나누기 num2의 결과는", num1/num2, "입니다.")
```

실행 결과 👆

첫 번째 정수를 입력하세요: 2
두 번째 정수를 입력하세요: 0
0으로 나눌 수 없습니다.

이제 상황이 훨씬 나아졌습니다. 개발자와 사용자 모두 예상치 못한 상황에서 벗어났기 때문입니다. 이번에는 입력값을 살짝만 변경해 볼까요?

실행 결과 👆

첫 번째 정수를 입력하세요: 3
두 번째 정수를 입력하세요: ABC
Traceback (most recent call last):
　File "C:\디렉토리\EX11_03.py", line 2, in <module>
　　num2 = int(input("두번째 정수를 입력하세요: "))
ValueError: invalid literal for int() with base 10: 'ABC'

예상치 못한 상황이 또다시 발생했습니다. 이번에는 두 번째 정수를 문자로 입력해서 발생한 예외입니다. 모든 상황을 예측하고 대비할 수 있다면 좋겠지만, 위 예제에서 확인한 것처럼 개발자들이 모든 문제를 예측한다는 것은 현실적으로 불가능합니다.

그렇다면 우리는 어떻게 해야 할까요?
파이썬의 도움을 받을 수 있습니다. 파이썬은 프로그램에서 발생할 수 있는 다양한 예외를 처리할 수 있는 예외 처리 클래스를 제공하고 있습니다. 이 클래스들을 활용하면 예외 없이 프로그램을 제어할 수 있습니다.

파이썬이 제공하는 예외 클래스는 매우 다양하지만, 그중에서도 가장 대표적인 12가지 예외 클래스를 살펴보겠습니다.

번호	예외 클래스	의미
1	BaseException	최상위 예외 클래스
2	Exception	대부분 예외 클래스의 슈퍼 클래스
3	ArithmeticError	산술 연산 오류
4	AttributeError	잘못된 속성 참조
5	EOFError	파일에서 더 이상 읽을 데이터가 없음
6	ModuleNotFoundError	Import할 모듈 없음
7	FileNotFoundError	존재하지 않는 파일
8	IndexError	잘못된 인덱스 사용
9	NameError	잘못된 이름(변수) 사용
10	SyntaxError	문법 오류
11	TypeError	계산하려는 데이터의 유형 오류
12	ValueError	계산하려는 데이터의 값 오류

[그림11-1] 예외 클래스

♥ 어떤 프로그래밍 언어에서도 예외 클래스를 외우는 일은 없습니다. 예외 클래스를 자주 접하면서 친숙해지는 것이 중요합니다.

파이썬뿐만 아니라 모든 프로그래밍 언어에서
예외 처리는 중요한 기능입니다.
예외 처리를 꼼꼼히 학습하면 여러분의 프로그래밍
실력을 한 단계 더 발전시킬 수 있을 거예요.

SECTION 07 딕셔너리
SECTION 08 튜플과 세트
SECTION 09 함수
SECTION 10 클래스
SECTION 11 예외 처리
SECTION 12 모듈

02 try-except

SECTION 11
• try-except • try-except [발생 예외]
• try-except [발생 예외] as 예외 메시지 변수

앞서 살펴본 예외 클래스들을 실제 프로그래밍에서 어떻게 활용할 수 있는지 알아보겠습니다. 파이썬은 다양한 구문을 제공하여 예외 처리를 간편하게 수행할 수 있도록 지원합니다.

1 try-except

try-except 구문은 예외 상황을 처리하는 데 가장 기본적으로 사용되는 구문입니다.
try-except 구문의 기본 형태는 다음과 같습니다.

Code

```
try:
    # 예외가 발생할 수 있는 코드 블록
except:
    # 예외가 발생했을 때 수행되는 코드 블록
```

try 블록에는 예외가 발생할 가능성이 있는 코드를 작성합니다. 만약 try 블록에서 예외가 발생하면, 해당 예외는 자동으로 except 블록으로 전달되어 처리됩니다. except 블록에는 예외가 발생했을 때 수행해야 할 코드를 작성합니다. 만약 try 블록에서 오류가 발생하지 않으면 except 블록은 수행되지 않습니다.

〈예제 11-2〉 코드에 try-except 구문을 추가하여 어떻게 동작하는지 살펴보겠습니다.

예제 11-4 try-except　　　　　　　　　　　　　　　　소스코드 EX10_04.py

```
01   try:
02       num1 = int(input("첫 번째 정수를 입력하세요 : "))
03       num2 = int(input("두 번째 정수를 입력하세요 : "))
04
05       print("num1 나누기 num2의 결과는", num1/num2, "입니다.")
```

```
06    except:
07        print("예외가 발생했습니다.")
```

실행 결과 ❶

첫 번째 정수를 입력하세요 : 1
두 번째 정수를 입력하세요 : 0
예외가 발생했습니다.

try-except 구문은 ZeroDivisionError 예외가 발생하면 except 블록을 실행하도록 지정되어 있습니다. 따라서 [실행 결과 ①]과 같이 두 번째 정수에 0을 입력하면 except 블록에 작성된 "예외가 발생했습니다."라는 메시지가 출력됩니다.

마찬가지로 아래 [실행 결과 ②]처럼 두 번째 정수에 문자를 입력하면 동일하게 except 블록에 작성된 코드가 실행됩니다.

실행 결과 ❷

첫 번째 정수를 입력하세요 : 3
두 번째 정수를 입력하세요 : A
예외가 발생했습니다.

이렇게 try-except 구문을 사용하여 예외를 처리하면 어떤 예외가 발생하더라도 에러 메시지가 출력되지 않고, 개발자가 원하는 대로 예외를 처리할 수 있습니다.

2 try-except [발생 예외]

하지만 아쉬운 점이 있습니다. 기본적인 try-except 구문만으로는 모든 예외 상황을 만족스럽게 처리하기 어렵습니다. 예를 들어, 모든 예외에 대해 동일한 처리 방식을 적용하면, 사용자에게 어떤 예외가 발생했는지 명확하게 알리지 못하고, 문제 해결을 위한 단서도 제공할 수 없습니다. 또한, 개발자 입장에서도 예외의 원인을 파악하고 문제를 해결하기 어려울 수 있습니다.

따라서, 예외에 따라 구체적인 메시지를 제공하는 것이 중요합니다. 이를 통해 개발자는 예외의 원인을 파악하고 문제를 해결하는 데 도움을 받을 수 있습니다.

SECTION 07 딕셔너리

SECTION 08 튜플과 세트

SECTION 09 함수

SECTION 10 클래스

SECTION 11 예외 처리

SECTION 12 모듈

이번에는 발생하는 예외에 따라 메시지를 변경해 보겠습니다.

예외에 따라 메시지를 변경하는 기본 형태는 다음과 같습니다.

◄ Code

```
try:
    예외가 발생할 수 있는 코드 블록
except [발생 예외1]:
    [발생 예외1]에 해당하면 수행되는 코드 블록
except [발생 예외2]:
    [발생 예외2]에 해당하면 수행되는 코드 블록
```

다음은 예외 종류에 따라 적절한 메시지를 출력하는 예제 코드입니다.

예제 11-5   발생 예외에 따른 메시지   소스코드 EX11_05.py

```
01  try:
02      num1 = int(input("첫 번째 정수를 입력하세요: "))
03      num2 = int(input("두 번째 정수를 입력하세요: "))
04
05      print("num1 나누기 num2의 결과는", num1/num2, "입니다.")
06  except ArithmeticError:
07      print("산술 연산 예외가 발생했습니다.")
08  except ValueError:
09      print("입력값 예외가 발생했습니다.")
```

실행 결과 ❶ 🖱

첫 번째 정수를 입력하세요: 2

두 번째 정수를 입력하세요: 0

산술 연산 예외가 발생했습니다.

[실행 결과 ①]과 같이 두 번째 정수에 0을 입력하면 except ArithmeticError에 작성된 메시지가 출력
됩니다.

<예제 11-2> 코드에서 두 번째 정수에 0을 입력하면 ArithmeticError 예외가 발생합니다. 그러나 실제로 표시되는 에러 메시지는 ZeroDivisionError였습니다.

어떻게 된 일일까요? 이는 예외 클래스의 계층 구조 때문입니다. 앞서 살펴본 예외 클래스의 종류는 모든 예외 클래스의 일부에 불과합니다. 예외 클래스는 상위 예외 클래스를 기반으로 하위에 파생 클래스를 두는 경우가 많아 종류가 무궁무진합니다.

대표적인 예로 ArithmeticError가 있습니다.
이 에러는 다양한 산술 연산 에러가 일어나는 파생 클래스들의 베이스 클래스입니다. 내장된 예외 클래스는 크게 다음과 같이 세 가지 종류로 분류됩니다.
- OverflowError : 산술 연산의 결과가 너무 커서 표현할 수 없을 때 발생하는 예외
- ZeroDivisionError : 0으로 나누려고 할 때 발생하는 예외
- FloatingPointError : 실수 연산에서 오류가 발생할 때 발생하는 예외

따라서 ZeroDivisionError는 ArithmeticError의 하위 클래스이기 때문에 <예제 11-5> 코드처럼 Arithmetic Error로 처리할 수 있습니다.

이번에는 입력값에 오류를 내볼까요?

> **실행 결과 ❷**
> 첫 번째 정수를 입력하세요: 3
> 두 번째 정수를 입력하세요: A
> 입력값 예외가 발생했습니다.

[실행 결과 ①]과는 다르게 except ValueError 메시지인 "입력값 예외가 발생했습니다."가 출력되었습니다.

📍 ValueError 예외는 정수가 아닌 값을 정수로 변환하려고 할 때 발생하는 예외입니다.

이번에는 또 다른 예외 처리를 해보겠습니다. 0으로 나누는 것만큼이나 발생 빈도가 높은 예외 중 하나인 리스트의 IndexError입니다.
다음과 같이 리스트의 인덱스가 0에서 3까지일 때, 범위를 벗어나는 인덱스인 5의 요소를 출력하려고 하면 어떻게 될까요?

```
Code
list = [1, 2, 3, 4]
print(list[5])
```

맞습니다. 다음과 같이 IndexError가 발생합니다.

```
Traceback (most recent call last):
  File "C:\디렉토리\EX11_06.py", line 2, in <module>
    print(list[5])
IndexError: list index out of range
```

다음 예제를 통해 IndexError 예외 처리를 실습해 보겠습니다.

예제 11-6   IndexError 예외 처리   소스코드 EX11_06.py

```
01   try:
02       list = [1, 2, 3, 4]
03       print(list[5])
04   except IndexError:
05       print("인덱스 범위를 벗어났습니다.")
```

실행 결과 ✨

인덱스 범위를 벗어났습니다.

실행은 정상적으로 이루어졌지만, 예외 메시지가 출력되는 것을 확인했습니다.

3 try-except [발생 예외] as 예외 메시지 변수

다시 〈예제 11-5〉 코드로 돌아가 보겠습니다. [Plus 학습 코너]에서 살펴본 대로, 우리는 작은 단위의 예외 클래스를 사용할 수도 있지만, 그 클래스들을 모두 포함하고 있는 상위 예외 클래스를 사용하여 예외 처리를 할 수도 있습니다. 하지만 상위 예외 클래스를 사용하면 예외가 발생했다는 사실만 알 수 있을 뿐, 어떤 예외가 발생했는지 구체적으로 파악하기 어렵습니다. 이러한 상황을 대비하기 위해 파이썬은 우리가 어떤 예외를 만나게 되었는지 발생한 예외에 대한 기본 메시지도 함께 제공하고 있습니다.

파이썬은 as 절을 사용하여 예외 객체를 변수에 저장할 수 있도록 합니다. 예외 객체에는 예외 발생 시점, 예외 종류, 예외 메시지 등 다양한 정보가 포함되어 있습니다.

다음과 같이 as 절을 추가하여 오류 메시지를 담아줄 변수를 준비하면 기본 메시지와 함께 예외 객체에 담긴 정보를 활용할 수 있습니다.

```
try:
    예외가 발생할 수 있는 코드 블록
except [발생 예외1] as 변수1:
    [발생 예외1]에 해당하면 수행되는 코드 블록
except [발생 예외2] as 변수2:
    [발생 예외2]에 해당하면 수행되는 코드 블록

...
```

except 블록 뒤에 as 키워드와 변수 이름을 작성하면 예외 객체가 해당 변수에 저장됩니다.
〈예제 11-5〉 코드를 as 절을 사용하여 변수를 추가하고 고도화해 보겠습니다.

예제 11-7   as절을 사용하여 예외 메시지 출력하기   소스코드 EX11_07.py

```
01  try:
02      num1 = int(input("첫 번째 정수를 입력하세요: "))
03      num2 = int(input("두 번째 정수를 입력하세요: "))
04
05      print("num1 나누기 num2의 결과는", num1/num2, "입니다.")
06  except ArithmeticError as e:    # e 변수에 예외 객체를 저장
07      print("산술 연산 예외가 발생했습니다.")
08      print("상세 메시지는", e, "입니다.")    # 예외 객체의 메시지 출력
```

실행 결과 🖱

첫 번째 정수를 입력하세요: 2
두 번째 정수를 입력하세요: 0
산술 연산 예외가 발생했습니다.
상세 메시지는 division by zero 입니다.

as 절을 사용하여 예외 객체를 변수에 저장하면 예외에 대한 자세한 정보를 확인하고 문제 해결에 도움이 되는 코드를 작성할 수 있습니다.

SECTION 07 딕셔너리
SECTION 08 튜플과 세트
SECTION 09 함수
SECTION 10 클래스
SECTION 11 예외 처리
SECTION 12 모듈

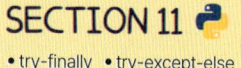
예외 처리 기능은 프로그램의 안정성을 향상시키는 데 도움이 되지만, 예외가 발생하면 프로그램 흐름이 중단되고 예외 처리 구문 이후 코드는 실행되지 않습니다. 이러한 문제를 해결하기 위한 방법으로 finally 절을 활용할 수 있습니다.

1 try-finally

finally 절은 try 블록에서 예외 발생 여부와 상관없이 항상 실행되는 코드 블록입니다. 예외 처리 후에도 반드시 실행되어야 하는 코드를 작성할 때 사용됩니다.

⟨예제 11-6⟩ 코드를 활용한 아래 예제를 통해 직접 확인해 보겠습니다.

예제 11-8 try-except   소스코드 EX11_08.py

```python
01  try:
02      list = [1, 2, 3, 4]
03      print(list[5]) # 예외 발생 시점
04
05      print("try 구문 안에 예외 발생 후 코드")
06  except IndexError as e:
07      print(e)
08
09  print("try-except 구문 밖 코드")
```

실행 결과 🖱

list index out of range
try-except 구문 밖 코드

실행 결과를 확인해 보면, 05행의 코드는 예외 발생으로 인해 실행되지 못하고 try-except 구문을 빠져나왔습니다. 물론 09행처럼 try-except 구문 밖에 코드를 구현하는 방법도 있지만, 파일 입출력처럼 리소스를 반드시 닫아야 하는 경우에는 finally 구문 안에서 함께 처리하는 것이 깔끔하고 안정적입니다.

try-except-finally 구문의 형태는 다음과 같습니다.

◁ Code

```
try:
    예외가 발생할 수 있는 코드 블록
except:
    예외가 발생했을 때 수행되는 코드 블록
finally:
    예외 발생과 상관없이 항상 실행되는 코드 블록
```

다음 예제를 통해 확인해 보겠습니다.

예제 11-9   try-except-finally   소스코드 EX11_09.py

```
01  try:
02      f = open('EX11_09.txt', 'w')    # 파일 열기
03      f.write("EX11_09.txt 입니다.")      # 파일에 데이터 쓰기
04  except EOFError as e:
05      print(e)
06  finally:
07      f.close()      # 파일 닫기
08
09  print(f.closed)      # 파일 close 상태 확인
```

실행 결과 👆

True

위 코드에서 try 블록은 'EX11_09.txt' 파일을 열고 "EX11_09.txt 입니다." 라는 문자열을 파일에 쓰는 작업을 수행합니다. 만약 파일 열기나 쓰기 작업 중에 오류가 발생하면 except 블록에서 오류 내용을 출력합니다. 마지막으로 finally 블록에서 반드시 수행해야 하는 파일 닫기 작업을 처리합니다.

SECTION 07 딕셔너리

SECTION 08 튜플과 세트

SECTION 09 함수

SECTION 10 클래스

SECTION 11 예외 처리

SECTION 12 모듈

07행에서 f.closed를 출력하여 파일 닫힘 여부를 확인합니다. 결과적으로 True가 출력되어 예외 상황에서도 정상적으로 파일이 닫힌 것을 확인할 수 있습니다.

2 try-except-else

한편, try 블록 내부의 코드가 예외 없이 정상적으로 실행되어야만 의미 있는 코드도 있습니다. 이러한 경우에는 else 구문을 사용하여 구현할 수 있습니다.

try-except-else 구문은 다음과 같습니다.

◁ Code

```
try:
    예외가 발생할 수 있는 코드 블록
except:
    예외가 발생했을 때 수행되는 코드 블록
else:
    정상적으로 실행되면 수행되는 코드 블록
```

다음 예제를 통해 확인해 보겠습니다.

예제 11-10   try-except-else   소스코드 EX11_10.py

```
01  try:
02      number = int(input("좋아하는 숫자를 입력하세요: "))
03  except ValueError as e:    # 문자열을 정수로 변환할 수 없을 때 예외 발생
04      print(e)    # 예외 객체 e를 출력하여 발생 원인 알림
05  else:    # try 블록에서 예외가 발생하지 않고 정상 실행됐을 때 아래 코드 실행
06      if number > 0:
07          print("양수를 좋아하시는 군요")
08      elif number == 0:
09          print("0을 좋아하시는 군요")
10      else:
11          print("음수를 좋아하시는 군요")
```

실행 결과 **❶** ⤵

좋아하는 숫자를 입력하세요: A

invalid literal for int() with base 10: 'A'

[실행 결과 ①]처럼 만약 사용자가 숫자가 아닌 문자열을 입력하면 else 구문의 코드는 실행되지 않습니다. 왜냐하면 else 구문은 try 블록에서 예외가 발생하지 않고 정상적으로 실행되었을 때만 수행되기 때문입니다.

실행 결과 **❷** ⤵

좋아하는 숫자를 입력하세요: 7

양수를 좋아하시는 군요

반면, [실행 결과 ②]처럼 사용자가 정상적으로 숫자를 입력하면 else 구문의 코드가 실행되어 입력된 숫자에 대한 유의미한 결과를 출력합니다.

SECTION 07
딕셔너리

SECTION 08
튜플과 세트

SECTION 09
함수

SECTION 10
클래스

SECTION 11
예외 처리

SECTION 12
모듈

04 커스텀 예외 클래스

• 강제로 예외 발생시키는 raise • 사용자 정의 예외 클래스

파이썬은 다양한 예외를 처리할 수 있도록 설계되어 있어, 개발자가 예외 발생에 대한 두려움 없이 쉽게 코드를 작성할 수 있도록 돕습니다. 하지만 파이썬은 프로그램이기 때문에 현실 세계에서 발생하는 모든 예외 상황을 미리 예측하고 처리하는 것은 불가능합니다. 따라서 개발자는 예상되는 예외 상황을 직접 정의하고 처리해야 합니다.

1 강제로 예외 발생시키는 raise

파이썬이 모르는 현실 세계의 예외는 어떤 것들이 있을까요? 예를 들어, 현실적으로 불가능한 값을 입력받는 경우가 있습니다.

다음 코드는 사용자로부터 나이를 입력받아 출력하는 간단한 예시입니다.

예제 11-11   현실에서 발생 가능한 예외　　　　　　　　　　　　　　　　　소스코드 EX11_11.py

```python
01   age = int(input("나이를 입력하세요 : "))
02
03   print("당신은", age, "살 이시군요!")
```

실행 결과 🖱

```
나이를 입력하세요 : -100
당신은 -100 살 이시군요!
```

자, 어떠신가요? 나이를 입력받는 코드에서 -100살과 같은 음수의 나이를 입력받으면, 현실에서는 존재하지 않는 값이기 때문에 예외가 발생해야 합니다. 하지만 파이썬은 이를 예외로 인식하지 않고 정상적으로 동작합니다.

이러한 문제를 해결하기 위해 파이썬은 강제로 예외를 발생시킬 수 있는 기능을 제공하고 있습니다. 바로 raise 구문입니다.

raise 구문의 기본 형태는 다음과 같습니다.

raise 예외 클래스(예외 메시지)

raise 구문을 사용하면 파이썬이 알지 못하는 예외도 처리할 수 있습니다.
〈예제 11-11〉 코드를 사용하여 raise 구문을 직접 확인해 보겠습니다.

예제 11-12 raise 구문 소스코드 EX11_12.py

```python
01  try:
02      age = int(input("나이를 입력하세요:"))    # 나이를 입력받습니다.
03
04      # 입력값이 0보다 작거나 200보다 크면
05      if age < 0 or age > 200:
06          # 예외를 발생시킵니다.
07          raise Exception("나이는 0 이상 200 미만으로 입력해주세요.")
08  except Exception as e:
09      # e 변수에는 우리가 작성한 "나이는~ 입력해주세요." 메시지가 대입됩니다.
10      print(e)
11  else:
12      print("당신은", age, "살 이시군요!")
13  finally:  # 프로그램이 종료되면, 종료 메시지를 출력합니다.
14      print("프로그램을 종료합니다.")
```

실행 결과
나이를 입력하세요:-30
나이는 0 이상 200 미만으로 입력해주세요.
프로그램을 종료합니다.

적절한 예외 클래스를 찾지 못하여 최상위 예외 클래스인 Exception을 사용했습니다. Exception 클래스는 모든 예외의 상위 클래스이기 때문에, Exception 예외를 발생시키면 모든 예외를 처리할 수 있습니다.

프로그래밍에서 예외 클래스를 직접 다룰 수 있는 능력은 매우 강력한 무기입니다. 코드를 꼼꼼하게 살펴보고, 직접 코드를 실행하며 구현해 나가는 과정을 통해 예외 클래스에 대한 이해를 높일 수 있습니다.

SECTION 07 딕셔너리

SECTION 08 튜플과 세트

SECTION 09 함수

SECTION 10 클래스

SECTION 11 예외 처리

SECTION 12 모듈

2 사용자 정의 예외 클래스

개발자가 직접 예외 클래스를 처리하는 것은 좋은 방식이지만, 적절한 클래스를 찾지 못해 최상위 클래스인 Exception을 사용한 것이 조금 아쉽습니다. Exception 클래스는 모든 예외를 포괄하기 때문에 예외의 의미를 명확하게 전달하기 어렵기 때문입니다. 이를 해결하기 위해 개발자는 직접 예외 클래스를 만들어 사용할 수 있습니다. 직접 만든 예외 클래스를 사용하면 예외의 의미를 명확하게 표현하여 코드 이해도를 높일 수 있고 예외 종류에 따라 적절한 처리 로직을 분기할 수 있습니다.

예외 클래스를 직접 만드는 방법은 다음과 같습니다.

◁ Code

```
class 예외 클래스명(Exception):
    def __init__(self):
        super( ).__init__("예외 메시지")
```

클래스 챕터에서 학습한 내용을 바탕으로 기본 형태를 분석해 볼까요?

- Exception 클래스 상속 : 예외 클래스는 Exception 클래스를 상속받아 생성해야 합니다.
- 생성자 구현 : 예외 클래스에는 __init__() 메서드가 정의되어야 합니다.
- 예외 메시지 전달 : 생성자에서는 예외 메시지를 생성하여 super() 함수, 즉 Exception 클래스의 생성자로 전달합니다.

♥ super()는 Exception 클래스의 생성자를 호출하는 역할을 합니다. 따라서, super( ).__init__("예외 메시지")는 Exception 클래스의 생성자에 '예외 메시지'를 전달하여 예외 발생 시 해당 메시지를 출력하도록 하는 역할을 합니다.

백문이 불여일코! 〈예제 11-12〉 코드에서 필요해 보이는 예외 클래스를 직접 생성해 보겠습니다.

◁ Code

```
class AgeError(Exception):
    def __init__(self):
        super().__init__("사람의 나이는 0 이상 200 미만으로 입력해 주세요.")
```

다음 예제를 통해 정상적으로 작동하는지 확인해 볼까요?

예제 11-13 사용자 정의 예외 클래스 ①   소스코드 EX11_13.py

```
01  class AgeError(Exception):
02      def __init__(self):
03          super().__init__("사람의 나이는 0 이상 200 미만으로 입력해 주세요.")
```

```
04
05
06   try:
07       age = int(input("나이를 입력하세요 : "))
08
09       # 입력값이 0보다 작거나 200보다 크면
10       if age < 0 or age > 200:
11           # 예외를 발생시킵니다.
12           raise AgeError
13   except AgeError as e:    # 예외 발생 시, AgeError 클래스에 정의된 메시지를 출력합니다.
14       print(e)
15   else:
16       print("당신은", age, "살 이시군요!")
17   finally:
18       print("프로그램을 종료합니다.")
```

실행 결과 🖱
나이를 입력하세요 : -40
사람의 나이는 0 이상 200 미만으로 입력해 주세요.
프로그램을 종료합니다.

12행과 13행에 변화가 일어났습니다. 이전에는 최상위 예외 클래스 Exception을 실행시키면서 예외 메시지를 매개변수로 던졌습니다. 하지만, 이제는 직접 만든 AgeError 클래스를 사용하여 예외를 처리하고, class AgeError에 정의한 대로 메시지를 출력하고 있습니다.

이번에는 이름을 입력받았을 때 숫자가 포함된 경우 예외를 발생시키는 코드를 만들어 보겠습니다. 먼저 사용자 정의 예외 클래스부터 만들어 볼까요? 사용자 정의 예외 클래스를 활용하면 예외 상황을 명확하게 표현하고 프로그램의 유연성을 높일 수 있습니다.

다음 코드는 "사람의 이름에는 숫자가 들어갈 수 없습니다."라는 메시지를 출력하는 NameError라는 예외 클래스를 정의합니다.

여러분들이 먼저 코딩한 후,
코드를 참고해 주세요.

◁ Code
```
class NameError(Exception):
    def __init__(self):
        super().__init__("사람의 이름에는 숫자가 들어갈 수 없습니다.")
```

SECTION 07 딕셔너리

SECTION 08 튜플과 세트

SECTION 09 함수

SECTION 10 클래스

SECTION 11 예외 처리

SECTION 12 모듈

다음으로, 문자열에 숫자가 포함되어 있는지 확인하는 함수를 만들어 보겠습니다. 파이썬에는 문자열의 모든 글자가 숫자인지 아닌지 판단해주는 isdigit()이라는 내장 함수가 있습니다.

isdigit() 함수를 사용하는 방법은 다음과 같습니다.

```
문자열.isdigit()
```

단, isdigit() 함수는 문자열의 모든 글자가 숫자여야 True를 반환합니다. 따라서, 문자열의 요소를 하나하나 확인하여 숫자인지 아닌지 판단해야 합니다. 이를 위해서는 다음과 같이 for 문을 사용할 수 있습니다.

```
def is_there_digit(str):
    for temp in name:
        if temp.isdigit():
            return True

    return False
```

만약 문자열에 하나라도 숫자가 포함되어 있다면 True를 반환하고, 모든 문자가 숫자가 아니라면 False를 반환하는 is_there_digit 함수를 작성했습니다.

다음 예제를 통해 코드가 정상적으로 작동하는지 직접 확인해볼까요?

예제 11-14 　　**사용자 정의 예외 클래스 ②**　　　　　　　　　　　소스코드 EX11_14.py

```
01   class NameError(Exception):
02       def __init__(self):
03           super().__init__("사람의 이름에는 숫자가 들어갈 수 없습니다.")
04
05   # 문자열에 숫자가 있는지 확인해주는 함수
06   def is_there_digit(str):
07       for temp in name:
```

```
08          if temp.isdigit():
09              return True
10
11      return False
12
13
14  try:
15      name = input("이름을 입력하세요 : ")
16
17      # 입력값에 숫자가 있는지 확인
18
19      if is_there_digit(name):
20          raise NameError
21  except NameError as e:
22      print(e)
23  else:
24      print(name，"님, 안녕하세요!")
25  finally:
26      print("프로그램을 종료합니다.")
```

실행 결과 🖱️
이름을 입력하세요 : 김철수
김철수 님, 안녕하세요!
프로그램을 종료합니다.

실행 결과 🖱️
이름을 입력하세요 : 김영희2
사람의 이름에는 숫자가 들어갈 수 없습니다.
프로그램을 종료합니다.

이제 사용자 정의 예외 클래스도 만들 수 있게 되었으니, 여러분들은 예외 처리를 직접 제어할 수 있게 되었습니다. 사용자 정의 예외 클래스를 사용하여 예외 처리를 직접 관리하면, 예외 처리를 보다 효율적이고 유연하게 구현할 수 있습니다.

SECTION 07 딕셔너리
SECTION 08 튜플과 세트
SECTION 09 함수
SECTION 10 클래스
SECTION 11 예외 처리
SECTION 12 모듈

응용문제

1. 다음은 파이썬에서 제공하는 예외 클래스입니다. 각 클래스의 의미에 맞게 연결해 보세요.

ValueError   ·   ·   존재하지 않는 파일일 때

SyntaxError   ·   ·   잘못된 인덱스를 사용할 때

FileNotFoundError ·   ·   계산하려는 데이터의 유형이 잘못되었을 때

IndexError   ·   ·   계산하려는 데이터의 값이 잘못되었을 때

ArithmeticError   ·   ·   산술 연산에 문제가 있을 때

2. 다음 코드를 실행했을 때 콘솔창에 출력되는 내용은 무엇일까요?

```
01  try:
02      list = [ 1, 2, 3, 4 ]
03      print(list[5])
04  except IndexError:
05      print("인덱스 범위를 벗어났습니다.")
```

실행 결과 ☝

3. 파이썬에서 예외를 처리하는 구문은 다음과 같습니다. 다음 빈칸에 들어갈 키워드는 무엇일까요?

[   ]:
   예외가 발생할 수 있는 코드 블록
[   ]:
   예외가 발생했을 때 수행되는 코드 블록

4. 아래 코드를 실행하고, input 값을 다음과 같이 입력하면 각각 콘솔창에 어떤 문구가 출력될까요?

① 10
② Z
③ O

```
01  try:
02      number = int(input("좋아하는 숫자를 입력하세요: "))
03  except ValueError as e:
04      print(e)
05  else:
06      if number > 0:
07          print("양수를 좋아하시는 군요")
08      elif number == 0:
09          print("0을 좋아하시는 군요")
10      else:
11          print("음수를 좋아하시는 군요")
```

실행 결과 🖰

레고 블록에서 영감을 얻은 파이썬의 모듈성

어느 날, Rossum은 아내와 함께 휴가를 보내던 중에 레고 블록을 가지고 놀면서
영감을 얻습니다. 레고 블록처럼 서로 다른 부품들을 조합하여 새로운 것을 만들 수 있는
프로그래밍 언어를 떠올렸죠. 이렇게 탄생한 파이썬의 핵심이 바로 모듈성입니다.

MISSION

- 파이썬 모듈의 개념을 정확히 이해하고 있으며 모듈을 사용하여 코드를 효율적으로 구성하고 재사
  용하는 방법을 알고 있습니다.
- 표준 라이브러리의 주요 모듈들을 알고 있으며 외부 라이브러리를 설치하고 활용할 수 있습니다.

KEYWORD #모듈 #표준모듈 #외부모듈

SECTION 12
모듈

01 모듈

1 모듈이란?

모듈은 여러 변수, 함수, 클래스를 하나로 묶어 놓은 집합입니다. 모듈을 만들면 다른 개발자들이 쉽게 코드를 활용할 수 있을 뿐만 아니라, 자신이 작성한 코드를 효율적으로 관리할 수 있습니다. 사실, 파이썬 파일은 모두 모듈이 될 수 있으며, 여러분이 작성한 모든 파일도 모듈로 활용할 수 있습니다. 이제 직접 모듈을 만들어 보면서 실제로 어떻게 작동하는지 살펴보겠습니다.

먼저 프로젝트에 'Section12'라는 이름의 패키지를 만들고, 해당 패키지에서 예제 코드를 생성해 보겠습니다.

📍 패키지는 여러 모듈을 하나의 그룹으로 묶어 관리하는 데 사용됩니다.

예제 12-1　패키지 만들기　　　　　　　　　　　　　소스코드 EX12_01.py

```
01   MIN = 60      # MIN이라는 상수 변수를 정의하고 그 값을 60으로 설정합니다. 이는 1시간에 해당하는 분 수를 나타냅니다.
02   SEC = 60      # SEC이라는 상수 변수를 정의하고 그 값을 60으로 설정합니다. 이는 1분에 해당하는 초 수를 나타냅니다.
03
04   def hour_to_min(hour):     # 시간을 입력받는 함수
05       return hour * MIN
06
07   def min_to_sec(min):    # 분을 입력받는 함수
08       return min * SEC
09
10   def hour_to_sec(hour):     # 시간을 직접 초로 변환하는 것이 아니라 이전에 정의한 두 함수를 이용합니다.
11       return min_to_sec(hour_to_min(hour))
```

위 코드는 시간 단위를 변환하는 함수들을 보여주는 예제입니다. MIN과 SEC 변수는 각각 1분과 1초를 나타내는 상수 값으로, 시간 단위 변환 계산에 사용됩니다. 이 코드에서는 시간, 분, 초 단위 간의 변환을 위한 세 가지 함수가 정의되어 있습니다.

시간 변환 함수	기능
hour_to_min(hour)	매개변수로 시간이 들어오면 분 단위로 변환하여 반환합니다.
min_to_sec(min)	매개변수로 분이 들어오면 초 단위로 변환하여 반환합니다.
hour_to_sec(hour)	매개변수로 시간이 들어오면 초 단위로 변환하여 반환합니다.

[그림12-1] 시간 변환 함수

시간 변환 함수를 정의하고 사용하는 방법을 살펴봤습니다. 이번에는 작성한 시간 변환 코드를 다른 파이썬 파일에서 어떻게 활용할 수 있는지 알아보겠습니다.

사용 방법은 매우 간단합니다. import 키워드를 활용하여 다른 파일에 정의된 함수들을 불러와 사용할 수 있습니다.

다음과 같이 import 키워드 뒤에 불러오고 싶은 파일 이름을 작성합니다.

Code

```
import 사용하고 싶은 파일명        # 확장자 .py는 제외합니다.
```

💟 import는 현재 디렉토리에 있는 파일이나 파이썬 라이브러리가 저장된 디렉토리에 있는 모듈만 불러올 수 있습니다. 파이썬 라이브러리는 파이썬을 설치할 때 자동으로 설치되는 파이썬 모듈을 말합니다.

새로운 예제 파일을 생성하여 import 키워드를 직접 테스트해 보겠습니다.

'Section12' 패키지에 'EX12_02.py'라는 이름의 새로운 파일을 생성한 후, 다음 코드를 작성해 주세요.

예제 12-2 import 키워드   소스코드 EX12_02.py

```
01   import EX12_01
02
03   min = EX12_01.hour_to_min(6)
04   print("6 hours =", min, "min")
05
06   sec = EX12_01.min_to_sec(12)
07   print("12 mins =", sec, "sec")
08
09   sec = EX12_01.hour_to_sec(3)
10   print("3 hours =", sec, "sec")
```

SECTION 07 딕셔너리

SECTION 08 튜플과 세트

SECTION 09 함수

SECTION 10 클래스

SECTION 11 예외 처리

SECTION 12 모듈

실행 결과 🖱️

6 hours = 360 min
12 mins = 720 sec
3 hours = 10800 sec

해설

01행 : 해당 파일(EX12_02)에 있는 코드가 아닌 import EX12_01 코드를 통해, 다른 파일의 코드를 사용할 수 있게 되었습니다.
03, 06, 09행 : <EX12_01> 파일에 있는 메서드를 사용하여 결과를 출력합니다.

import 키워드를 사용하여 필요한 코드를 가져오는 방법을 학습했습니다. import 키워드는 파이썬 파일 전체를 가져오는 방식이었습니다. 하지만, 파일 전체가 아닌 특정 함수만 필요한 경우에는 어떻게 해야 할까요? 물론 전체 파일을 import 키워드를 사용하여 가져온 후 필요한 함수만 사용해도 되지만, 사용하는 함수보다 사용하지 않는 함수가 더 많다면 프로그램 실행 속도를 느리게 만들고 코드의 가독성을 저하시킬 수 있습니다.

따라서, 이러한 경우에는 from 키워드를 사용하여 필요한 함수만 선택적으로 가져오는 것이 좋습니다. from 키워드를 사용하여 특정 함수만 가져오는 방법은 다음과 같습니다.

◁ Code

```
from 파일명 import 함수명
```

📍 파일명에서 확장자는 제외합니다.

다음 예제를 통해 from 키워드를 사용하여 필요한 함수를 가져오겠습니다.

예제 12-3 from 키워드를 사용하여 특정 함수 가져오기   소스코드 EX12_03.py

```
01  from EX12_01 import hour_to_min
02  from EX12_01 import min_to_sec
03
04
05  min = hour_to_min(7)
06  print("7 hours =", min, "min")
07
08  sec = min_to_sec(13)
09  print("13 mins =", sec, "sec")
```

SECTION 07
믹셔너리

SECTION 08
튜플과 셋트

SECTION 09
함수

SECTION 10
클래스

SECTION 11
예외 처리

SECTION 12
모듈

실행 결과 🖱

7 hours = 420 min

13 mins = 780 sec

〈EX12_01.py〉 모듈에서 hour_to_min과 min_to_sec 함수를 가져와 시간 변환을 수행했습니다. 〈예제 12-2〉 코드와 비교했을 때 어떤 차이점이 보이시나요? 맞습니다. 05, 08행처럼 불러온 함수를 사용할 때, 〈예제 12-2〉 코드는 파일 전체를 통째로 가져왔기 때문에 함수 앞에 '파일명.'을 작성한 후 함수를 사용했습니다. 하지만, 〈예제 12-3〉 코드는 원하는 함수만 가져왔기 때문에 '파일명.'을 반복해서 작성할 필요 없이 함수명을 바로 사용했습니다.

이처럼 특정 함수만 가져오면 불필요한 부분을 제외하고 원하는 기능만 사용할 수 있기 때문에 코드의 가독성이 높아지고 메모리 낭비를 줄일 수 있습니다.

전체 파일이 아닌 필요한 함수만 직접 가져오는 방식이 더 깔끔해 보이시나요? 다음과 같은 방법도 있습니다. 모듈 내 모든 함수를 사용하고 싶은 경우에는 다음과 같이 from 키워드 뒤에 애스터리스크 ＊ 를 사용합니다.

◁ Code

```
from 파일명 import *
```

애스터리스크 ＊ 를 사용하여 모든 함수를 가져오면, 〈예제 12-2〉 코드에서도 파일명 없이 바로 함수를 사용할 수 있습니다.

다음 예제를 통해 확인해 보겠습니다.

예제 12-4 애스터리스크 사용하여 모든 함수 사용하기   소스코드 EX12_04.py

```
01   from EX12_01 import *     # 모든 함수 가져오기
02
03   min = hour_to_min(6)
04   print("6 hours =", min, "min")
05
06   sec = min_to_sec(12)
07   print("12 mins =", sec, "sec")
08
09   sec = hour_to_sec(3)
10   print("3 hours =", sec, "sec")
```

01행의 import 방식을 변경한 것만으로도 파일명을 작성하지 않고 모든 함수를 편리하게 사용할 수 있게 되었습니다.

이번에는 길이 단위 변환을 수행하는 모듈을 직접 만들고 사용해 보겠습니다.

예제 12-5 길이 단위 변환 모듈 만들기　　　　　　　　　　　　소스코드 EX12_05.py

```python
01  MILES = 0.621371
02  KILOMETER = 1000
03
04  def kilometer_to_miles(kilometer):
05      return kilometer * MILES
06
07  def kilometer_to_meter(kilometer):
08      return kilometer / KILOMETER
09
10  def meter_to_kilometer(meter):
11      return meter * KILOMETER
12
13  def meter_to_miles(meter):
14      return meter * KILOMETER * MILES
15
16  def miles_to_kilometer(miles):
17      return miles/MILES
18
19  def miles_to_meter(miles):
20      return miles/MILES/KILOMETER
```

```
01   from EX12_05 import *
02
03   kilometer = 500
04   meter = 50
05   miles = 310.6855
06
07   miles_from_kilometer = kilometer_to_miles(kilometer)
08   print(kilometer, "킬로미터를 miles로 환산하면", miles_from_kilometer, "마일입니다.")
09
10   kilometer_from_meter = meter_to_kilometer(meter)
11   print(meter, "미터를 kilometer로 환산하면", kilometer_from_meter, "킬로미터입니다.")
12
13   kilometer_from_miles = miles_to_kilometer(miles)
14   print(miles, "마일을 kilometer로 환산하면", kilometer_from_miles, "킬로미터입니다.")
```

실행 결과 🖱

500 킬로미터를 miles로 환산하면 310.6855 마일입니다.
50 미터를 kilometer로 환산하면 50000 킬로미터입니다.
310.6855 마일을 kilometer로 환산하면 500.0 킬로미터입니다.

PLUS 학습 코너 📢

모듈에서 사용하고 싶은 함수가 모든 함수가 아닌 여러 개인 경우, 다음과 같이 쉼표 , 로 구분하여 여러 함수명을 작성할 수 있습니다.

from 파일명 import 함수명1, 함수명2

모듈은 파일 전체를 의미하기도 하고, 특정 함수가 될 수도 있어서 범위가 정해져 있지 않습니다. 따라서, 해당 파일에서 작성한 코드가 아닌 외부에서 가져와 사용하는 모든 코드를 '모듈'이라고 생각하면 됩니다.

이번에는 같은 패키지가 아닌 다른 패키지에 있는 모듈을 사용해 보겠습니다.
프로젝트에 'Section12_Module'이라는 패키지를 추가한 다음, 그 안에 다음과 같은 코드를 작성해 보겠습니다.

SECTION 07　딕셔너리

SECTION 08　튜플과 세트

SECTION 09　함수

SECTION 10　클래스

SECTION 11　예외 처리

SECTION 12　모듈

```python
01  FAT = 9
02  PROTEIN = 4
03  CARBON = 4
04
05  # 입력된 영양소 종류와 그램 수를 기반으로 칼로리 양을 계산하고 반환합니다.
06  def calculate_calories(kind, gram):
07      if kind == 1:    # 1이면 지방
08          return gram * FAT
09      elif kind == 2:    # 2면 단백질
10          return gram * PROTEIN
11      elif kind == 3:    # 3이면 탄수화물
12          return gram * CARBON
13      # 조건에 해당하지 않으면 문자열을 반환합니다.
14      else:
15          return "영양분 종류가 잘못 입력되었습니다."
```

💡 내가 직접 만든 모듈을 사용할 때는 특히 패키지(디렉토리)를 꼼꼼히 체크해 주세요.

이번에는 'Section12' 패키지에서 〈예제 12-7〉 코드의 함수를 사용하여 칼로리를 계산해 보겠습니다. 다른 패키지에 있는 모듈을 import할 때는 다음과 같이 파일명 앞에 패키지명을 작성합니다.

⊰ Code

```
from 패키지명.파일명 import *
```

```python
01  # Section12_Module 패키지의 〈EX12_07〉 모듈에서 모든 함수와 변수를 가져옵니다.
02  from Section12_Module.EX12_07 import *
03  fat_calories = calculate_calories(1, 10)
04  print(fat_calories)
05
06  protein_calories = calculate_calories(2, 20)
07  print(protein_calories)
08
```

```
09  carbon_calories = calculate_calories(3, 50)
10  print(carbon_calories)
11
12  other_calories = calculate_calories(10, 7)
13  print(other_calories)
```

실행 결과 ✨
90
80
200
영양분 종류가 잘못 입력되었습니다.

해설

03행 : calculate_calories 함수를 호출하여 지방 1g의 칼로리 수를 계산합니다. 함수의 인자는 영양분 종류(1: 지방, 2: 단백
　　　질, 3: 탄수화물), 섭취량입니다.
04행 : 계산된 칼로리 수를 출력합니다.
06~13행 : 동일한 방식으로 단백질, 탄수화물, 기타 영양분에 대한 칼로리 수를 계산하여 출력합니다.

이제 앞서 만들었던 시간 변환 모듈과 길이 변환 모듈을 하나의 패키지로 묶어, 그 패키지를 통째로
import하여 더욱 효율적으로 사용해 보겠습니다.

먼저 프로젝트에 Converter라는 이름의 새로운 패키지를 생성합니다. 이어서 시간 변환 모듈과 길이
변환 모듈을 Converter 패키지 안으로 옮겨 넣습니다.(파일 자체를 이동하거나 복사하여 붙여 넣어도
됩니다.)
다음과 같이 Length_Converter.py(길이 변환 모듈), Time_Converter.py(시간 변환 모듈) 이름으로
지정하면, 모듈을 호출할 때 좀 더 명확하게 사용할 수 있습니다.

📍 마우스 오른쪽 버튼을 클릭한 후 [Refactor] → [Rename]을 선택하
면 이름을 변경할 수 있습니다. `Shift` + `F6`

[그림12-2] 패키지 생성 및 모듈명 변경

이렇게 패키지를 만들면 필요한 모듈을 한 번에 가져와 사용할 수 있어 더욱 편리합니다.

SECTION 07 딕셔너리

SECTION 08 튜플과 세트

SECTION 09 함수

SECTION 10 클래스

SECTION 11 예외 처리

SECTION 12 모듈

```python
01   from Converter.Length_Converter import *
02   from Converter.Time_Converter import *
03
04   kilometer = 700
05   meter = 30
06   miles = 310.6855
07
08   hours = 6
09   mins = 25
10
11   min_from_hours = hour_to_min(7)
12   print(hours, "hours =", min_from_hours, "min")
13
14   sec_from_min = min_to_sec(mins)
15   print(mins, "mins =", sec_from_min, "sec")
16
17   print()
18
19   miles_from_kilometer = kilometer_to_miles(kilometer)
20   print(kilometer, "킬로미터를 miles로 환산하면 ", miles_from_kilometer, "마일입니다.")
21
22   kilometer_from_meter = meter_to_kilometer(meter)
23   print(meter, "미터를 kilometer로 환산하면 ", kilometer_from_meter, "킬로미터입니다.")
24
25   kilometer_from_miles = miles_to_kilometer(miles)
26   print(miles, "마일을 kilometer로 환산하면 ", kilometer_from_miles, "킬로미터입니다.")
```

실행 결과 ✨

6 hours = 420 min
25 mins = 1500 sec

700 킬로미터를 miles로 환산하면 434.9597 마일입니다.
30 미터를 kilometer로 환산하면 30000 킬로미터입니다.
310.6855 마일을 kilometer로 환산하면 500.0 킬로미터입니다.

02 표준 모듈

이번에는 파이썬에서 기본으로 제공하는 모듈인 '표준 모듈'을 사용해 보겠습니다. 표준 모듈은 파이썬을 설치할 때 자동으로 설치되는 기본 모듈로, 개발자는 별도의 설치 과정 없이 import 키워드만으로 바로 사용할 수 있습니다. 파이썬은 다양한 기능을 가진 많은 표준 모듈을 지원하며, 이를 통해 개발자들이 쉽고 편리하게 코딩할 수 있도록 도와줍니다.

파이썬에서 자주 사용되는 대표적인 표준 모듈 몇 가지를 살펴보겠습니다.

표준 모듈	기능
math 모듈	수학 관련 함수 제공(제곱근, 삼각함수, 로그 계산 등)
random 모듈	난수 생성 관련 함수 제공(리스트 요소 랜덤 추출, 범위 내 난수 추출 등)
datetime 모듈	날짜 및 시간 관련 함수 제공(날짜 형식 변환, 시간 계산 등)

[그림12-3] 표준 모듈

1 math 모듈

파이썬 프로그래밍에서 수학 관련 기능을 다룰 때 가장 먼저 떠오르는 모듈이 바로 math 모듈입니다. 삼각함수, 제곱근, 로그, 절대값 계산 등 다양한 수학 함수를 제공하여 복잡한 수학 계산을 간편하게 처리할 수 있도록 도와줍니다.

먼저 math 모듈을 import한 뒤 각종 함수를 사용해 보겠습니다.

math 모듈을 import하는 방법은 다음과 같습니다.

```
< Code

import math
```

📍 표준 모듈은 패키지명을 명시하지 않아도 됩니다.

지금까지는 모듈의 함수를 주로 사용했습니다. 이번 표준 모듈에서는 필드도 함께 사용해 보겠습니다. math 모듈은 함수뿐만 아니라 pi와 같은 수학적인 상수를 미리 정의하고 있어, 우리가 직접 값을 입력하지 않고도 사용할 수 있습니다. 예를 들어, 우리는 원주율을 3.14로 알고 있지만, 더 정확한 계산이 필요한 경우 다음과 같이 math 모듈의 pi 상수를 활용할 수 있습니다.

Code

```
math.pi
```

다음 예제를 통해 pi를 이용하여 원의 둘레를 구해보겠습니다.

예제 12-10 pi를 이용하여 원의 둘레 구하기 　　　　　　소스코드 EX12_10.py

```python
01  import math
02
03  # math 모듈을 활용하여 원의 둘레 구하기
04  def calculate_circumference(radius):
05      circumference = 2 * math.pi * radius
06      return circumference
07
08
09  # 반지름 입력 받기
10  radius = float(input("원의 반지름을 입력하세요 : "))
11
12  # 함수를 호출해서 원의 둘레를 반환 받기
13  circumference = calculate_circumference(radius)
14  print("입력하신 원의 둘레는", circumference, "입니다.")
```

원의 반지름에 따라 다른 값이 출력될 수 있습니다.

실행 결과

```
원의 반지름을 입력하세요 : 10
입력하신 원의 둘레는 62.83185307179586 입니다.
```

예제를 통해 직접 math 모듈을 사용해보니 어떠셨나요? 확실히 표준 모듈을 활용하면 복잡한 수학 계산을 훨씬 정확하고 빠르게 구현할 수 있는 것 같습니다.

math 모듈은 이 외에도 다음과 같은 유용한 함수들을 제공합니다.

math 모듈 함수	기능
ceil(n) 함수	n을 올림하여 가장 가까운 정수로 반환
floor(n) 함수	n을 내림하여 가장 가까운 정수로 반환
trunc(n) 함수	n의 소수점 이하를 버리고 정수 부분만 반환

[그림12-4] math 모듈 함수

다음 예제를 통해 직접 확인해 보겠습니다.

소스코드 EX12_11.py

예제 12-11 math 모듈의 유용한 함수 ①

```python
01  import math
02
03  # 올림 처리하여 반환합니다.
04  print("1.2를 올림 처리하면,", math.ceil(1.2))
05  print("-3.5를 올림 처리하면,", math.ceil(-3.5))
06
07  print()
08
09  # 내림 처리하여 반환합니다.
10  print("1.7을 내림 처리하면,", math.floor(1.7))
11  print("-2.7을 내림 처리하면,", math.floor(-2.7))
12
13  print()
14
15  # 소수점 이하를 버리고 반환합니다.
16  print("1.3의 소수점 이하를 버리면,", math.trunc(1.3))
17  print("-2.3의 소수점 이하를 버리면,", math.trunc(-2.3))
```

실행 결과 🖱

1.2를 올림 처리하면, 2
-3.5를 올림 처리하면, -3

1.7을 내림 처리하면, 1
-2.7을 내림 처리하면, -3

1.3의 소수점 이하를 버리면, 1
-2.3의 소수점 이하를 버리면, -2

📍 음수를 처리할 때는 결과가 헷갈릴 수 있으니 주의하세요!

SECTION 07 딕셔너리

SECTION 08 튜플과 세트

SECTION 09 함수

SECTION 10 클래스

SECTION 11 예외 처리

SECTION 12 모듈

추가로, 다음과 같은 sqrt(), pow() 함수도 유용하게 사용할 수 있습니다.

math 모듈 추가 함수	기능
sqrt(n)	n의 제곱근을 반환 **ex** math.sqrt(9)는 3을 반환합니다.
pow(n, m)	n을 m번 거듭제곱한 값을 반환 **ex** math.pow(2, 3)은 2를 3번 거듭제곱한 값인 8을 반환합니다.

[그림12-5] math 모듈 추가 함수

다음 예제를 통해 확인해 보겠습니다.

예제 12-12 math 모듈의 유용한 함수 ② · 소스코드 EX12_12.py

```python
01  import math
02
03  number = 49
04
05  # 제곱근을 구하는 함수
06  result_sqrt = math.sqrt(number)
07  print(result_sqrt)
08
09  # 거듭제곱을 구하는 함수
10  result_pow = math.pow(2, 10)
11  print(result_pow)
```

실행 결과 🖱️

```
7.0
1024.0
```

이 외에도 math 모듈은 다양한 수학 계산에 필요한 함수들을 제공합니다. 파이썬 공식 문서(https://docs.python.org/ko/3/library/math.html)를 확인하여 자신에게 필요한 함수를 찾아 사용해 보시기 바랍니다.

2 random 모듈

이번에는 난수를 생성해 주는 random 모듈에 대해 학습해 보겠습니다. 난수는 특히 프로그래밍에서 자주 사용되는 기능으로, 간단한 게임을 제작하는 것은 물론 확률을 처리하거나 데이터를 유니크하게 만드는 데 활용됩니다.

다음과 같이 random 모듈은 불필요한 설정 없이 import한 후 바로 사용할 수 있습니다.

⏿ Code

```
import random
```

random 모듈이 제공하는 다양한 함수들을 먼저 예제를 통해 확인해 보겠습니다.

예제 12-13 random 모듈

소스코드 EX12_13.py

```
01   import random
02
03   # 두 인수(1~45) 사이의 정수를 임의로 생성하여 반환합니다.
04   print(random.randint(1, 45))      # 1 이상 45 이하의 정수
05
06   # 두 인수 사이의 특정 조건을 가지는 정수 중 임의의 수를 반환합니다.
07   print(random.randrange(10))       # 0 이상 10 미만의 정수
08   print(random.randrange(1, 20, 2)) # 1 이상 20 미만의 홀수
```

실행 결과 🖱

```
30
9
1
```

> 랜덤 함수이기 때문에 실행 결과는 매번 다르게 나타날 수 있습니다.

위 예제에서 사용한 random 모듈은 다음과 같습니다.

random 모듈 함수	기능
random.randint(a, b)	a와 b 사이의 범위에서 임의의 정수를 하나 생성합니다.
random.randrange(start, stop, step)	start부터 stop 이전까지 step 간격으로 임의의 정수를 하나 생성합니다. start는 생략 가능하며, 기본값은 0입니다.

[그림12-6] random 모듈 함수

SECTION 07 딕셔너리

SECTION 08 튜플과 세트

SECTION 09 함수

SECTION 10 클래스

SECTION 11 예외 처리

SECTION 12 모듈

random 모듈은 다양한 정수 생성 함수를 제공하지만, 그 중에서도 sample() 함수는 활용도가 매우 높습니다. 이번에는 sample() 함수의 사용법을 자세히 알아보겠습니다.

sample() 함수를 사용하는 방법은 다음과 같습니다.

◁ Code

```
random.sample(시퀀스 자료형, 원하는 개수)
```

직감적으로 기능을 눈치채신 분들도 계시겠죠? sample() 함수는 다음과 같은 특징을 가지고 있습니다.

- 전달된 시퀀스 자료형 중에서 지정된 개수의 요소를 임의로 반환합니다.
- 반환 결과는 중복이 없는 리스트 자료형입니다. 즉, 한 번 나온 요소는 다시 선택되지 않습니다.

sample() 함수를 사용하면 다음과 같이 간단한 로또 번호 생성기를 만들 수 있습니다.

예제 12-14　sample( ) 함수를 사용하여 로또 게임 만들기　　　소스코드 EX12_14.py

```python
01   import random
02
03   def generate_lotto():
04       # 1부터 45 사이의 숫자 중 6개를 임의로 선택하여 리스트에 저장합니다.
05       lotto = random.sample(range(1, 46), 6)
06       return lotto
07
08   lotto_numbers = generate_lotto()
09   print("로또 번호 :", lotto_numbers)
```

실행 결과 🖱
로또 번호 : [40, 18, 2, 43, 28, 44]

sample() 함수를 사용하여 추출된 6개의 숫자는 리스트 형태로 반환됩니다. 마치 실제 로또 번호처럼 보이지만, 현실적인 로또 번호와는 다소 차이가 있습니다. 따라서 실제 로또 번호와 더 유사하게 만들기 위해 sorted() 함수를 사용하여 숫자들을 정렬할 수 있습니다.

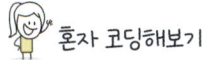 혼자 코딩해보기

<예제 12-14> 코드를 sorted() 함수를 사용하여 정렬해 보세요.

random 모듈은 이 외에도 다음과 같은 유용한 함수들을 제공합니다.

random 모듈	기능
choice(시퀀스 자료형)	시퀀스 자료형의 요소 중 하나를 임의로 반환합니다.
shuffle(시퀀스 자료형)	시퀀스 자료형의 요소 순서를 임의로 섞어서 반환합니다.
random()	0 이상 1 미만의 임의의 실수를 생성하여 반환합니다.

[그림12-7] random 모듈 추가 함수

choice() 함수를 사용하면 다음과 같이 간단한 뽑기 게임을 만들 수 있습니다.

예제 12-15 choice( ) 함수를 사용하여 뽑기 게임 만들기 　　　　　소스코드 EX12_15.py

```
01  import random
02
03  # 랜덤으로 당첨자 뽑기
04  def generate_win(persons):
05      winner = random.choice(persons)
06      return winner
07
08
09  # 빈 리스트 생성
10  list_persons = []
11
12  # 5명의 참가자를 입력 받아 리스트에 추가하기
13  for p in range(1, 6):
14      person = input("참여할 사람들을 입력하세요: ")
15      list_persons.append(person)
16
17  print("아이스크림 내기에 참여할 사람들은", list_persons, "입니다.")
18
19  # 당첨자 뽑기 및 출력
20  winner = generate_win(list_persons)
21  print("내기에 걸린 사람은", winner, "입니다.")
```

SECTION 07 딕셔너리

SECTION 08 튜플과 세트

SECTION 09 함수

SECTION 10 클래스

SECTION 11 예외 처리

SECTION 12 모듈

참여할 사람들을 입력하세요: 손흥민

참여할 사람들을 입력하세요: 아이유

참여할 사람들을 입력하세요: 뷔

참여할 사람들을 입력하세요: 리사

참여할 사람들을 입력하세요: 하니

아이스크림 내기에 참여할 사람들은 ['손흥민', '아이유', '뷔', '리사', '하니'] 입니다.

내기에 걸린 사람은 하니 입니다.

이번에는 random()과 suffle() 함수를 사용해 보겠습니다.

예제 12-16 random()과 suffle() 함수 소스코드 EX12_16.py

```python
01  import random
02
03  # 1과 0 사이의 무작위 실수 추출
04  random_float = random.random()
05  print(random_float)
06
07  random_float = random.random()
08  print(random_float)
09
10  random_float = random.random()
11  print(random_float)
12
13  # 시퀀스 자료형 순서 무작위 정렬
14  list_num = [10, 20, 30, 40, 50]
15
16  random.shuffle(list_num)
17  print(list_num)
18
19  random.shuffle(list_num)
20  print(list_num)
21
22  random.shuffle(list_num)
23  print(list_num)
```

실행 결과 🖱
```
0.6447503610814175
0.7631010910020933
0.8383629498342227
[40, 10, 50, 20, 30]
[20, 40, 30, 50, 10]
[50, 40, 20, 10, 30]
```

shuffle() 함수는 시퀀스 자료형(리스트, 튜플, 문자열 등)의 요소들을 무작위로 섞어 새로운 순서를 만듭니다. 실행 결과를 통해 함수를 호출할 때마다 랜덤한 값을 추출하고 정렬하는 것을 확인할 수 있습니다.

math 모듈과 마찬가지로 random 모듈도 다양한 함수를 제공합니다. 공식 문서(https://docs.python.org/ko/3/library/random.html?highlight=random#module-random)를 참고하여 활용하면 더욱 다양한 기능을 경험할 수 있습니다.

3 datetime 모듈

datetime 모듈은 파이썬에서 날짜와 시간을 다루는 데 필수적인 표준 모듈입니다. 생일, 기념일, 로그 기록 등 다양한 분야에서 날짜와 시간 정보를 관리해야 할 때 유용하게 활용됩니다. datetime 모듈을 사용하면 오늘 날짜를 출력하거나, 두 날짜 사이의 시간 차이를 계산하는 등 다양한 작업을 쉽게 수행할 수 있습니다. datetime 모듈은 파이썬뿐만 아니라 다른 프로그래밍 언어에서도 널리 사용되는 표준 모듈로서, 날짜와 시간을 처리하는 다양한 기능을 제공합니다.

datetime 모듈을 사용하기 위해서는 먼저 import를 해야겠죠?

Code
```
import datetime
```

앞서 학습한 모듈들과 마찬가지로 datetime 모듈의 다양한 기능들을 살펴보고 실제 코드에서 활용해 보겠습니다.

SECTION 07
딕셔너리

SECTION 08
튜플과 세트

SECTION 09
함수

SECTION 10
클래스

SECTION 11
예외 처리

SECTION 12
모듈

```python
01  import datetime
02
03  # 현재 날짜 및 시간 반환
04  present = datetime.datetime.now()
05  print(present)
06
07  # 날짜만 떼어 사용 가능
08  print("오늘 날짜는", present.date(), "입니다.")
09
10  # 년도, 월, 일, 시, 분, 초를 각각 떼어 사용 가능
11  print("지금은", present.year, "년 입니다.")
12
13  print()
14
15  # 매개변수로 받은 숫자를 YYYY-mm-dd 패턴에 맞게 반환
16  birthday = datetime.date(2000, 1, 1)
17  print(birthday)
18
19  print()
20
21  # 매개변수로 받은 숫자를 HH:MM:SS 패턴에 맞게 반환
22  lunchtime = datetime.time(12, 00, 00)
23  print(lunchtime)
24  print()
```

실행 결과 🖱

2024-08-05 12:58:25.689169
오늘 날짜는 2024-08-05 입니다.
지금은 2024 년 입니다.

2000-01-01

12:00:00

위 예제에서 사용한 datetime 모듈의 함수는 다음과 같습니다.

datetime 모듈 함수	기능
datetime.datetime.now()	현재 날짜와 시간을 반환합니다. 연도, 월, 일, 시, 분, 초를 각각 가져올 수도 있습니다.
date()	매개변수로 받은 숫자를 YYYY-mm-dd 형식으로 반환합니다.
time()	매개변수로 받은 숫자를 HH:MM:SS 형식으로 반환합니다.

[그림12-8] datetime 모듈 함수

PLUS 학습 코너

datetime 모듈에는 특이한 함수가 하나 있습니다.

datetime.datetime.now() 함수는 현재 날짜와 시간을 반환하는데, 왜 datetime을 두 번 반복했을까요?
그 이유는 간단합니다. 다음과 같은 두 가지 의미를 가지고 있습니다.

❶ datetime은 모듈 이름입니다. 즉, 날짜나 시간과 관련된 클래스, 함수, 필드들을 모아놓은 집합체를 의미합니다.
❷ datetime은 클래스 이름입니다. 마침 같은 이름을 사용하고 있기 때문입니다.

로그인 서비스에서 비밀번호를 정기적으로 변경하듯이, 날짜와 시간은 단순히 출력하는 용도로만 사용되는 것이 아닙니다. 날짜와 시간 정보를 기반으로 일수를 계산하거나 기간을 설정하는 등의 방법으로도 활용됩니다.
이러한 날짜와 시간 연산에 유용한 함수가 바로 timedelta() 함수입니다.
timedelta() 함수는 주, 일, 시간, 분, 초 등 다양한 단위로 날짜와 시간 간의 간격을 계산하거나 특정 날짜와 시간을 조작하는 데 사용됩니다.

timedelta() 함수의 주요 사용방법은 다음과 같습니다.

의미	형태
1주	timedelta(weeks=1)
1일	timedelta(days=1)
1시간	timedelta(hours=1)
1분	timedelta(minutes=1)
1초	timedelta(seconds=1)

[그림12-9] timedelta 함수 사용 방법

SECTION 07 딕셔너리

SECTION 08 튜플과 세트

SECTION 09 함수

SECTION 10 클래스

SECTION 11 예외 처리

SECTION 12 모듈

timedelta() 함수를 어떤 용도로 사용하는지, 비밀번호를 설정한 다음 만료 예상일을 출력하는 예제를 통해 알아보겠습니다.

예제 12-18　timedelta( ) 함수　　　　　　　　　　　　　소스코드 EX12_18.py

```python
01  import datetime
02
03  password = input("설정할 비밀번호를 입력하세요 : ")
04
05  # now() 메서드로 시스템의 현재 날짜와 시간을 가져옵니다.
06  today = datetime.datetime.now()
07  # 현재 날짜와 90일 후 날짜를 더하여 비밀번호 만료 예상일을 계산합니다.
08  password_expired_day = today + datetime.timedelta(days=90)
09
10  print("비밀번호 설정이 완료되었습니다.")
11  print("비밀번호는 90일 후", password_expired_day.date(), "에 만료됩니다.")
```

실행 결과

설정할 비밀번호를 입력하세요 : 1234
비밀번호 설정이 완료되었습니다.
비밀번호는 90일 후 2024-11-03 에 만료됩니다.

지금까지 파이썬의 대표적인 표준 모듈들을 살펴봤습니다. math, random, datetime 모듈은 프로그래밍에서 빈번히 사용되는 필수 도구이며, 다양한 기능을 제공합니다. 하지만 파이썬의 세계는 여기서 끝나지 않습니다! 표준 모듈 외에도 웹 개발, 데이터 분석, 머신 러닝, 인공지능 등 다양한 분야에 활용될 수 있는 풍부한 생태계를 갖추고 있습니다.

PLUS 학습 코너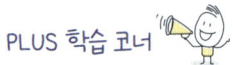

파이썬 공식 문서(https://docs.python.org/ko/3/library/index.html)에서 확인할 수 있는 흥미로운 표준 모듈

- os 모듈: 운영 체제와 상호 작용하는 기능 제공 (파일 및 디렉토리 관리, 프로세스 실행, 환경 변수 조작 등)
- re 모듈: 정규 표현식을 사용하여 문자열 검색 및 처리
- sys 모듈: 시스템 관련 정보 및 기능 제공 (시스템 아규먼트 처리, 표준 입출력 제어 등)
- json 모듈: JSON 형식의 데이터를 파이썬 객체로 변환 및 변환
- threading 모듈: 멀티스레딩 프로그래밍을 위한 기능 제공

03 외부 모듈

파이썬은 다양한 기능을 제공하는 표준 모듈들을 내장하고 있어 별도의 설치 없이도 활용할 수 있습니다. 이러한 표준 모듈 외에도, 더욱 다양하고 특화된 기능을 제공하는 외부 모듈을 활용하는 방법이 있습니다.

외부 모듈이란 사용자가 직접 만든 모듈이나 표준 모듈이 아닌 다른 개발자들이 제작하여 공유하는 모듈을 의미합니다. 일반적으로 외부 모듈은 하나의 파일이 아닌 여러 개의 파이썬 파일로 구성된 패키지 형태로 제공됩니다.

1 패키지 관리자

외부 모듈을 사용하려면 먼저 패키지 관리자를 알아야 합니다. 패키지 관리자는 외부에서 제공되는 다양한 패키지를 설치, 업데이트, 삭제하는 등 관리를 도와주는 도구입니다. 우리 프로젝트에서 직접 만든 패키지는 직접 생성하거나 삭제할 수 있지만, 외부에서 제공되는 패키지는 직접 관리할 수 없습니다. 따라서 패키지 관리자를 사용하여 필요한 외부 패키지를 손쉽게 설치하고 관리해야 합니다. 사실 패키지 관리자를 사용하는 방법은 키워드이기 때문에 어렵지 않습니다.

다음과 같이 대표적인 패키지 관리자인 pip를 사용하여 원하는 패키지 형태의 외부 모듈을 설치할 수 있습니다.

Code
```
pip install 패키지명
```

외부 모듈이 필요 없어지면, 다음과 같이 삭제할 수도 있습니다.

Code
```
pip uninstall 패키지명
```

SECTION 07
딕셔너리

SECTION 08
튜플과 세트

SECTION 09
함수

SECTION 10
클래스

SECTION 11
예외 처리

SECTION 12
모듈

pip는 패키지 관리자를 사용하는 키워드이자 명령어입니다. 따라서 코드에서 사용하는 것이 아니라 terminal이라고 하는 명령어 프롬프트에서 사용할 수 있습니다.

파이참(pycharm)에는 별도의 Terminal ▣ 탭이 있으며, 이 탭을 통해 terminal(명령 프롬프트) 기능을 활용할 수 있습니다. 단축키 Ctrl + Shift + Art + T

[Terminal] 탭을 누르면, 다음과 같이 검은색 창이 열리면서 커서가 깜빡입니다. 이는 현재 프로젝트 디렉토리에서 명령어를 받을 준비가 되었다는 것을 의미합니다.

```
(venv) PS C:\Users\Administrator\PycharmProjects\pythonProject>
```

외부 모듈을 사용하기 전에 pip 명령어부터 수행해 보겠습니다. pip의 사용법을 확인하려면 도움말을 요청하는 pip --help 명령어를 입력하고 Enter 키를 누릅니다. 다음과 같이 pip 명령어의 다양한 옵션과 사용 방법에 대한 정보를 확인할 수 있습니다.

```
Terminal    Local  ×  +  ∨

(venv) PS C:\Users\Administrator\PycharmProjects\pythonProject> pip --help

Usage:
  pip <command> [options]

Commands:
  install            Install packages.
  download           Download packages.
  uninstall          Uninstall packages.
  freeze             Output installed packages in requirements format.
  inspect            Inspect the python environment.
  list               List installed packages.
```

2 requests 모듈

외부 모듈은 종류가 매우 다양하지만, 그 중에서도 파이썬 개발자들이 자주 사용하는 몇 가지 모듈을 활용해 보겠습니다.

requests 모듈

requests 모듈은 파이썬에서 웹페이지 코드(HTTP)를 손쉽게 가져올 수 있도록 지원하는 외부 모듈입니다. 복잡한 HTTP 요청 코드를 직접 구현하지 않고도 간편하고 직관적인 방식으로 웹 데이터를 처리할 수 있도록 도와줍니다.

requests 모듈을 사용하려면 먼저 pip를 사용하여 패키지를 설치해야 합니다.

<i class="fa">Code</i>

```
pip install requests
```

터미널을 열고 pip install requests 명령어를 입력한 후 Enter 키를 누릅니다.

[명령어 결과 화면]

```
Terminal  Local  +  ⌄                                                              ⋮  —
(venv) PS C:\Users\Administrator\PycharmProjects\pythonProject> pip install requests
Collecting requests
  Obtaining dependency information for requests from https://files.pythonhosted.org/packages/70/8e/0e2d847013cb52cd35b38c009bb167a1a26b2ce6cd6965bf26b47bc0bf44/r
equests-2.31.0-py3-none-any.whl.metadata
  Downloading requests-2.31.0-py3-none-any.whl.metadata (4.6 kB)
Collecting charset-normalizer<4,>=2 (from requests)
  Obtaining dependency information for charset-normalizer<4,>=2 from https://files.pythonhosted.org/packages/2f/0e/d7303ccae9735ff8ff01e36705ad6233ad2002962e8668
a970fc000c5e1b/charset_normalizer-3.3.2-cp39-cp39-win_amd64.whl.metadata
  Downloading charset_normalizer-3.3.2-cp39-cp39-win_amd64.whl.metadata (34 kB)
Collecting idna<4,>=2.5 (from requests)
  Obtaining dependency information for idna<4,>=2.5 from https://files.pythonhosted.org/packages/e5/3e/741d8c82801c547547f8a2a06aa57dbb1992be9e948df2ea0eda2c8b79
e8/idna-3.7-py3-none-any.whl.metadata
```

설치가 성공적으로 완료되면, 다음과 같은 문구가 터미널에 출력됩니다.

```
Installing collected packages: urllib3, idna, charset-normalizer, certifi, requests
Successfully installed certifi-2024.2.2 charset-normalizer-3.3.2 idna-3.7 requests-2.31.0 urllib3-2.2.1
```

💡 출력되는 날짜와 버전 정보는 이 책과 다를 수 있습니다.
설치된 Requests 모듈 버전은 pip list 명령어를 사용하여 확인할 수 있습니다.

SECTION 07
딕셔너리

SECTION 08
튜플과 세트

SECTION 09
함수

SECTION 10
클래스

SECTION 11
예외 처리

SECTION 12
모듈

requests 모듈을 사용하려면 다음과 같이 import 해야 합니다.

◀ Code

```
import requests
```

requests 모듈의 주요 메서드를 살펴보겠습니다.

Requests 모듈 함수	기능
get()	웹 서버로부터 정보를 가져오는 요청을 보냅니다.
post()	웹 서버에 데이터를 전송하는 요청을 보냅니다.
put()	웹 서버에 존재하는 데이터를 수정하는 요청을 보냅니다.
delete()	웹 서버에서 데이터를 삭제하는 요청을 보냅니다.

[그림12-10] Requests 모듈 함수

그럼 이제 requests 모듈을 활용하여 웹페이지의 코드(네이버 메인 화면)를 가져오는 방법을 실습해 보겠습니다.

예제 12-19 requests 모듈　　　　　　　　　　　　　　　　　　　　　　소스코드 EX12_19.py

```
01   import requests
02
03   response = requests.get("https://www.naver.com")
04   print(response.text)
```

실행 결과 👆

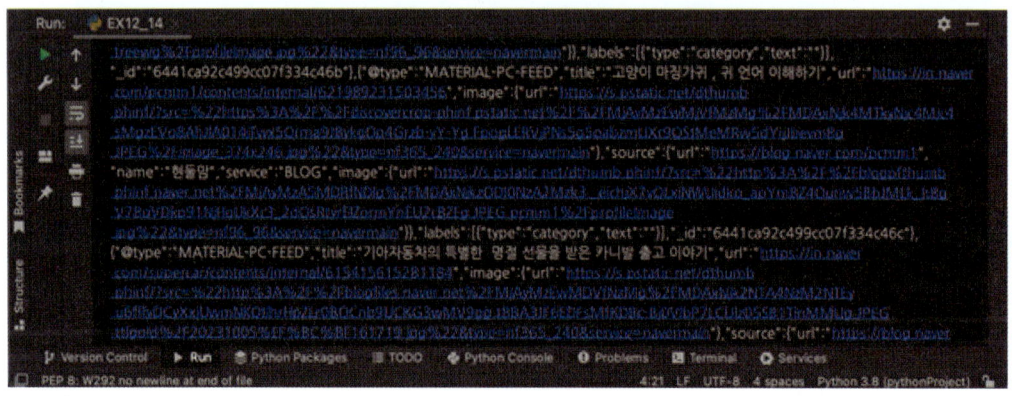

📍 출력되는 코드는 실시간으로 네이버 메인 화면에서 가져온 것이므로, 실제 페이지와 다를 수 있습니다.

실행 버튼을 누르면, [Run] 탭에 낯선 코드들이 출력됩니다. 이 코드는 〈예제 12-19〉 코드의 3행에 있는 URL의 실시간 코드를 직접 가져온 코드입니다. 따라서 해당 URL에 접속하지 않아도 코드를 확인할 수 있습니다. 이처럼 requests 모듈을 활용하면 웹 페이지의 코드를 손쉽게 가져와 다양한 작업에 활용할 수 있습니다.

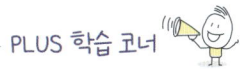
PLUS 학습 코너

파이썬으로 웹 데이터를 가져오는 기능은 다양한 분야에서 활용되고 있습니다. 특히, requests 모듈은 HTTP 요청을 보내는 데 매우 유용한 도구로 많은 인기를 얻고 있습니다. Requests 모듈은 간편하고 직관적인 인터페이스를 제공하며, 웹 데이터를 손쉽게 처리할 수 있도록 다양한 기능을 지원합니다. 기본적인 사용법부터 심화적인 활용법까지 공식 문서(https://requests.readthedocs.io)를 참고하여 폭넓게 학습하시면 큰 도움이 될 것입니다.

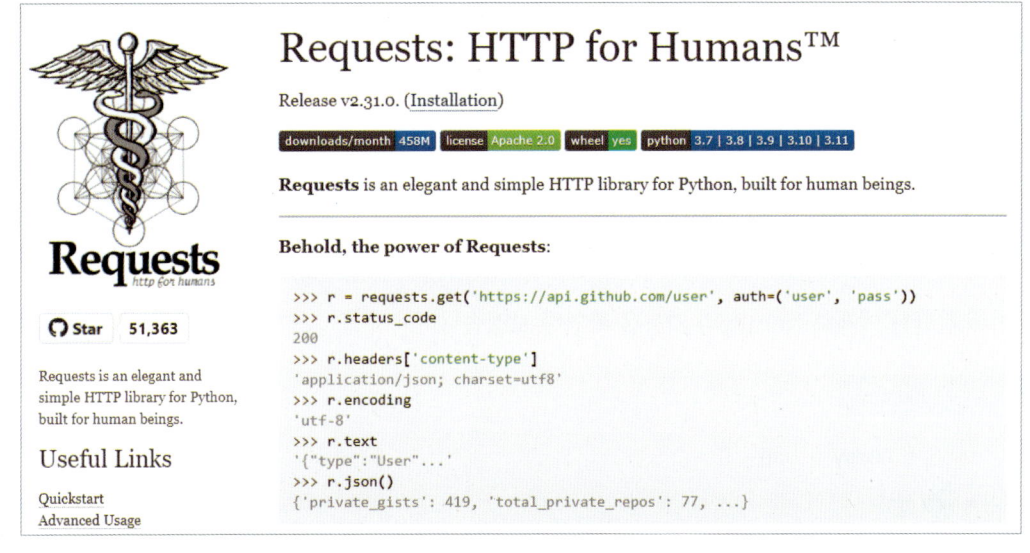

[그림12-11] Requests 공식 문서

3 NumPy 모듈

파이썬은 데이터 분석과 수치 계산 분야에서 뛰어난 성능을 자랑하는 언어입니다. NumPy는 이러한 파이썬의 강점을 더욱 강화하는데 중요한 역할을 하는 외부 모듈입니다. NumPy는 다차원 배열과 행렬 연산을 지원하기 때문에 데이터 분석뿐만 아니라 인공지능의 머신러닝 등 현재 주목받는 분야에서도 널리 활용되고 있습니다.

SECTION 07
딕셔너리

SECTION 08
튜플과 세트

SECTION 09
함수

SECTION 10
클래스

SECTION 11
예외 처리

SECTION 12
모듈

NumPy를 활용하기 위해서는 먼저 설치해야 합니다. 설치는 다음과 같이 pip 명령어를 사용하여 간편하게 수행할 수 있습니다.

◄ Code

```
pip install numpy
```

설치가 성공적으로 완료되면, 다음과 같은 문구가 터미널에 출력됩니다.

```
Installing collected packages: numpy
Successfully installed numpy-1.26.4
```

외부 모듈의 버전은 개발자의 업데이트에 따라 수시로 변경될 수 있습니다. 따라서 코드에서 명시된 버전과 실제 설치되는 버전이 다를 수 있다는 점을 기억해주세요!

다음과 같이 NumPy를 import하여 사용할 수 있습니다.

◄ Code

```
import numpy as np
```

그럼 이제 간단한 예제로 NumPy의 기능을 확인해 보겠습니다.

예제 12-20   Numpy   소스코드 EX12_20.py

```
01  import numpy as np
02  # 배열 생성
03  a = np.array([1, 2, 3])
04  b = np.array([4, 5, 6])
05  print("a :", a)
06  print("b :", b)
07  print()
08
09  # 각 행끼리 덧셈
10  array_addition = a + b
11  print("각 행끼리 덧셈:", array_addition)
12
13  # 각 행끼리 뺄셈
14  array_subtraction = a - b
15  print("각 행끼리 뺄셈:", array_subtraction)
```

```
16
17    # 각 행끼리 곱셈
18    array_multiplication = a * b
19    print("각 행끼리 곱셈:", array_multiplication)
20
21    # 각 행끼리 나눗셈
22    array_division = a / b
23    print("각 행끼리 나눗셈:", array_division)
24
25    print()
26
27    # 행렬 곱셈 연산
28    matrix_a = np.array([[1, 2], [3, 4]])
29    matrix_b = np.array([[5, 6], [7, 8]])
30    matrix_multiplication = np.dot(matrix_a, matrix_b)
31    print(matrix_multiplication)
```

실행 결과 🖱

a : [1 2 3]
b : [4 5 6]

각 행끼리 덧셈 : [5 7 9]
각 행끼리 뺄셈 : [-3 -3 -3]
각 행끼리 곱셈 : [4 10 18]
각 행끼리 나눗셈 : [0.25 0.4 0.5]

[[19 22]
[43 50]]

실행 결과를 통해 NumPy가 배열과 행렬의 다양한 연산을 지원한다는 것을 확인할 수 있었습니다.

패키지를 import할 때 as라는 키워드를 사용하여 별명을 만들어 줄 수 있습니다. 예를 들어, NumPy라는 패키지를 np라는 별명으로 import하면 다음과 같이 코드를 작성할 수 있습니다.

Code

```
import numpy as np
```

이렇게 별명을 사용하면 코드에서 모듈을 사용할 때 풀네임 대신 별명을 사용할 수 있어 코드가 더욱 간결하고 가독성이 좋아집니다.

```
01   import numpy as np
02
03   a = np.array([1, 2, 3])
04   b = np.mean(a)
05
06   print(a)
07   print(b)
```

실행 결과

```
[1 2 3]
2.0
```

또한 패키지 이름이 길거나 중복되는 경우에도 별명을 사용하여 코드의 가독성을 높일 수 있습니다.

이번에는 NumPy를 삭제해 보겠습니다.

다음과 같이 Terminal에 삭제 명령어를 실행합니다.

Code

```
pip uninstall numpy
```

삭제할 파일을 스캔한 후, 삭제를 진행할지 여부를 확인하는 메시지가 출력됩니다.

```
Proceed (Y/n)?
```

"y"를 입력하면 삭제가 진행되고, 삭제가 성공적으로 완료되면 다음과 같은 메시지가 출력됩니다.

```
Proceed (Y/n)? y
  Successfully uninstalled numpy-1.26.4
(venv) PS C:\Users\Administrator\PycharmProjects\pythonProject> 
```

인공지능에서 없어서는 안될 도구인 NumPy는 다양한 분석 연산을 제공합니다. NumPy 사이트 (https://numpy.org)를 방문하여 다양한 분석 연산을 자세히 살펴보시기 바랍니다.

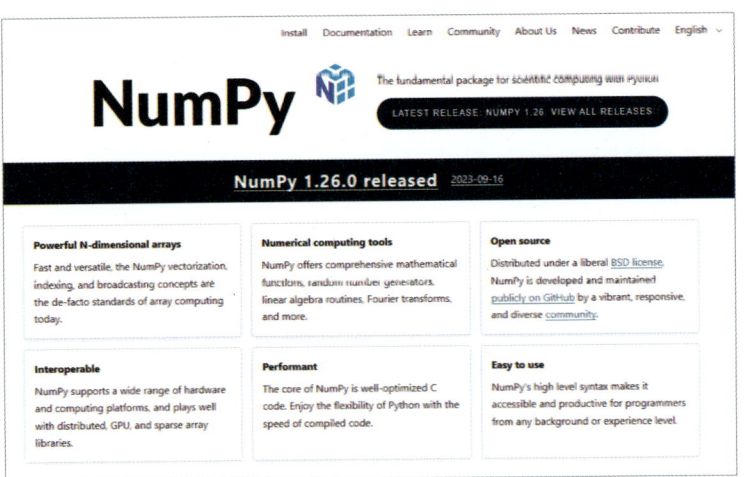

[그림12-12] NumPy 웹페이지

SECTION 07
딕셔너리

SECTION 08
튜플과 세트

SECTION 09
함수

SECTION 10
클래스

SECTION 11
예외 처리

SECTION 12
모듈

응용문제

1. 다음 빈칸에 공통적으로 들어갈 말은 무엇일까요?

> [   ]이란, 내가 지금 구현한 코드가 아니라 다른 개발자 또는 내가 편하게 사용하기 위해 미리 만들어둔
> 변수나 함수 또는 클래스들을 모아 놓은 파일 집합을 [   ]이라고 합니다.
> 모든 파이썬 파일은 [   ]이 될 수 있습니다.

2. 다른 패키지에 있는 모듈을 import하고 싶을 때는 다음과 같이 파일명 앞에 패키지 이름을 적어주면 됩니다. 빈칸에 들어갈 키워드는 무엇일까요?

> [   ] 패키지명.파일명 import *

3. 외부의 패키지를 사용하려면 패키지 관리자를 이용해야 합니다. pip라는 패키지 관리자를 이용하면 패키지 형태의 외부 모듈을 설치할 수 있습니다. requests라는 모듈을 설치하려면 명령어를 어떻게 입력해야 할까요?

명령어 입력

4. 다음 코드를 실행했을 때 콘솔창에 출력되는 내용은 무엇일까요?

```
01   import random
02
03   def generate_lotto():
04   lotto = random.sample(range(1, 20), 6)
05       return lotto
06
07   lotto_numbers = generate_lotto()
08   print("로또 번호:", lotto_numbers)
```

실행 결과 🖱️

5. 4번 코드를 다음과 같이 수정했을 때, 컴파일 오류가 발생하는지 여부를 판단하고 그 이유를 설명하세요.

```
01   from random import *
02
03   def generate_lotto():
04       lotto = sample(range(1, 20), 6)
05       return lotto
06
07   lotto_numbers = generate_lotto()
08   print("로또 번호:", lotto_numbers)
```

발생 이유와 해결 방법 🖱️

응용문제

6. 자동으로 실행되는 로또 추첨 프로그램을 다음 지시사항에 따라 구현하세요.

[지시사항]

1. 1에서 45 사이의 모든 정수를 순서대로 pot 리스트에 저장합니다.

2. 다음 과정을 6번 반복합니다.

   • pot 리스트를 무작위로 섞어줍니다.

   • pot 리스트의 마지막 숫자를 하나만 빼서 jackpot 리스트에 저장합니다.

   • 2초 동안 잠시 멈춥니다.

3. jackpot 리스트의 모든 요소를 오름차순 정렬합니다.

4. jackpot 리스트의 모든 요소를 출력합니다.

실행 예시

1번째 당첨번호는 38입니다.

2번째 당첨번호는 42입니다.

1번째 당첨번호는 25입니다.

1번째 당첨번호는 23입니다.

1번째 당첨번호는 40입니다.

6번째 당첨번호는 7입니다.

이번 당첨번호는 [7, 23, 25, 38, 40, 42]입니다.

---

7. 다음 지시사항에 따라 UpDown 게임을 구현하세요.

[지시사항]

1. 1에서 100 사이의 정수 중 하나를 임의로 생성하면 사용자는 그 숫자를 맞힐 때까지 값을 예상하여 입력합니다.

2. 사용자가 입력한 값이 정답보다 작으면 Up, 정답보다 크면 Down을 출력합니다.

3. 정답을 맞추면 몇 초 만에 정답을 맞혔는지 출력하세요. 이때 소수 아래 값은 내림 처리하여 정수로 출력하세요.

실행 예시

```
UpDown 게임을 시작합니다.
어떤 값일까요 >>> 50
Down
어떤 값일까요 >>> 25
Up
어떤 값일까요 >>> 35
Down
어떤 값일까요 >>> 30
Down
어떤 값일까요 >>> 26
Up
어떤 값일까요 >>> 27
정답입니다.
18초 만에 성공했습니다.
```

웹 크롤링
web Crawling

- 웹 크롤링의 개념을 설명할 수 있습니다.
- 웹 기초 지식을 바탕으로 웹 크롤링 결과를 심층적으로 분석할 수 있습니다.
- 셀레니움을 사용하는 이유를 이해하고, 이를 활용하여 웹 데이터 수집을 효과적으로 수행할 수 있습니다.

웹크롤링 # 셀레니움 # html # 웹기초

01 | 웹 크롤링의 이해

1 웹 크롤링이란?

웹 크롤링(Web crawling)은 웹 페이지의 데이터를 자동으로 추출하는 과정을 말합니다. 크롤링을 통해 필요한 데이터를 수집하면 특정 웹 페이지 내에서 원하는 데이터를 빠르게 찾을 수 있어 검색에 매우 유용합니다. 웹 크롤링을 자동화하면 웹 사이트 관리, 자동 이메일 수집 등 특정 데이터를 수집하는 데도 사용할 수 있습니다. 최근에는 이러한 작업을 수행하는 프로그램을 웹 크롤러(Web crawler)라고 부르며, 상용화되어 널리 사용되고 있습니다. 웹 크롤러는 일종의 봇으로 여러 사이트에서 최신 데이터를 자동으로 수집하는 역할을 합니다.

하지만 이러한 유용한 기능에는 다음과 같은 법적 제약이 따릅니다.

> [정보통신망법 제 48조 정보통신망 침해 행위 금지]
>
> "누구든지 정당한 접근 권한 없이 또는 허용된 접근 권한을 넘어 정보통신망에 침입해서는 안 된다."

따라서 웹 크롤링을 수행하기 전에 반드시 해당 웹 사이트의 이용 약관을 꼼꼼히 확인하고, 다음 사항을 준수해야 합니다.

- 데이터 수집 목적 : 개인적인 학습이나 연구 목적으로 제한하고, 상업적인 이용은 자제해야 합니다.
- 데이터 사용 : 수집한 데이터는 허용된 범위 내에서만 사용해야 하며, 악용해서는 안 됩니다.
- 서버 부하 : 웹사이트 서버에 과도한 부하를 주지 않도록 많은 사람들이 사용하는 페이지에서는 반복적으로 크롤링하지 않는 것이 좋습니다.

PLUS 학습 코너

웹 크롤링 활용 사례

- 검색 엔진 : Google과 같은 검색 엔진은 웹 페이지를 끊임없이 크롤링하여 방대한 양의 정보를 수집하고, 사용자의 검색어와 가장 관련성 높은 결과를 빠르게 찾아 제공합니다.
- 가격 비교 사이트 : 다양한 쇼핑몰의 상품 정보를 실시간으로 수집하여 최저가 상품을 비교하고, 소비자의 합리적인 소비를 돕습니다.
- 뉴스 수집 : 뉴스 사이트에서 최신 뉴스 기사를 크롤링하여 사용자에게 신속하게 전달합니다.
- 데이터 분석 : 연구 기관이나 기업은 웹 크롤링을 통해 시장 트렌드와 고객 니즈 등을 분석하는 데 활용합니다.

02 | 웹 크롤링 준비

1 웹 브라우저 설치

이 책에서는 웹 크롤링 실습을 위해 웹 브라우저로 크롬을 선택했습니다. 크롬의 [개발자 도구]는 웹 페이지의 HTML 구조, CSS 스타일, JavaScript 코드 등을 상세히 살펴볼 수 있는 강력한 기능을 제공하여 웹 크롤링 작업을 효율적으로 수행할 수 있도록 돕습니다. 만약 크롬이 설치되어 있지 않다면, 구글과 같은 포털 사이트에서 '크롬' 또는 'Chrome'을 검색하여 다운로드하고 설치할 수 있습니다.

> 크롬 다운로드 링크 : https://www.google.com/intl/ko_kr/chrome/

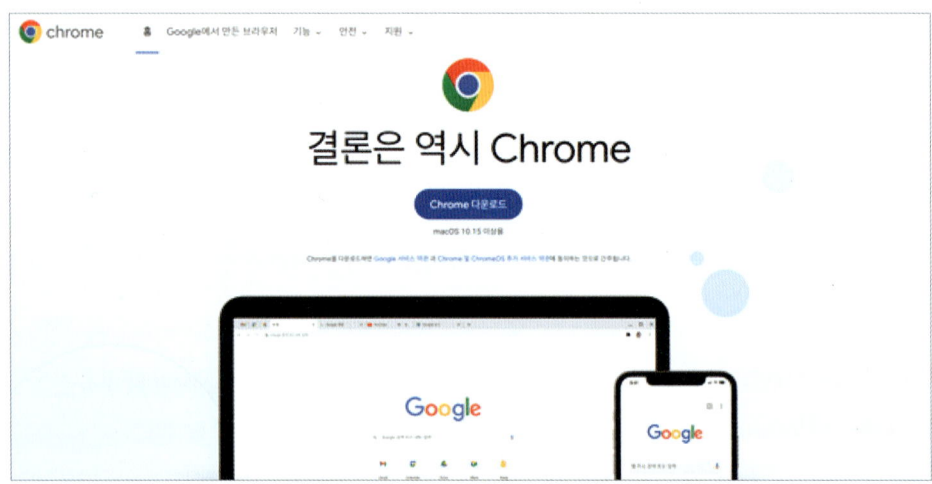

[부록1-1] Chrome 다운로드 화면

2 requests 라이브러리 사용하기

사실 우리는 이미 'Section12'에서 requests 모듈을 사용하여 웹 크롤링을 실습해본 적이 있습니다. 외부 모듈은 프로젝트마다 별도로 설치해야 합니다. 만약 'Section12'를 학습할 때와 다른 프로젝트를 생성했다면, 아래 pip 명령어를 이용하여 다시 설치해야 합니다.

```
pip install requests
```

이제 requests 모듈을 활용하여 웹 페이지 소스 코드를 직접 가져와서 살펴보겠습니다.
명령어 실행 결과는 Section12의 〈예제 12-19〉를 참고해 주세요.

다음과 같이 requests 모듈을 이용하여 간단한 예제를 다시 한번 살펴보겠습니다.

예제 부록 1 requests 모듈을 사용하여 웹페이지 코드 가져오기	소스코드 EX13_01.py

```python
01  import requests
02
03  response = requests.get("https://www.naver.com")
04  print(response.text)
```

실행 결과

실행 결과를 보면 'Section12'에서 확인했던 코드와 유사하지만, 실시간으로 갱신되는 웹 페이지의
내용을 반영하여 다른 결과를 보여줍니다.

이번 부록에서는 'Section12'에서 다루지 못했던 requests 모듈의 활용에 대해 더 자세히 알아보겠습
니다.

03 | HTML(Hyper Text Markup Language)

requests 모듈을 통해 가져온 웹 페이지의 소스 코드를 분석하려면 웹 개발에 대한 기본적인 이해가 필요합니다. 웹 개발 지식은 매우 방대하기 때문에 모든 지식을 한 번에 배우려고 하기보다는 필요할 때마다 요소를 학습해 나가는 것이 효과적입니다.

이 책에서는 웹 개발의 기본이 되는 기초 지식을 학습해보겠습니다.

1 HTML이란?

HTML은 Hyper Text Markup Language의 약자로, 하이퍼텍스트 기능을 제공하는 마크업 언어입니다. 즉, 텍스트의 구조와 의미를 표현하는 데 사용되는 언어입니다.

HTML은 프로그래밍 언어가 아니라 '구조를 나타내는 언어'로 비교적 배우기 쉬운 언어이기 때문에 짧은 시간 안에 기본을 익힐 수 있습니다.

파이썬 공식 사이트(https://www.python.org)에 접속하여 메인 페이지가 어떻게 HTML로 구성되어 있는지 살펴보겠습니다.

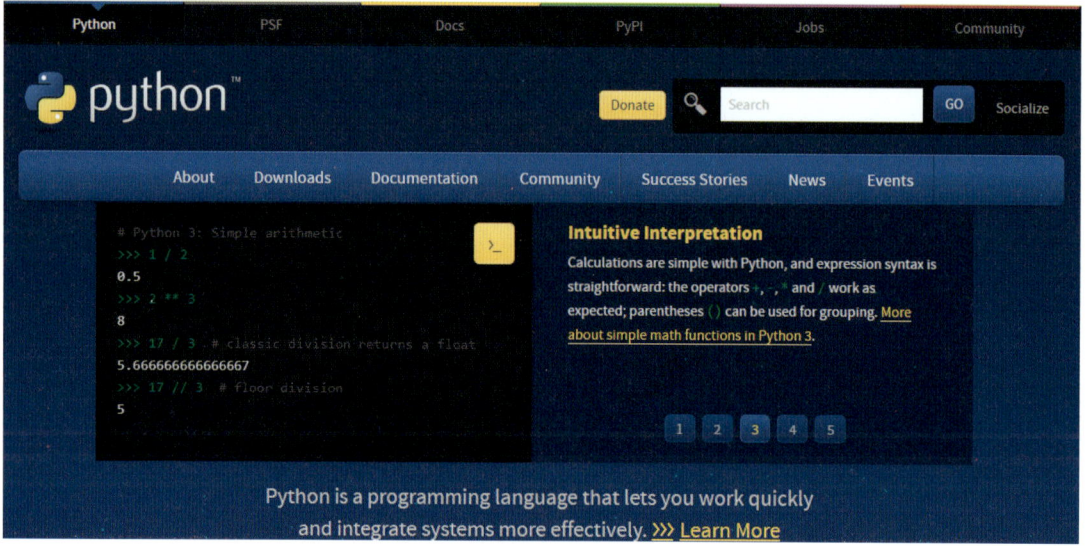

[부록1-2] 파이썬 공식 사이트 HTML

① 페이지 소스를 확인하려면 원하는 페이지에서 마우스 오른쪽 버튼을 클릭합니다.

② [페이지 소스 보기]를 선택합니다.

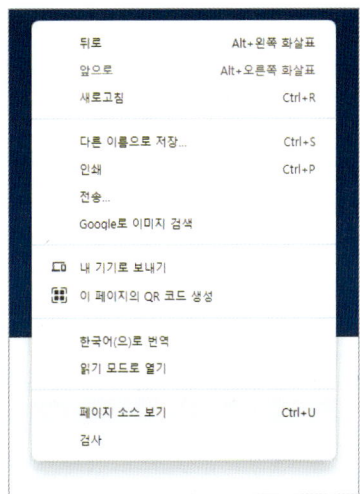

③ 다음과 같이 크롬 내에 새로운 탭이 열리면서 코드가 출력됩니다.

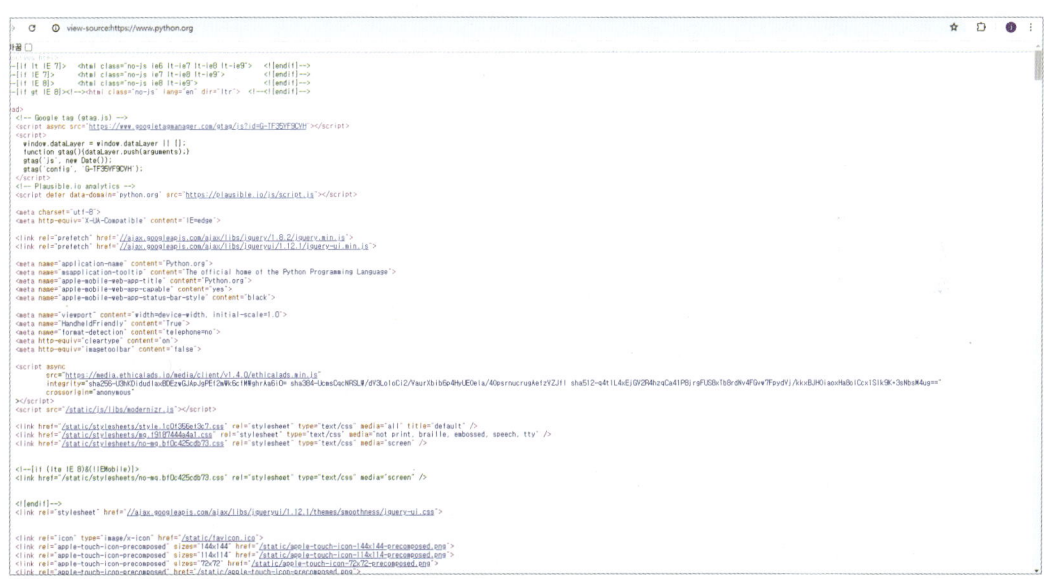

requests 모듈로 가져온 코드와 유사하게 보이지 않나요? 바로 이 코드가 HTML 코드입니다!

프로그래밍 언어와는 다른 방식으로, HTML 코드는 특수한 기호인 태그<>를 사용하여 문서의 구조를 나타냅니다.

태그는 항상 '여는 태그'와 '닫는 태그'로 한 쌍을 이룹니다. 이제 파이썬 공식 페이지의 소스 코드를 예시로 살펴보겠습니다.

```
<title>Welcome to Python.org</title>
```

위 코드에서 HTML 태그의 구조를 살펴보면 다음과 같습니다.

HTML 태그	기능
<title>	여는 태그
Welcome to Python.org	태그 영향 범위의 텍스트
</title>	닫는 태크

[부록1-3] HTML 태그

그렇다면, 우리가 웹 페이지에서 추출하고 싶은 주요 내용은 어떤 태그로 감싸져 있을까요?

HTML의 문서는 다음과 같은 구조로 구성됩니다.

```
<!doctype html>
<html>
<head>
    웹 페이지 화면에 표시될 데이터 외에 이 페이지를 위한 부가적 요소를 작성하는 곳입니다.
    대표적인 태그로는 <meta>, <title>등이 있습니다.
</head>
<body>
    우리가 흔히 주목하는 웹 페이지의 주요 내용을 작성하는 곳입니다.
    즉, 웹 크롤링할 때 수집하고 싶은 정보가 있는 공간입니다.
</body>
</html>
```

따라서, 웹 페이지의 실제 내용은 대부분 〈body〉 태그 안에 포함되어 있습니다. 〈body〉 태그 안에서 내용을 표현하기 위해 사용하는 태그의 종류는 매우 다양하며, 각 태그는 고유한 구조적 의미를 가지고 있습니다. 웹 개발을 학습할 때 이러한 태그들을 참고하면 도움이 됩니다.

다음은 일부 태그와 기능을 살펴보겠습니다.

HTML 태그	기능
<h1> </h1>	heading1의 약자로, 가장 큰 제목을 나타냅니다.
<div> </div>	division의 약자로, 여는 태그와 닫는 태그 사이를 하나의 구역으로 정의합니다.
<ol> </ol>	ordered list의 약자로, 순서가 있는 목록을 나타냅니다.
<ul> </ul>	unordered list의 약자로, 순서가 없는 목록을 나타냅니다.

[부록1-4] HTML 일부 예시 태그

웹 페이지에서 사용자의 입력을 받는 입력란을 만들 때는 주로 〈input〉 태그를 사용합니다. 예를 들어, 검색 엔진에서 검색어를 입력하는 부분이 바로 〈input〉 태그를 이용해서 만들어진 것입니다.

<input> </input> : 사용자 입력을 받는 텍스트 입력 태그

이 태그는 매우 유용하게 활용될 수 있으니 꼭 기억해 두시길 추천드립니다.

04 | 셀레니움(Selenium)

1 셀레니움이란?

본 부록에서는 '셀레니움(Selenium)'이라는 프레임워크를 사용하여 웹 크롤링을 학습할 예정입니다. 그러나 셀레니움은 원래 웹 크롤링을 위해 개발된 프레임워크는 아닙니다. 셀레니움은 웹 테스트를 자동화하기 위해 만들어진 프레임워크로, 비영리 재단인 아파치(Apache)에서 오픈 소스로 제공하고 있습니다. 최근에는 Python 외에도 Java, C# 등 다양한 언어를 지원하며 인기를 얻고 있습니다.

셀레니움은 테스트 도구로서뿐만 아니라 다양한 목적으로 사용되고 있는데, 그 중 하나가 바로 웹 크롤링입니다.

[부록1-5] 셀레니움 로고

2 셀레니움을 사용하는 이유

웹 크롤링을 위해 다양한 도구들이 개발되었지만, 뷰티풀숍(BeautifulSoup)은 간결한 문법과 사용하기 편한 인터페이스로 가장 널리 사용되는 도구 중 하나입니다.

[부록1-6] 뷰티풀숍 로고

뷰티풀숍(BeautifulSoup)은 웹 크롤링에 유용한 도구지만 몇 가지 아쉬운 점이 있습니다.
우선 아쉬운 점을 논하기 전에, 최근 웹 페이지가 어떻게 구성되는지 간략하게 살펴보겠습니다.

최근 웹 페이지는 단순히 하나의 기능만 수행하지 않습니다. 각 사용자마다 다르게 보여지는 맞춤화된 정보나 타겟팅 광고를 제공하며, 사용자의 동작에 따라 페이지 이동 없이 새로운 화면(데이터)을 얻을 수도 있습니다. 이러한 사용자별 또는 동작별 맞춤화된 데이터를 제공하는 페이지를 동적 페이지라고 부릅니다.

동적 페이지를 구현하기 위해서는 화면의 틀과 데이터가 당연히 동시에 제공될 수 없습니다. 먼저 틀을 만들고 그 틀 안에 맞는 데이터를 넣어주어야 하기 때문입니다.

뷰티풀솝은 이러한 동적 페이지에서 틀과 별도로 호출된 정보를 가져오지 못한다는 한계점이 있습니다. 또한 웹 페이지 내에서 버튼 클릭이나 키보드 입력과 같은 사용자의 이벤트도 처리할 수 없습니다.

이러한 한계점으로 인해, 최근 웹 크롤링 시장에서는 셀레니움이 주목받고 있습니다. 셀레니움은 웹 브라우저를 실제로 실행하는 방식으로 동적 페이지의 데이터와 사용자 이벤트까지 자유롭게 크롤링할 수 있기 때문입니다.

3 셀레니움 설치하기

셀레니움을 사용하려면 먼저 컴퓨터에 설치해야 합니다. 다행히도 파이썬에서 패키지를 설치하는 가장 쉬운 방법인 pip를 이용하면 손쉽게 설치할 수 있습니다.

셀레니움을 설치하는 명령어는 다음과 같습니다.

```
pip install selenium
```

① PyCharm 창 하단에 위치한 [Terminal] 탭을 클릭하여 터미널 창을 엽니다.
② 'pip install selenium'명령어를 입력한 후 Enter 키를 누릅니다.

③ 설치가 성공적으로 완료되면 "Successfully installed"라는 메시지와 함께 설치된 셀레니움 버전을 확인할 수 있습니다.

```
Installing collected packages: sortedcontainers, typing_extensions, sniffio, pysocks, pycparser, h11, exceptiongroup, attrs, wsproto, outcome, cffi, trio, trio-websocket, selenium
Successfully installed attrs-23.2.0 cffi-1.16.0 exceptiongroup-1.2.1 h11-0.14.0 outcome-1.3.0.post0 pycparser-2.22 pysocks-1.7.1 selenium-4.21.0 sniffio-1.3.1 sortedcontainers-2.4.0 trio-0.25.1 trio-websocket-0.11.1 typing_extensions-4.12.2 wsproto-1.2.0
```

💡 설치된 셀레니움 버전은 이 책의 작성 시점과 다를 수 있습니다.

4 크롬 웹 드라이버 다운로드

셀레니움을 사용하려면 크롬 웹 드라이버가 필요합니다. 크롬 드라이버는 아래 링크에서 다운로드할 수 있으며 Google 계정이 필요합니다.

크롬 드라이브 다운로드 링크 : https://chromedriver.chromium.org/downloads

① 페이지를 열면 다음과 같이 다양한 운영체제(윈도우, 맥, 리눅스 등)와 크롬 버전에 맞는 드라이버들이 제공됩니다.

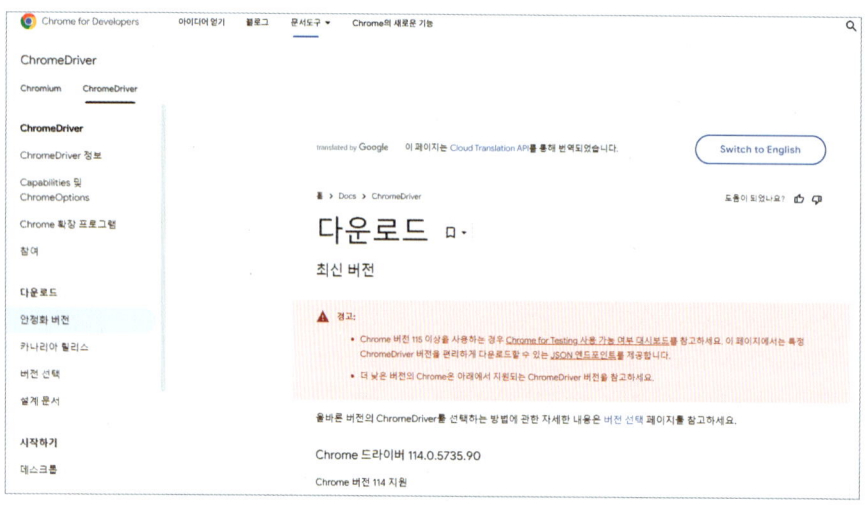

② 자신이 사용하는 컴퓨터의 운영체제와 Google Chrome 버전에 맞는 드라이버를 찾아 클릭합니다.

Index of /114.0.5735.90/

Name	Last modified	Size	ETag
Parent Directory		-	
chromedriver_linux64.zip	2023-05-31 08:57:22	7.06MB	cd6613edf6628041684393706b62d3a6
chromedriver_mac64.zip	2023-05-31 08:57:25	8.29MB	b44390afbddadf8748a1d151483b2472
chromedriver_mac_arm64.zip	2023-05-31 08:57:29	7.40MB	0d515e46bea141705e49edaba1d49819
chromedriver_win32.zip	2023-05-31 08:57:32	6.30MB	7d455bed57ef682d41108e13d45545ca
notes.txt	2023-05-31 08:57:38	0.00MB	1670f6dde7877ca84ecd4c56b9cc759c

📍 해당 버전은 이 책의 작성 시점과 다를 수 있습니다.

③ 다운로드된 파일을 압축 해제하면 chromedriver.exe 파일을 확인할 수 있습니다.

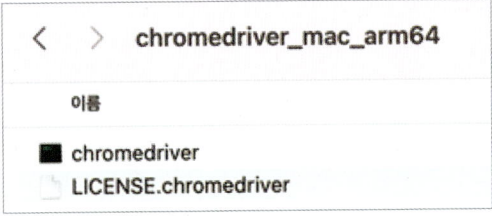

④ chromedriver.exe 파일을 드래그 앤 드롭 방식으로 PyCharm 프로젝트 경로에 복사합니다.

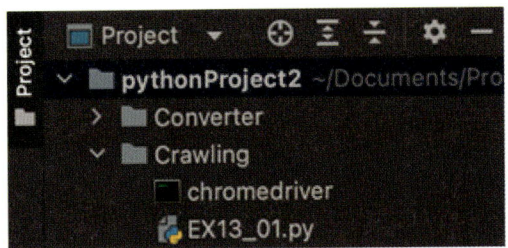

05 | 셀레니움으로 실행해 보기

1 셀레니움으로 브라우저 창 열기

이제 셀레니움을 활용하여 다양한 작업을 자동화할 준비가 되었습니다. 셀레니움은 자동화 테스트뿐만 아니라 다양한 작업에 활용될 수 있습니다.

다음 예제로 셀레니움을 통해 원하는 주소를 자동으로 실행하는 웹 브라우저를 구동해 보겠습니다.

> **예제 부록 2** 셀레니움을 통해 자동으로 실행하기
>
> 소스코드 EX13_02.py

```python
01  from selenium import webdriver
02
03  driver = webdriver.Chrome()
04  url = 'https://www.google.com'
05  driver.get(url)
```

실행 결과

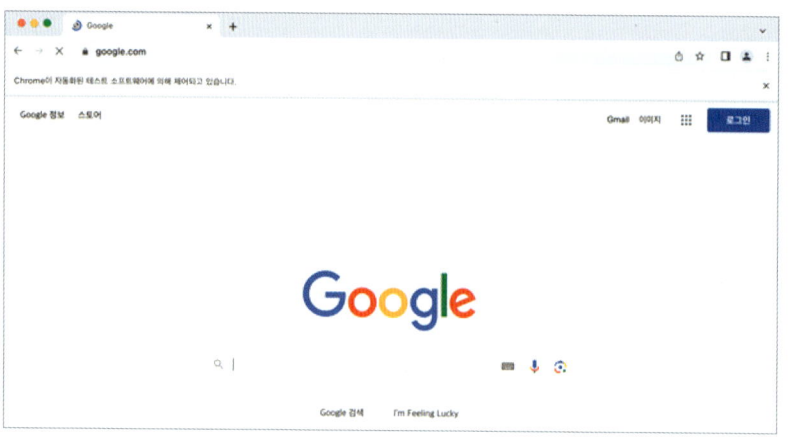

코드를 실행하면 Chrome 브라우저가 자동으로 구동되면서 구글 홈페이지(google.com)가 열립니다. 기존 화면과 다른 점은 브라우저 창 상단에 "Chrome이 자동화된 테스트 소프트웨어에 의해 제어되고 있습니다."라는 메시지가 팝업으로 나타납니다. 이는 셀레니움이 브라우저를 제어하고 있음을 의미합니다.

2 셀레니움으로 자동 검색하기

이번에는 셀레니움을 활용하여 네이버에서 자동 검색을 수행해 보겠습니다. 네이버 검색창은 다른 검색 엔진에 비해 구조가 단순하여 셀레니움으로 조작하기 편리하므로 네이버 검색창을 활용해보겠습니다.

① 네이버 메인 페이지(www.naver.com)에 접속합니다.

② 오른쪽 마우스 버튼을 눌러 나타나는 바로가기 메뉴에서 [페이지 소스 보기]를 클릭합니다.

③ 단축키 `Ctrl` + `F` 를 눌러 검색창을 엽니다.

④ 검색창에 'input'을 입력하여 태그를 검색합니다.

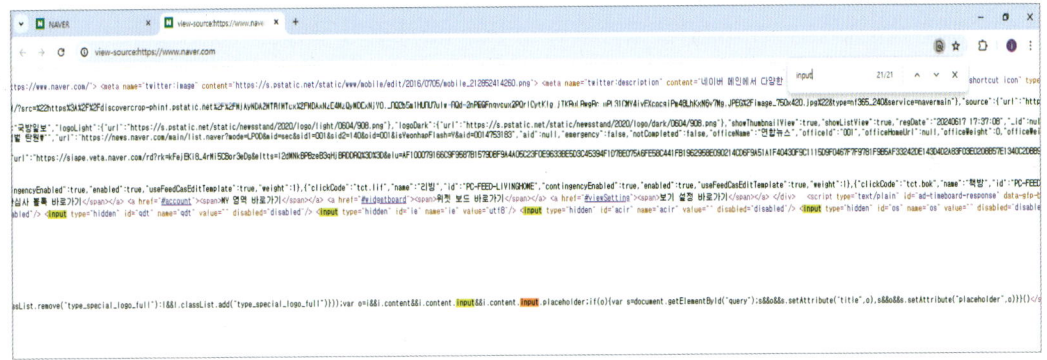

〈input〉 태그를 좀 더 자세히 살펴보겠습니다.

```
<input id="query" name="query" type="search" title="검색어를 입력해 주세요."
placeholder="검색어를 입력해 주세요." ...>
```

위 예시에서 볼 수 있듯이, 〈input〉 태그는 다양한 속성을 가질 수 있습니다. 태그들은 한 번에 여러 속성을 가질 수 있으며, 각 속성은 태그에 대한 추가 정보를 제공합니다. 여기서 우리가 주목해야 할 속성은 바로 id 속성입니다.

- id : 특정 태그를 지시하기 위해 사용하는 속성

만약 하나의 HTML 문서 안에 여러 개의 〈input〉 태그가 있다면 우리가 지명하고 싶은 〈input〉 태그를 지시하기 어렵습니다. 이때 사용하는 속성이 바로 id입니다.

아무리 많은 〈input〉 태그가 있어도 유니크한 id 속성을 가지고 있다면, 우리는 그 id 값으로 해당 태그를 지목할 수 있습니다.
따라서 자동 검색을 위해서는 조작하고 싶은 입력창이나 버튼의 id 값을 알아내는 것이 중요합니다.

이제 input 태그의 id 값을 알아냈으니, 이 값을 사용하여 input 태그를 불러와 작업을 수행할 수 있습니다. 다음과 같이 크롬 드라이버는 find_element 함수를 사용하여 id 값을 통해 특정 태그를 찾을 수 있습니다.

```
드라이버.find_element(By.ID, "아이디명")
```

즉, 네이버 검색창에서 query input을 찾아 호출하려면 다음과 같이 구현할 수 있습니다.

```
query = driver.find_element(By.ID, "query")
```

검색창을 찾았으니 이번에는 검색창에 자동으로 작업을 수행해 보겠습니다.
셀레니움에서 주로 사용되는 두 가지 동작은 다음과 같습니다.

- send_keys(키 입력값) : 키보드를 통한 키 입력을 뜻합니다.
- click() : 마우스를 통한 클릭을 뜻합니다.

예를 들어, 검색창에 "파이썬"이라는 검색어를 입력하고 Enter 키를 눌러 검색을 수행하려면 다음과 같이 코드를 작성할 수 있습니다.

```
query.send_keys("파이썬")      # 검색창에 "파이썬" 입력
query.send_keys(Keys.RETURN)     # Enter 키 입력 (검색 실행)
```

이제 우리가 만든 프로그램이 스스로 네이버에 들어가서 "파이썬"을 검색하도록 해 볼까요?

예제 부록 3   네이버에서 파이썬 검색하기   소스코드 EX13_03.py

```
01   from selenium import webdriver
02
03   # send_keys, find_element 사용을 위한 모듈 import
04   from selenium.webdriver.common.keys import Keys
```

```
05   from selenium.webdriver.common.by import By

06

07   # 네이버 메인 페이지 열기

08   url = 'https://www.naver.com/'

09   driver = webdriver.Chrome()

10   driver.get(url)

11

12   # 검색창 찾기

13   query = driver.find_element(By.ID, "query")

14

15   # 검색창에 검색어 입력

16   query.send_keys("파이썬")

17

18   # 검색창에 엔터(Return) 입력

19   query.send_keys(Keys.RETURN)
```

실행 결과

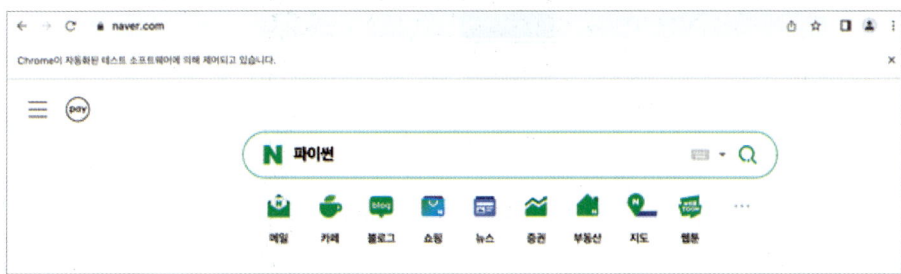

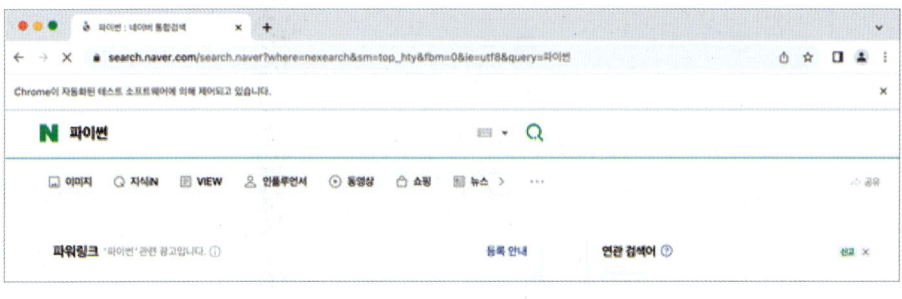

3 셀레니움으로 뉴스 제목 추출하기

마지막으로 셀레니움을 사용하여 뉴스 제목을 자동으로 추출해 보겠습니다.

① 네이버 메인페이지에 접속하여 검색창에 "kpop"이라는 검색어를 입력하고 ⌨Enter 키를 눌러 검색합니다.

② 검색 결과 페이지에서 스크롤을 내려 뉴스 목록을 확인합니다.

③ 뉴스 제목을 추출하기 위해서는 각 제목 요소의 태그와 속성을 파악해야 합니다. 크롬 브라우저 상단 메뉴에서 [보기] 〉 [개발자 정보] 〉 [개발자 도구] 를 클릭합니다. 단축키 Ctrl + Shift + I

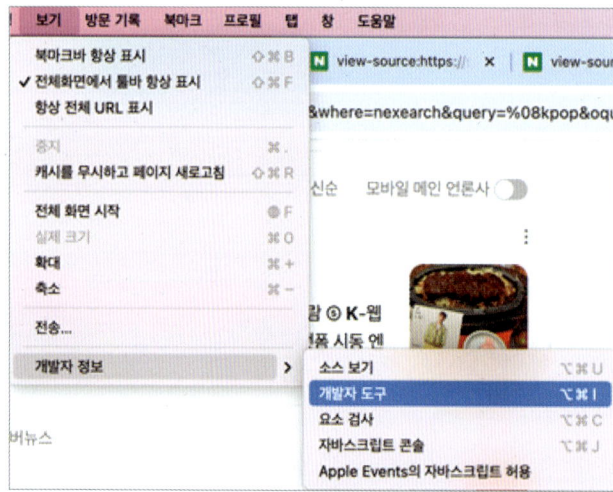

④ 다음과 같은 창이 나타납니다. 오른쪽 탭에서 [Elements]를 선택하고 Ctrl + F 키를 눌러 뉴스 제목 중 하나를 골라 검색합니다.

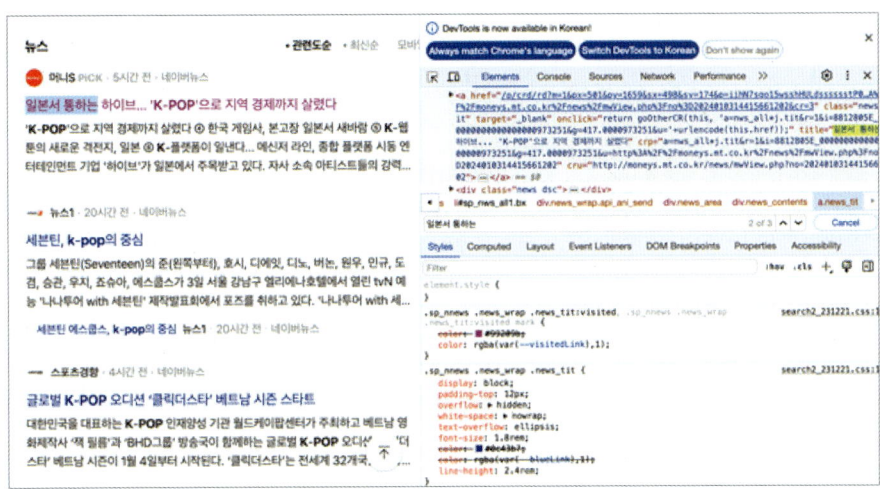

⑤ 태그를 찾았다면, 그 태그에 id 속성이 있는지 확인합니다. 만약 id 속성이 없다면 대신 class 속성을 찾습니다. 이번에 찾은 태그에는 id 대신 class가 있습니다.

- class 속성 : 태그를 지시하기 위해 사용하는 속성으로, id는 모든 태그가 고유(unique)한 반면, class는 학교에서 한 반에 속하는 것처럼 여러 태그가 같은 class 이름을 사용할 수 있습니다.

⑥ class 속성을 이용하여 뉴스 제목을 가진 태그들을 선택하기 위해 다음과 같은 함수를 사용합니다.

```
드라이버.find_elements(By.CLASS_NAME, "클래스명")
```

id와는 다르게 class로 태그를 지명하면 여러 개의 태그가 호출되기 때문에 find_elements라는 함수를 사용합니다. 이 점을 꼭 유의해주세요!

이번 실습을 예로 들면, 다음과 같이 작성할 수 있습니다.

```
query = driver.find_elements(By.CLASS_NAME, "news_tit")
```

그럼 이제 전체 코드를 통해 실행 결과를 확인해 보겠습니다.

예제 부록 4 네이버 뉴스에서 kpop 관련 뉴스 추출하기 소스코드 EX13_04.py

```python
01   from selenium import webdriver
02
03   # send_keys, find_element를 사용하기 위한 모듈 import
04   from selenium.webdriver.common.keys import Keys
05   from selenium.webdriver.common.by import By
06
07   url = 'https://www.naver.com/'
08   driver = webdriver.Chrome()
09   driver.get(url)
10
11   # 검색창을 찾습니다.
12   query = driver.find_element(By.ID, "query")
13
14   # 검색창에 검색어를 입력합니다.
15   query.send_keys("kpop")
16
17   # 검색창에 엔터(Return)를 입력합니다.
18   query.send_keys(Keys.RETURN)
19
20   # 뉴스 타이틀을 찾습니다.
21   news_tit = driver.find_elements(By.CLASS_NAME, "news_tit")
22
23   for title in news_tit:
24       print(title.text)    # 태그 안에 글자를 추출하기 위해서 .text를 사용합니다.
```

실행 결과 ✍

일본서 통하는 하이브... 'K-POP'으로 지역 경제까지 살렸다
세븐틴, k-pop의 중심
글로벌 K-POP 오디션 '클릭더스타' 베트남 시즌 스타트
방탄소년단(BTS) 정국 'Standing Next to You', 써클차트 주간 글로벌 K-POP

위 코드를 실행하면 네이버 뉴스에서 "kpop" 관련 뉴스 제목들이 콘솔에 출력됩니다.

셀레니움을 활용하면 웹 페이지의 특정 부분을 자동으로 찾아 데이터를 추출하는 웹 크롤링 작업을 효율적으로 수행할 수 있습니다. 셀레니움은 다양한 기능을 제공하며, 창의적인 활용 방식에 따라 흥미로운 결과물을 만들 수 있습니다.

주피터 노트북
Jupyter Notebook

MISSION

- 주피터 노트북의 셀 기반 실행, 다양한 언어 지원, 시각화 기능 등의 특징을 이해하고 있습니다.
- 아나콘다를 이용하여 주피터 노트북을 손쉽게 설치하고 관리할 수 있습니다.
- 주피터 노트북에서 파이썬 코드를 작성하고 실행할 수 있습니다.

KEYWORD

\# Anaconda \# Jupyter Notebook

01 | 주피터 노트북

1 주피터 노트북이란?

주피터 노트북(Jupyter Notebook)은 데이터 과학, 머신러닝, 데이터 시각화, 교육 등 다양한 분야에서 널리 사용되는 웹 기반의 대화형 컴퓨팅 환경입니다. 코드를 작성하고 실행하고, 그 결과를 바로 확인하며, 설명이나 시각화 자료를 함께 넣어 하나의 문서처럼 만들 수 있습니다.

주피터 노트북의 주요 특징과 기능은 다음과 같습니다.

인터랙티브 코딩 환경

주피터 노트북에서 코드는 셀(Cell) 단위로 작성되고 실행되며, 각 셀의 결과는 바로 아래에 표시됩니다. 이를 통해 복잡한 데이터 분석 작업을 단계별로 수행하고 결과를 즉시 확인할 수 있습니다.

다양한 언어 지원

주피터 노트북은 파이썬뿐만 아니라 R, Julia, Scala 등 다양한 프로그래밍 언어를 지원합니다. 이를 가능하게 하는 것은 주피터 노트북의 커널(Kernel) 구조로, 각 언어별로 커널을 설치하여 해당 언어로 코드를 실행할 수 있습니다.

리치 텍스트

코드 셀에서 실행된 결과는 텍스트, 그래프, 이미지, HTML 등 다양한 형식으로 출력될 수 있습니다. 이를 통해 복잡한 데이터 시각화나 결과를 직관적으로 표현할 수 있습니다. 코드뿐만 아니라 마크다운(Markdown) 형식의 텍스트, 수식, 이미지 등을 함께 넣어 문서처럼 꾸밀 수 있습니다.

공유 및 협업

주피터 노트북은 .ipynb라는 파일 형식으로 저장됩니다. 이 파일은 주피터 노트북이 설치된 다른 환경에서 쉽게 열고 수정할 수 있으며, GitHub와 같은 버전 관리 시스템을 활용하여 협업할 수 있습니다.

02 | 주피터 노트북 설치하기

주피터 노트북(Jupyter Notebook)을 설치하는 방법은 여러 가지가 있습니다. 가장 일반적인 방법은 Anaconda를 사용하는 것이며, Python의 패키지 관리 도구인 pip를 통해 설치하는 방법도 있습니다.

1 Anaconda 설치

Anaconda는 파이썬과 함께 데이터 과학에 필요한 다양한 라이브러리를 한 번에 설치할 수 있는 가장 간편한 방법입니다. 아타콘다에는 CMD 주피터 랩, 주피터 노트북 등 코딩에 필요한 다양한 패키지가 포함되어 있습니다.

① Anaconda 다운로드 공식 웹사이트(https://www.anaconda.com/download/success)로 이동합니다.

② 운영 체제에 맞는 설치 파일(Windows, macOS, Linux)을 다운로드합니다.

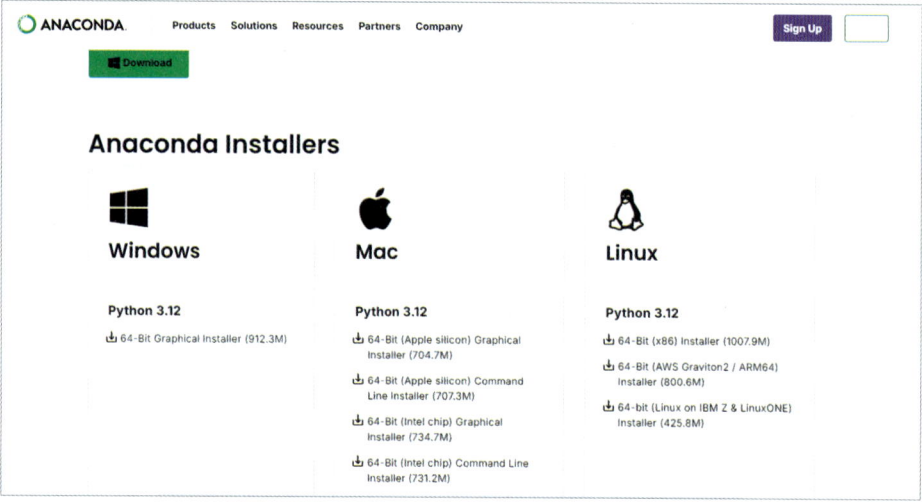

③ 다운로드한 설치 파일을 더블클릭하여 설치를 시작합니다. [Next] 버튼을 클릭합니다.

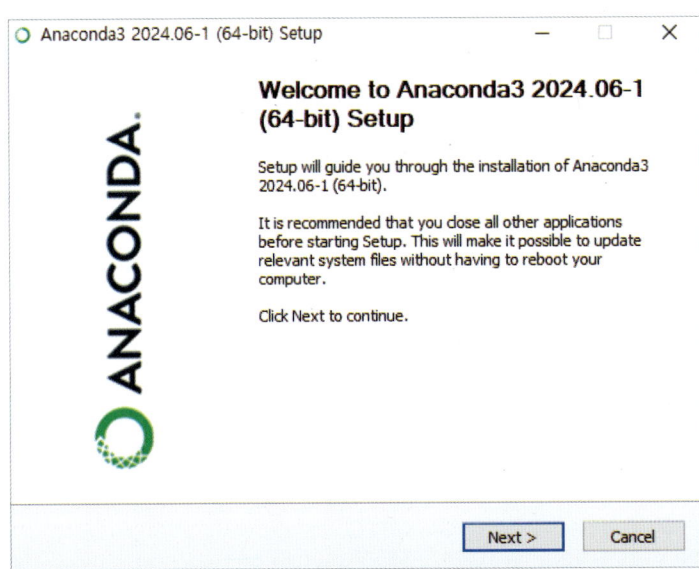

④ 이어서 [I Agree] 버튼을 클릭합니다.

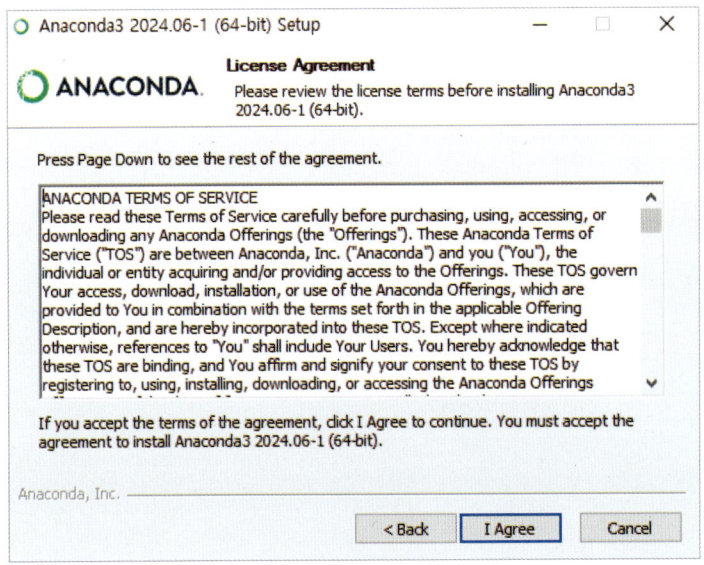

⑤ Select Installation Type 화면에서 기본값인 'Just Me(recommended)'를 선택하고 [Next]를 클릭합니다.

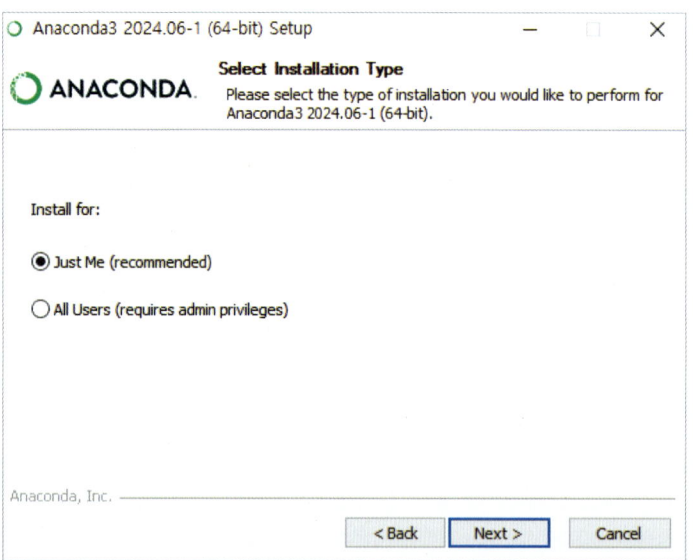

⑥ 설치 경로를 선택하고 [Next]를 클릭합니다.

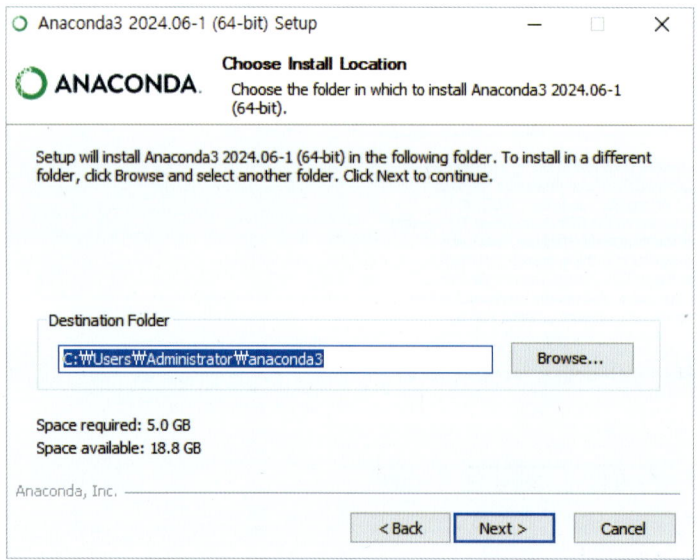

⑦ 'Register Anaconda3 as my default Python 3.12'를 체크하고 [Install]을 클릭합니다.

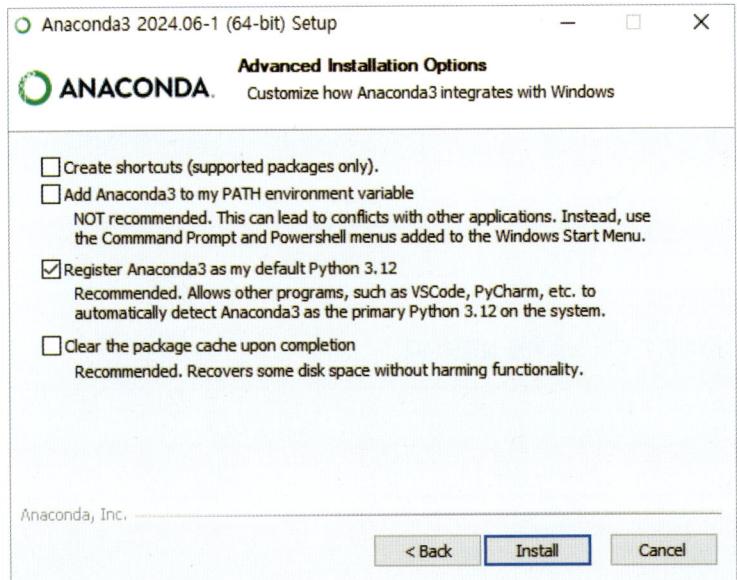

⑧ 설치가 완료되었습니다. [Finish]를 클릭합니다.

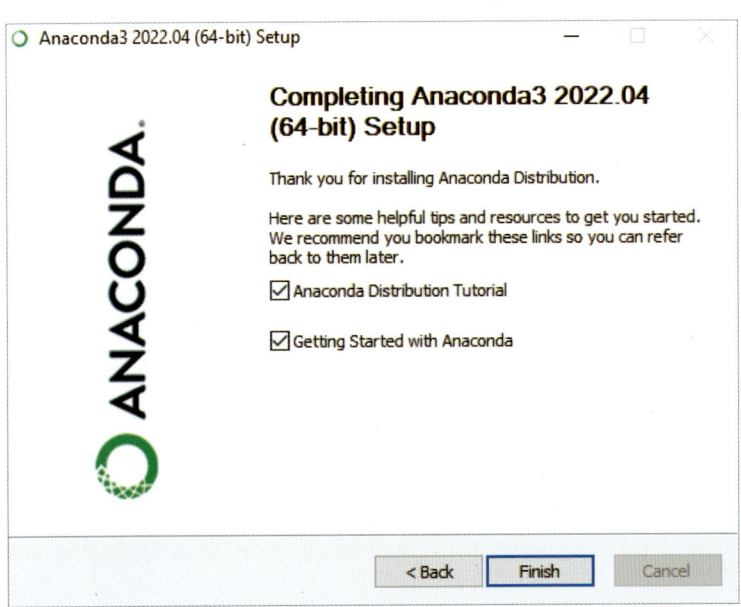

⑨ Anaconda Navigator에서 "Jupyter Notebook"을 클릭하여 실행할 수 있습니다.

PLUS 학습 코너

이미 파이썬이 설치되어 있다면 명령 프롬프트(터미널)에서 아래 명령어를 입력하여 주피터 노트북을 실행할 수 있습니다.

```
pip install notebook
```

설치가 완료되면, 아래 명령어를 입력하여 주피터 노트북을 실행합니다.

```
jupyter notebook
```

03 | 주피터 노트북 사용하기

① 주피터 노트북을 실행하면 웹 브라우저가 자동으로 열리며, 주피터 노트북 인터페이스가 나타납니다. 오른쪽 상단에 있는 [New]를 클릭하고, 'Python 3'을 선택합니다.

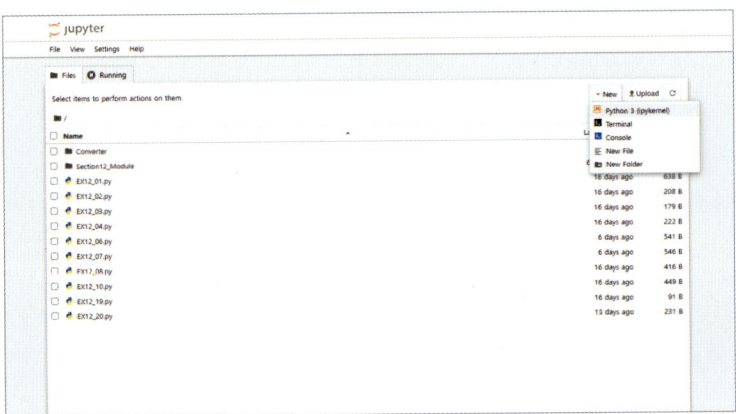

② print('hello python')과 같은 간단한 코드를 작성합니다. 화면 상단의 저장 아이콘을 클릭하거나 [File] - [Save Checkpoint]를 선택하여 저장합니다. 단축키 Ctrl + S

③ [Run] 아이콘을 클릭해 실행합니다. 실행결과는 소스 코드 입력란 바로 아래 나타납니다.

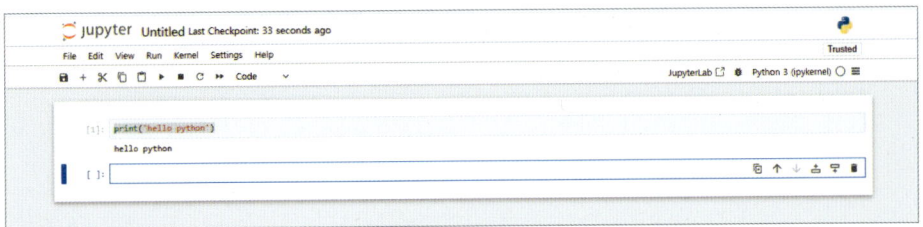